本书获得河北省社会科学基金“‘医养结合’背景
可持续发展研究”（项目编号：HB20SH009）资

经济管理学术文库·管理类

我国长期护理保险制度的可持续发展研究

Sustainable Development of
Long-Term Care Insurance System in China

戚成蹊　张宝振／著

经济管理出版社
ECONOMY & MANAGEMENT PUBLISHING HOUSE

图书在版编目（CIP）数据

我国长期护理保险制度的可持续发展研究/戚成蹊，张宝振著．—北京：经济管理出版社，2024.1
ISBN 978-7-5096-9604-0

Ⅰ.①我…　Ⅱ.①戚…　②张…　Ⅲ.①护理—保险制度—研究—中国　Ⅳ.①F842.625

中国国家版本馆 CIP 数据核字(2024)第 041002 号

组稿编辑：杨　雪
责任编辑：杨　雪
助理编辑：付姝怡
责任印制：黄章平
责任校对：陈　颖

出版发行：经济管理出版社
（北京市海淀区北蜂窝 8 号中雅大厦 A 座 11 层　100038）
网　　址：www.E-mp.com.cn
电　　话：（010）51915602
印　　刷：唐山昊达印刷有限公司
经　　销：新华书店
开　　本：720mm×1000mm/16
印　　张：13.25
字　　数：245 千字
版　　次：2024 年 4 月第 1 版　　2024 年 4 月第 1 次印刷
书　　号：ISBN 978-7-5096-9604-0
定　　价：79.00 元

前　言

随着医学技术和生活水平的提高，人类的预期寿命不断提高，失能老年人口的数量也随之持续增加，失能老人的长期护理问题也成为世界各国普遍关注的社会议题之一。因此，越来越多的国家先后建立了长期护理保险制度。所谓的长期护理保险主要是当被保险人在丧失日常生活能力或年老患病时，为被保险人提供护理保障和经济补偿的制度安排。

我国从 2016 年开始进行长期护理保险的试点，明确将河北省承德市、吉林省长春市、黑龙江省齐齐哈尔市等 14 个省份的部分城市作为试点，以长期处于失能状态的参保人群为保障对象，重点解决重度失能人员基本生活照料和医疗护理所需费用。2020 年 9 月我国又将长期护理保险的试点城市增至 49 个，进一步扩大了我国长期护理保险的覆盖范围。

本书基于我国长期护理保险试点城市的制度运行现状，构建了长期护理保险制度可持续发展的评价指标体系，并对我国长期护理保险制度的可持续发展进行了评估。研究表明，我国长期护理保险制度可持续发展指标的最终得分为 52.9 分，在社会的可持续性、财务的可持续性和制度的可持续性方面均存在继续改善的空间。

本书获得了“河北经贸大学学术著作出版基金”的资助，希望本书的研究成果能有益于我国长期护理保险制度的建设，有益于我国社会保险制度的完善。希望所有的老年人都能过上健康、幸福和有尊严的晚年生活。

目 录

第一章 绪论 …… 1
第一节 研究背景 …… 1
一、人口老龄化 …… 2
二、长期护理服务需求增加 …… 4
三、家庭养老功能弱化 …… 6
第二节 研究意义与创新 …… 7
一、研究意义 …… 7
二、研究创新 …… 8
第三节 研究思路与方法 …… 8
一、研究思路 …… 8
二、研究方法 …… 10

第二章 理论基础与文献回顾 …… 11
第一节 概念界定 …… 11
一、失能老年人口 …… 11
二、长期护理 …… 15
三、长期护理保险 …… 17
四、可持续发展 …… 19
第二节 理论基础 …… 22
一、社会福利政策理论 …… 22
二、政策评估理论 …… 23

三、可持续发展理论 …… 26
第三节 文献综述 …… 27
一、长期护理保险的制度模式 …… 27
二、长期护理保险的需求分析 …… 28
三、我国长期护理保险制度的试点政策 …… 30
四、政策评估 …… 31

第三章 典型国家及我国长期护理保险制度的发展 …… 34

第一节 典型国家的长期护理保险制度及国际比较 …… 34
一、德国的长期护理保险制度 …… 35
二、日本的长期护理保险制度 …… 39
三、新加坡的长期护理保险制度 …… 44
四、美国的长期护理保险制度 …… 47
五、国际比较 …… 52
第二节 我国的长期护理保险制度 …… 54
一、实施背景 …… 54
二、发展历程 …… 56
三、功能定位 …… 59
四、主要内容 …… 60
五、基本特征 …… 62
六、制度作用 …… 63
第三节 我国试点城市长期护理保险制度的运行现状 …… 64
一、基本情况 …… 66
二、实施效果 …… 74
三、存在的问题 …… 81
四、社商合作模式的探索 …… 83

第四章 我国长期护理保险可持续发展评价指标体系的构建 …… 98

第一节 评价指标体系的构建原则 …… 98
一、社会层面的可持续性 …… 99
二、财务层面的可持续性 …… 99

三、制度层面的可持续性 …………………………………… 99
第二节　评价指标体系的筛选 …………………………………… 100
一、评价指标体系的筛选原则 …………………………………… 100
二、评价指标体系的筛选方法 …………………………………… 101
三、评价指标体系的筛选情况 …………………………………… 102
第三节　评价指标体系的内容 …………………………………… 113
一、社会的可持续性 …………………………………… 113
二、财务的可持续性 …………………………………… 116
三、制度的可持续性 …………………………………… 118

第五章　我国长期护理保险制度的可持续发展评估 …………………… 121

第一节　我国长期护理保险制度的社会可持续性分析 ………………… 121
一、服务性 …………………………………… 121
二、公平性 …………………………………… 128
第二节　我国长期护理保险制度的财务可持续性分析 ………………… 131
一、覆盖范围 …………………………………… 131
二、筹资统筹 …………………………………… 133
三、支付待遇 …………………………………… 135
第三节　我国长期护理保险的制度分析 …………………………………… 137
一、政府层面 …………………………………… 137
二、市场层面 …………………………………… 144
三、定点服务机构层面 …………………………………… 146
第四节　我国长期护理保险制度的可持续性评估 ………………… 149
一、评价指标的权重与得分 …………………………………… 149
二、制度可持续性的评估结果 …………………………………… 150
三、制度可持续性的评估小结 …………………………………… 151
第五节　我国长期护理保险制度的可持续性发展存在的问题 ………… 154
一、长期护理服务的体系不健全 …………………………………… 154
二、长期护理保险制度的筹资渠道不合理 …………………………… 157
三、长期护理保险制度筹资政策的地区差异性大 ……………………… 159
四、长期护理保险制度的保障水平有限 ……………………………… 161

五、长期护理保险制度支付待遇的地区差异性大 …… 162
六、政府政策支持与监督管理薄弱 …… 165
七、市场化程度较低 …… 168
八、定点服务机构面临发展困境 …… 169

第六章　我国长期护理保险可持续发展的政策建议 …… 171

第一节　构建多元长期护理服务供给体系 …… 171
一、加强多元主体合作，提高有效供给 …… 171
二、划分多元主体的责任边界 …… 173
三、建立多元主体高效合作机制 …… 174
第二节　推进长期护理保险制度的“社商协作”模式 …… 174
一、明确角色定位 …… 175
二、进行深度融合 …… 175
三、实施优惠政策 …… 176
四、加强商业长期护理保险和其他险种的结合 …… 176
第三节　建立财务供给多元主体融合机制 …… 177
一、建立多元财务供给主体融合模式 …… 178
二、加大多元财务供给主体资源整合的力度 …… 180
第四节　建立健全相关法律规章制度 …… 184
一、构建我国长期护理保险制度的立法原则 …… 184
二、确立我国长期护理保险制度的立法内容 …… 185

参考文献 …… 188

附录 1　人力资源社会保障部办公厅关于开展长期护理保险制度试点的指导意见 …… 198

附录 2　中国银行保险监督管理委员会办公厅关于规范保险公司参与长期护理保险制度试点服务的通知 …… 203

第一章 绪论

现代社会保障制度是为应对工业化发展所带来的社会问题和社会风险而逐渐形成的，最初诞生于欧洲和北美等发达国家。第二次世界大战以后，发展中国家也开始探索社会保障理论，并陆续建立了一套较为完整的社会保障制度。随着经济的发展和医疗水平的进步，人类的平均寿命比过去有了显著的提高，人口老龄化成为世界性的发展趋势，为了解决日益严峻的老龄化问题，各国纷纷开始实施长期护理保险制度。

第一节 研究背景

中国已经开始步入老龄化甚至是高龄化社会，老龄化的速度快且地区间的结构不平衡。在人口老龄化的过程中必然伴随着失能老年人数量和对长期护理服务需求的不断增长，这一发展趋势已经引起了各级政府、研究者和广大民众的关注。虽然社会养老保险制度与医疗保险制度也能为失能老年人提供部分护理服务，但是由于失能老年人群体数量的不断增加和需求的日益多元化，只有建立独立的长期护理保险制度才能从根本上解决失能老年人的长期护理问题。

与医疗保险和养老保险制度相比，我国的长期护理服务体系建设尚处于初级阶段。为了积极应对人口老龄化，2016 年 6 月《人力资源社会保障部办公厅关于开展长期护理保险制度试点的指导意见》（以下简称《指导意见》），首次在全国 14 个省份的城市试点长期护理保险制度。这表明我国开始探索长期护理保险制度。2020 年 9 月，国家医保局和财政部联合颁布《关于扩大长期护理保险制度试点的指导意见》，决定在全国新增 14 个市试点长期护理保险。截至 2022 年 3 月，包含省级试点在内全国已有 49 个地级市（州）在试点长期护理保险。

一、人口老龄化

人口老龄化是指社会人口结构呈现老年状态，进入老龄化社会。根据联合国确定的划分标准，当一个国家 60 岁及以上的人口占比达到 10%，或 65 岁及以上的人口占比达到 7%，即意味着这个国家进入老龄化社会。

中国自 1999 年进入老龄化社会以来，老年人口规模日益庞大、老龄化程度日益加深，2020 年第七次全国人口普查结果显示，我国 65 岁及以上人口占总人口的比例为 13. 5%。图 1-1 反映了我国近 20 年来 65 岁及以上人口的数量变化情况，20 年间增加了 1. 1 亿。根据世界银行预测，未来 20 年，中国社会老龄化将进一步加速，到 2050 年，中国 65 岁及以上人口占总人口比例将会达到 26%，80 岁及以上的人口占比将达到 8%[①]。

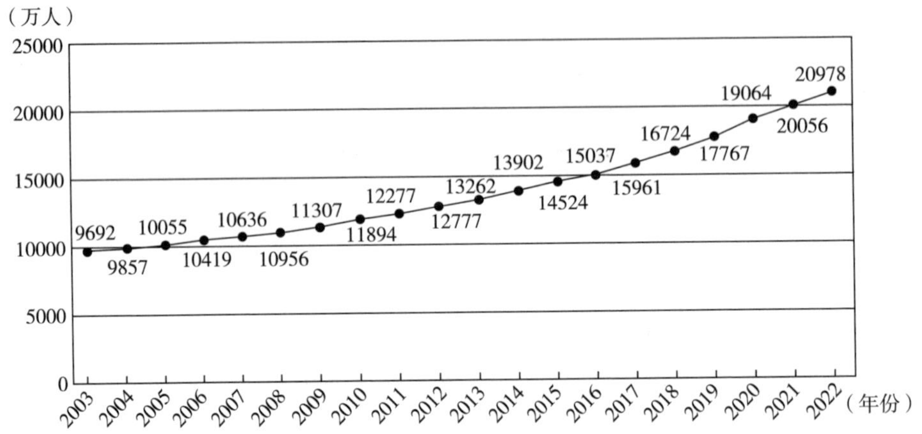

图 1-1　2003~2022 年我国 65 岁及以上人口数量

资料来源：2004~2023 年《中国统计年鉴》。

与此同时，我国劳动年龄人口数量及其占总人口的比例均持续下降，导致老

① 资料来源：世界银行 2018 年 12 月发布的《中国养老服务的政策选择：建设高效可持续的中国养老服务体系》。

年人口抚养比迅速上升，养老负担日益加重。图 1-2 反映了我国近 20 年老年抚养比的变化趋势，全国老年人口抚养比从 2003 年的 10.7% 上升到 2022 年的 21.8%。老年抚养比逐年攀升，养老的压力越来越大。此外，根据第七次人口普查数据，2020 年我国总和生育率为 1.3，低于 2.1 的代际更替水平，已经进入 1.5 以下的“低生育率”区间，意味着家庭的养老负担更为艰巨。

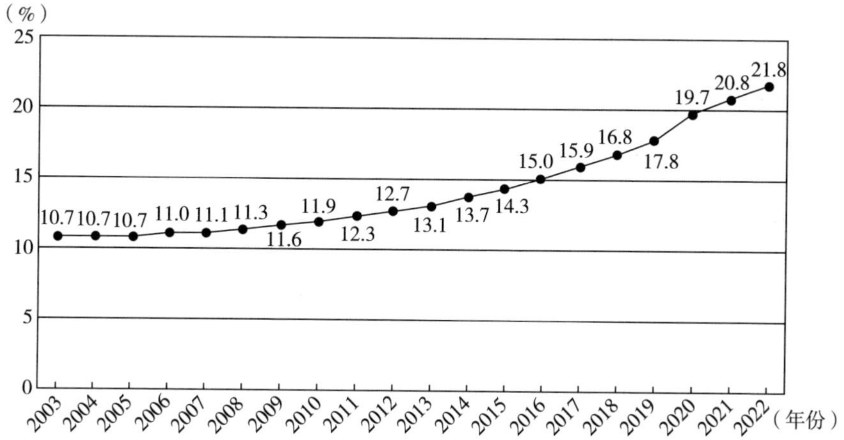

图 1-2　2003~2022 年中国老年抚养比变化

资料来源：2004~2023 年《中国统计年鉴》。

人口老龄化给我国带来了劳动人口减少、发展动能减弱、公共服务供给压力增大、社会保障负担加重和社会代际矛盾增加等诸多挑战。为应对老龄化挑战，“十三五”以来政府不断出台支持性政策提升老年人保障水平，以实现老有所依、老有所养的民生目标。2019 年，中共中央、国务院印发《国家积极应对人口老龄化中长期规划》，部署了应对人口老龄化的具体工作任务：大力推动增加为老服务和产品有效供给，注重提高社会保障能力，建立多层次长期照护保障制度，实施兜底性长期照护服务保障行动计划。2020 年，党的十九届五中全会首次提出“实施积极应对人口老龄化国家战略”，积极转化老龄风险为“长寿红利”，全面放开养老服务市场，推动银发经济发展。“十四五”规划中提出，推动养老事业和养老产业协同发展，健全基本养老服务体系，大力发展普惠型养老服务，支持家庭承担养老功能，构建居家社区机构相协调、医养康养相结合的养老服务体系。强化对失能、部分失能特困老年人的兜底保障，积极发展农村互助幸福院等互助性养老。2021 年 11 月，中共中央、国务院印发《关于加强新时代老龄工作的意见》，强调积极老龄观、健康老龄化，要健全养老服务体系，完善老年人健康支撑体系，促进老年人社会参与，着力构建老年友好型社会，积极培育银发经济和强化老龄工作保障。

二、长期护理服务需求增加

人口加速老龄化意味着失能人口规模的持续扩大，长期护理风险显著上升。增龄是老年慢性病患病率增高最重要的独立危险因素，研究结果表明：老年人的年龄每增加 5 岁，其日常生活自理能力下降的危险性将增加 1.12 倍，各种疾病特别是慢性病患病率都将大幅度上升，为社会平均水平的 2~3 倍，常见病、多发病迅速增加，且持续天数长、康复慢，因此对健康保障服务的需求也是一般群体的 3~5 倍①。中国保险行业协会发布的调研报告显示，老年人首次出现较为明显的失能问题的年龄平均在 65 岁左右，并且失能程度越严重，经历失能的时间也越长。

2010 年中国第六次人口普查针对老年人的生活自理能力进行了调查，包括“健康”“基本健康”“不健康但生活可以自理”和“生活不能自理”四个选项。调查结果如表 1-1 所示，70 岁以下的低龄老年人失能率为 1.51%，而 80~89 岁的高龄人口中有 20.65%的老年人生活不能自理，在 90 岁及以上的高龄人口中这一比例为 20.54%。

表 1-1　2010 年中国老年人失能率

年龄组（岁）	失能率（%）
65~69	1.51
70~74	2.67
75~79	4.33
80~84	7.97
85~89	12.68
90+	20.54
加权平均数	3.99

资料来源：《中国 2010 年人口普查资料》。

① 资料来源：国家卫生健康委员会。

《中国城乡老年人生活状况调查报告（2018）》显示，当前我国高龄老年人有3000多万，失能老年人4400多万，完全失能老人近1000万。2015年，我国城乡老年人自报需要照护服务的比例为15.3%，比2000年的6.6%上升将近9个百分点。从年龄段的划分来看，80岁以上的高龄老年人对照护服务的需求最为强烈，自报需要照护服务的比例为41.0%，比2000年上升了将近20个百分点，上升幅度是79岁及以下老年人的3倍多。从服务项目的种类来看，38.1%的老年人需要上门看病服务，12.1%的老年人需要上门做家务服务，11.3%的老年人需要康复护理服务。

根据曹信邦（2020）的预测，到2050年我国的失能老年人数量将达到7000万，其中，轻度失能人数占总数的70%，中度失能人数占总数的17.8%，重度失能人数占总数的12.2%，未来几十年我国失能老年人口会大幅度增加。尽管正常的老化不是疾病，但是在老化过程中还是会伴随一些疾病，尤其是慢性病多发。随之而来的问题就是失能后老年人维持基本生活和尊严所需要的长期护理服务如何解决。长期护理包括失能期生活照料、慢病期康复护理、恢复期健康维持、独居期精神抚慰以及临终期安宁疗护等相关老年人生命周期的康养护等一系列服务。

因此，失能老年人的长期护理需要大量人力、物力和财力的支持，会给家庭带来沉重的经济负担和精神负担，因此，解决失能老人长期护理的需求问题日益成为国家不可忽视的社会保障问题，形势严峻。2021年9月《"十四五"全民医疗保障规划》正式发布，要求力争在"十四五"期间稳步建立健全多层次长期护理保险制度，制定全国统一的长护险失能等级评估标准，建立并完善长护险需求认定、等级评定等标准体系和管理办法，明确长期护理保险基本保障项目。2022年2月，国务院印发《"十四五"国家老龄事业发展和养老服务体系规划》，围绕推动老龄事业和产业协同发展、推动养老服务体系高质量发展，明确了"十四五"时期的总体要求、主要目标和工作任务。其中强调"稳步建立长期护理保险制度。适应我国经济社会发展水平和老龄化发展趋势，构建长期护理保险制度政策框架，协同促进长期照护服务体系建设"。2022年政府工作报告再次强调要积极应对人口老龄化，支持养老护理服务产业发展，稳步推进长护保险制度试点，推动老龄事业和产业高质量发展。政策制定者与保险公司正在积极探索适合中国国情且具有可持续性的长期护理保障模式，使老龄群体能够老有所依、老有所养。

三、家庭养老功能弱化

长期以来，受中国传统的“孝”文化和“养儿防老”的传统观念影响，家庭从古至今一直是我国社会最普遍也最为重要的养老方式。中华人民共和国成立后，《中华人民共和国宪法》和《中华人民共和国老年人权益保障法》都规定家庭成员尤其是子女对赡养的老年人应当履行经济供养、生活照料和精神抚慰的义务。纵观我国养老服务事业发展历史，家庭责任主导、国家责任兜底的特色机制与世界银行建议的“中国政策制定者最终要建立最适合中国文化、社会经济、政治和卫生保健环境的养老体系”也相吻合。但是，由于社会发展、时代变迁、城市发展、社会价值观改变，再加上国家计生政策的实施，生育率急剧下降，我国的家庭规模和构成逐渐出现了变化，目前我国“4—2—1”的家庭结构已经形成，“6—2—1”甚至老年抚养比更高的家庭结构也逐渐出现。表 1-2 反映了我国近三次人口普查中平均家庭户规模的变化，近 20 年来我国家庭户规模已经从 3.44 人/户降低到了 2.62 人/户。

表 1-2　中国平均家庭户规模

普查年份	2000 年	2010 年	2020 年
平均家庭户规模（人）	3.44	3.10	2.62

资料来源：2020 年第七次全国人口普查主要数据。

我国女性的劳动参与率也在逐年增高，世界银行数据显示，2021 年我国女性的劳动参与率为 61%，居世界首位。随着家庭规模的缩小和女性劳动参与率的提高，传统的家庭养老模式开始面临极大的挑战，完全依靠家庭成员照护失能老人已然不可能实现，家庭照护功能逐渐减弱。

目前我国在老龄人口规模加速扩大、出生率下降、老年人口抚养比上升的背景下，持续的城市化进程、女性劳动参与率不断上升、家庭小型化等结构性趋势将加剧失能老人在护理保障方面的风险。因此，为老年失能群体探索可持续的融资和护理解决方案迫在眉睫。

第二节 研究意义与创新

社会保障制度是保障和改善民生、维护社会公平、增进人民福祉的基本制度保障，是促进经济社会发展、实现广大人民群众共享改革发展成果的重要制度安排，是治国安邦的大事。而长期护理保险制度涉及个人与家庭、家庭与社会、社会与国家之间的权责关系，其实施对于增进民生福祉、实现共同富裕、促进社会公平都有着深远的影响和重要的意义。

一、研究意义

目前我国社会保障制度改革已进入系统集成、协同高效的阶段，对长期护理保险制度的可持续性发展进行探索研究，具有重要意义。

（一）化解老龄化危机

失能老人的护理需求具有长期性特征，同时健康人群面临的失能风险随着年龄的增长而持续上升，由此护理需求持续增加。评估长期护理保险制度的可持续性，有助于政策制定者评估当前长期护理保险试点城市的发展情况，探讨商业保险、护理服务机构及其他相关主体的合作模式，为化解人口迅速高龄化而带来的财政危机及社会危机提供解决路径。

（二）提升老年人的保障质量

在分析我国长期护理保险制度试点城市发展现状的基础上，建立我国长期护理保险可持续发展的评估体系，为进一步规范化保险制度可持续性的评估方式提供了理论依据，从而对提升老年失能群体综合保障具有重要意义。

（三）保障长期护理保险制度的可持续发展

通过运用科学的方法构建一个长期护理保险制度的可持续发展评估指标体系，根据我国目前试点城市实施的长期护理保险制度对其可持续性进行评估，进一步发现问题，并提出相应的建议，不仅为进一步优化长期护理保险政策提供理论基础，还能为我国建立全面长期护理保险体系提供经验借鉴和理论支持。

二、研究创新

在学术观点方面，本书提出了长期护理保险制度财务可持续性并重的社会可持续性思想，拓展了社会保障制度可持续性的内涵。在研究方法方面，本书尝试利用模糊德尔菲法与模糊层次分析法对长期护理保险制度的可持续性指标进行量化计算，最终构成长期护理保险制度可持续发展的评估体系，为社会保障制度可持续性的评估提供理论依据。

第三节　研究思路与方法

一、研究思路

（一）研究对象

本书的研究对象为我国长期护理保险制度的可持续性，从社会层面、财务层面和制度层面出发，建立长期护理保险制度可持续发展的评价指标体系，对我国长期护理保险制度的可持续性进行评估，并进一步提出政策建议。

（二）研究内容

第一章为绪论。就研究背景、研究意义、研究方法和基本内容进行阐述，起到统领全书的作用。

第二章为理论基础与文献回顾。首先对相关研究概念的界定与理论框架进行了概述，其次对中外学者关于长期护理保险制度模式的研究、长期护理保险制度可持续发展的研究和我国长期护理保险制度的试点政策研究三个方面的研究文献进行了回顾，最后梳理学术动态，并对研究状况做出了简要评述。

第三章为典型国家及我国长期护理保险制度的发展。对我国目前长期护理保险制度的典型试点城市发展现状做出了分析，对具有代表性模式的德国、日本、新加坡和美国的长期护理保险制度进行了概述。

第四章为我国长期护理保险制度可持续发展评价指标体系的构建。本章是本书的核心内容，在可持续发展理论、社会保障理论与公共政策评价理论的基础上，运用定性研究与定量研究相结合的方法，以社会层面、财务层面和制度层面为一级指标，建立长期护理保险制度可持续发展的评价指标体系。

第五章为我国长期护理保险制度的可持续发展评估。本章是在第四章建立的长期护理保险制度可持续发展评价指标体系的基础上，对我国试点城市现行的长期护理保险制度的可持续发展进行评估。

第六章为我国长期护理保险可持续发展的政策建议。根据第五章制度可持续性发展的评估结果和本章对于问题的分析，从社会层面、财务层面和制度层面分别提出有针对性且切实可行的政策建议。

（三）研究路线

本书的研究路线如图 1-3 所示。

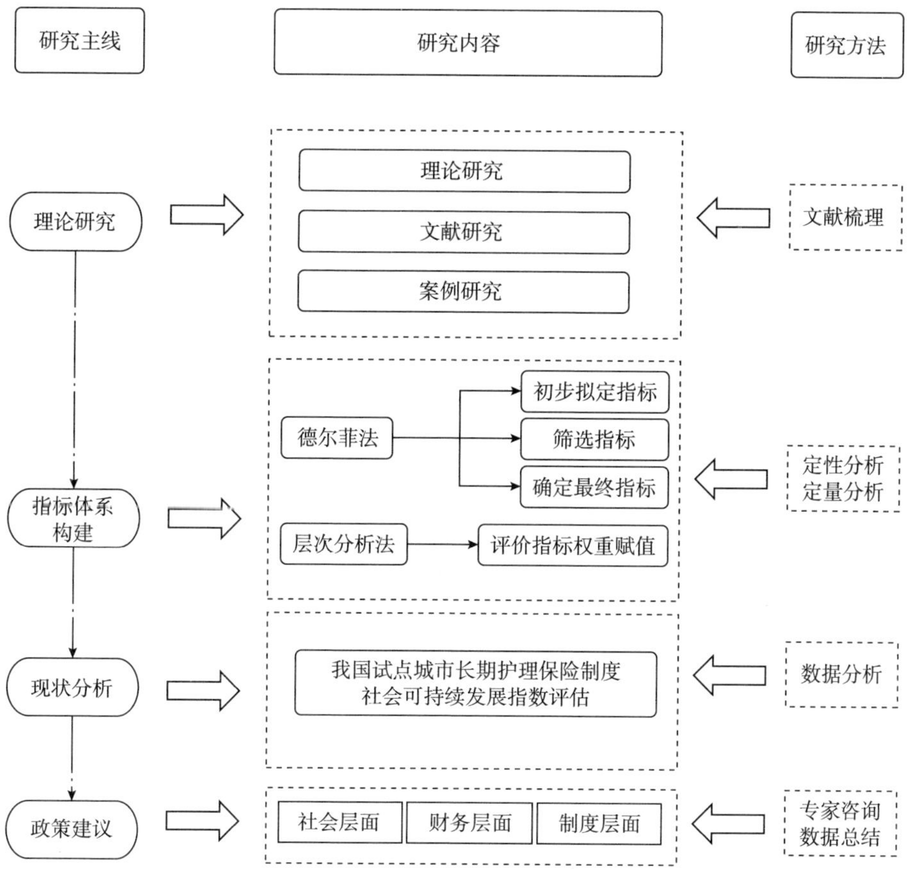

图 1-3 本书研究路线

二、研究方法

（一）文献研究法

本书在写作过程中，参考了大量的文献研究资料与数据资料，中外学者相关的先行研究成果为本书的写作提供了多角度的研究方向。在文献梳理的过程中，形成长期护理保险制度可持续发展评价指标体系的初步框架，为指标筛选的模糊德尔菲法与指标赋权重的模糊层次分析法奠定了基础。

（二）定性研究与定量研究相结合

运用定性分析与定量分析相结合的方法确立长期护理保险制度的可持续发展评价体系。定性分析即在文献梳理、专家咨询与小组讨论的基础上，运用系统思想对长期护理保险制度可持续性的结构进行系统分析，将可持续发展的内涵分解成不同侧面，再进一步分析每个侧面的属性，以此为基础提出反映各个侧面的衡量指标。定量分析即在定性分析的基础上，选取与长期护理保险制度可持续性强相关的指标，构成预选指标集，然后采用模糊德尔菲法与模糊层次分析法对各个可持续性指标进行量化、计算指标权重，最终构成长期护理保险制度可持续性的评估体系。

（三）宏观数据与微观数据相结合

在已建立的长期护理保险制度可持续发展评价指标体系的基础上，运用代表性国家的经济、人口等宏观数据进行分析测算，对长期护理保险制度的可持续性进行综合评价，为我国长期护理保险制度的可持续发展提供经验借鉴；同时对我国的试点城市开展调研走访、深度访谈和问卷调查，采集微观数据，为分析我国长期护理保险制度的可持续发展研究提供数据支撑。

第二章　理论基础与文献回顾

第一节　概念界定

一、失能老年人口

（一）失能的含义

失能是指由于意外伤害或疾病导致身体或精神上的损伤，导致生活或社交能力的丧失。“失能老人”是指丧失生活自理能力的老人。国际比较通行的失能评估工具主要分为“功能性评估”和“认知性评估”两大类。

（二）失能性评估

“功能性评估”的主要内容有基础性日常生活活动（Activities of Daily Living，ADL）和工具性日常生活活动（Instrumental Activities of Daily Living，IADL）两种。ADL的具体评估工具有柯氏量表（Katz Index）和巴氏量表（Barthel Index）。柯氏量表是在1959年由Katz提出，评估失能者吃饭、穿衣、上下床、上厕所、室内走动、洗澡6项指标的受限程度。巴氏量表在1965年公开发表，由Barthel提出，如表2-1所列出的，从进食、穿脱衣服、床椅移动、个人卫生、上厕所、洗澡、平地行走、上下楼梯、大小便控制10项指标评估失能者的程度。

IADL是指家务活动的受限程度，主要评估工具有Lawton-IADL和OARS-IADL等，如表2-2所列出的，评估失能者上街购物、外出活动、食物烹调、家务维持、洗衣服、使用电话、服用药物和处理财务8项能力的受限程度。

表 2-1 巴氏量表评估项目及分值量化

项目	分值	内容
进食	10	• 自己在合理的时间内（约 10 秒钟吃一口），可用餐具取用眼前的食物，若需使用进食辅具，会自行取用穿脱，不需协助
	5	• 需别人协助取用或切好食物，穿脱进食辅具
	0	• 无法自行取食
轮椅与床位间的移动	15	• 可独立完成，包括轮椅的刹车及移开脚踏板
	10	• 需要稍微协助（例如予以轻扶以保持平衡）或需要口头指导
	5	• 可自行从床上坐起来，但移位时仍需别人帮忙
	0	• 需别人帮忙方可坐起来或需别人帮忙方可移位
个人卫生	5	• 可独立完成洗脸、洗手、刷牙及梳头发
	0	• 需要别人帮忙
上厕所	10	• 可自行进出厕所，不会弄脏衣物，并能穿好衣服。使用便盆者，可自行清理便盆
	5	• 需帮忙保持姿势的平衡，整理衣物或使用卫生纸。使用便盆者，可自行取放便盆，但需依赖他人清理
	0	• 需他人帮忙
洗澡	5	• 可独立完成（无论是盆浴还是沐浴）
	0	• 需别人帮忙
行走于平地上	15	• 使用或不使用辅具皆可独立行走 50 米以上
	10	• 需要稍微扶持或口头指导方可行走 50 米以上
	5	• 虽无法行走，但可独立操纵轮椅（包括转弯、进门及接近桌子、床沿）并可推行轮椅 50 米以上
	0	• 需别人帮忙
上下楼梯	10	• 可自行上下楼梯（允许抓扶手、用拐杖）
	5	• 需要稍微帮忙或口头指导
	0	• 无法上下楼梯
穿脱衣服	10	• 可自行穿脱衣服、鞋子及辅具
	5	• 在别人帮忙下可自行完成一半以上的动作
	0	• 需别人帮忙
大便控制	10	• 不会失禁，并可自行使用塞剂
	5	• 偶尔失禁（每周不超过一次）或使用塞剂时需人帮助
	0	• 需别人处理（挖大便）

续表

项目	分值	内容
小便控制	10	• 日夜皆不会尿失禁，并可自行使用塞剂
	5	• 偶尔会尿失禁（每周不超过一次）或尿急（无法等待便盆或无法及时赶到厕所）或需别人帮忙处理
	0	• 需别人处理
总分		

表 2-2 工具性日常生活活动评估项目及分值量化

项目	分值	内容
上街购物	3	• 独立完成所有购物需求
	2	• 独立购买日常生活用品
	1	• 每一次上街购物都需要有人陪
	0	• 完全不会上街购物
外出活动	4	• 能够自己开车、骑车
	3	• 能够自己搭乘大众运输工具
	2	• 能够自己搭乘出租车但不会搭乘大众运输工具
	1	• 当有人陪同可搭乘出租车或大众运输工具
	0	• 完全不能出门
食物烹调	3	• 能独立计划、烹煮和摆设一顿适当的饭菜
	2	• 如果准备好一切佐料，会做一顿适当的饭菜
	1	• 会将已做好的饭菜加热
	0	• 需要别人把饭菜煮好、摆好
家务维持	4	• 能做较繁重的家事或偶尔需要家事协助（如搬动沙发、擦地板、洗窗户）
	3	• 能做较简单的家事，如洗碗、铺床、叠被
	2	• 能做家事，但不能达到可被接受的整洁程度
	1	• 所有的家事都需要别人协助
	0	• 完全不会做家事
洗衣服	2	• 自己清洗所有衣物
	1	• 只清洗小件衣物
	0	• 完全依赖他人
使用电话	3	• 独立使用电话，含查电话簿、拨号等
	2	• 仅可拨熟悉的电话号码

续表

项目	分值	内容
使用电话	1	• 仅会接电话，不会拨电话
	0	• 完全不会使用电话
服用药物	3	• 能自己负责在正确的时间用正确的药物
	2	• 需要提醒或少许协助
	1	• 如果事先准备好服用的药物分量，可自行服用
	0	• 不能自己服用药物
处理财务	2	• 可以独立处理财务
	1	• 可以处理日常的购买，但需要别人协助与银行往来或大宗买卖
	0	• 不能处理钱财
总分		

随着失智人口的增加“认知性评估”也逐渐受到社会的关注，目前主要的评估工具有如表 2-3 所示的简短心智状态量表等。

表 2-3　简短心智状态问卷调查（SPMSQ）

问题	注意事项
1. 今天是几号	年、月、日都对才算正确
2. 今天是星期几	星期对才算正确
3. 这是什么地方	对所在地有任何的描述都算正确；说“我的家”或正确说出城镇、医院、机构的名称都可接受
4-1. 您的电话号码是多少	经确认号码后证实无误即算正确；或在会谈时，能在二次间隔较长时间内重复相同的号码即算正确
4-2. 您住在什么地方	如没有电话才问此问题
5. 您几岁了	年龄与出生年月日符合才算正确
6. 您的出生年月日	年、月、日都对才算正确
7. 现任的国家领导人是谁	姓氏正确即可
8. 前任的国家领导人是谁	姓氏正确即可
9. 您妈妈叫什么名字	不需要特别证实，只需说出一个与他不同的女性姓名即可
10. 从 20 减 3 开始算，一直减 3 减下去	期间如出现任何错误或无法继续进行即算错误

注：失智症评估标准：心智功能完整：错 0~2 题；轻度心智功能障碍：错 3~4 题；中度心智功能障碍：错 5~7 题；重度心智功能障碍：错 8~10 题。

我国目前实行的失能老人评估标准是由民政部发布的《老年人能力评估》，评估指标如表 2-4 所示，由日常生活活动、精神状态、感知觉与沟通和社会参与 4 个一级指标和 22 个二级指标构成。

表 2-4　老年人能力评估指标

一级指标	二级指标
日常生活活动	进食、洗澡、修饰、穿衣、大便控制、小便控制、如厕、床椅转移、平地行走、上下楼梯
精神状态	认知功能、攻击行为、抑郁症状
感知觉与沟通	意识水平、视力、听力、沟通交流
社会参与	生活能力、工作能力、时间空间定向、人物定向、社会交往能力

根据对二级指标的评定，将四个一级指标分别划分为能力完好（0 级）、轻度受损（1 级）、中度受损（2 级）和重度受损（3 级），最终综合四个一级指标，将老年人的能力划分为能力完好、轻度失能、中度失能和重度失能四个等级。

二、长期护理

（一）长期护理的含义

世界范围内对长期护理（Long-Term Care）的定义不尽相同，世界卫生组织（WHO）将长期护理定义为：为保证不具备完全自我照料能力的人能继续获得个人喜欢且质量较高的生活方式，获得最大程度的独立、自主、参与、个人满足和人格尊严，而由非正规护理者和专业人员进行的护理照料活动体系。经济合作与发展组织（OECD）定义长期护理服务为提供给在长期生活中的许多方面需要帮助的人的服务，通常由家庭、朋友和低技能的护理人员或护士来完成。美国健康保险学会（HIAA）认定长期护理是指在一个较长时期内，长期且持续地为因慢性病或伤残导致的功能性损伤的人提供护理服务。日本的《长期护理保险法》对需要长期护理的人的状态做出了定义：由于年龄的增长身体或者精神产生障碍，进而排泄、洗浴、饮食等日常需要进行的生活活动全部或部分受到限制而需要得到长期护理的状态。综合来看，长期护理的对象一般为不完全或完全丧失生活自理能力的人群，护理服务主要包括医疗服务、社会服务、居家服务、运送服务或其他支持性的服务，护理的目的是提高被护理人的生活质量。

（二）长期护理服务的分类

1. 按照支持体系划分

长期护理服务按照支持体系可分为正规与非正规体系。正规体系是指由有薪金的专业人员上门提供的服务或机构提供的护理服务，是一种制度化的服务，包括广泛的社区服务及疗养院、临终关怀院提供的服务。非正规体系是指由家人、朋友或邻居提供的非制度化的服务。近几十年来，随着人口结构、家庭结构和抚养意识的变化，家庭的照护功能在逐渐弱化，护理机构的正式服务范围不断扩大，但非正规的支持体系仍然处于长期护理服务的支配地位。因此，长期护理体系将非正规体系也纳入其中，为非正规体系的服务者提供现金或其他形式的支持，鼓励家人、亲戚或朋友提供护理服务，在正规护理服务体系中融入非正规服务要素。

2. 按照提供服务的场所划分

长期护理服务按照提供服务的场所不同可以分为机构护理服务、社区护理服务和居家护理服务。机构护理服务是指失能老人在公共医疗、养老、护理等机构接受的服务，其中医院和护理院属于医疗机构，归属国家卫健委管理。老年养护院、敬老院和老年公寓属于养老机构，可以为入住的失能老年人提供全日制住宿和照料护理服务，归属于民政部管理，更强调生活照顾和护理功能。社区护理是以社区为基础，为居住在本社区的老年失能人群提供医疗护理和生活服务。近年来，社区护理在北京、上海、广州等一线城市快速发展，通过整合社区的医疗和服务资源，逐步建立了日间照料中心、养老驿站等，提供日托、助餐、基本医疗保健和护理服务等多种类型的社区护理场所。居家护理服务指失能老人住在自己家中，主要由专业的护理人员上门提供生活照护服务，也有部分护士或康复师上门提供连续的、系统的基本医疗护理和康复服务。目前，实施长期护理保险试点的城市在基金给付上也按机构护理和居家护理有不同的标准。其中，居家护理主要以实物照护给付为主，社保与护理机构直接结算，不经过被保险人。

3. 按照给付方式划分

长期护理服务按照给付方式不同可以分为现金给付和服务给付。现金给付是指按照一定的标准将现金支付给服务对象，并由服务对象个人自行购买护理服务的方式。现金给付更为简单易行，直接把现金打入服务对象的账户中，可减少管理费用，能够提高服务利用者的自主权和选择权，同时也能节省管理费和运营费。居住在边远地区、难以利用服务机构的人和有家人照顾的被服务人更愿意选择现金给付。但现金给付也存在资金被家庭照顾者挪作他用的风险，因而难以保证政策目标的实现。服务给付是指给服务对象直接提供服务，将所发生的费用支付给服务供给者。在参保了长期护理保险的前提下，把服务供给委托给医疗或福利机构，其费用由保险机构支付。直接供给服务的方式能有效地防止护理资金被挪用的现象，有利于政策目标的实现；但服务给付方式需要更多的服务机构和服务人员，会增加管理费用，限制了被服务对象的选择权，有可能影响服务质量。不能用现金自由购买护理服务的有认知障碍功能的人更需要提供直接的护理服务。

三、长期护理保险

（一）长期护理保险的含义

HIAA 对长期护理保险（Long-Term Care Insurance）的定义为：为消费者设计的，对其在发生长期护理带来的潜在巨额护理费用支出时提供保障。美国人寿保险管理学会（LOMA）定义长期护理保险为：为那些由于年老、严重疾病或意外伤害的影响，需要在家或护理机构得到稳定护理的被保险人支付的医疗及其他服务费用进行补偿的一种保险。我国在 2016 年颁布的《指导意见》中将长期护理保险制度定义为：以社会互助共济方式筹集资金，为长期失能人员的基本生活照料和与基本生活密切相关的医疗护理提供资金或服务保障的社会保险制度。

（二）长期护理保险的分类

世界各国根据自身的社会保障历史、既有的社会保障体系和社会福利理念，建立了不同模式的长期护理保险制度，大体可分为三类：以美国为代表的商业保险模式、以日本为代表的社会保险模式和以瑞典等北欧国家为代表的福利保险模式。

1. 商业长期护理保险模式

商业保险模式的长期护理保险制度以美国和新加坡等国为代表，此模式与其他商业保险相同，由保险公司发起，投保人以自愿缴费的方式参保，并在长期护理服务费用产生后，由商业保险公司来支付经济报酬的一种方式。商业长期护理保险的一般准则为：多保多付、少保少付、不保不付。

商业长期护理保险具备承包方式多样、保费厘定及条款设计灵活、承保内容多样和补偿方式灵活等特点。完全市场化运营，由市场需求调节护理保障体系，经济效率较高。但商业长期护理保险由于其费用较高、人们对护理保险的需求与认识有限和公共护理服务的挤出效应等原因，导致参保率很低。对于商业保险企业来说，长期护理服务能否成为保险事故的补偿以及如何进行补偿都是一个很难处理的问题，并且风险很高，因此商业长期护理保险的市场一直没有充分发展起来（荆涛，2015）。

2. 社会长期护理保险模式

社会保险模式的长期护理保险制度以德国和日本等国为代表，在此模式下参保人需要承担缴费的义务，并在遇到失能风险时拥有获得补偿的权利。参保人只需依据客观评定标准接受护理服务，并且在享受权利时不受任何收入限制和有无家庭照护者的限制。社会长期护理制度模式一般由政府或社会通过法律方式强制规范，为了解决长期护理的社会问题对参保人发生长期护理服务需求后的费用进行补偿。社会长期护理制度模式主要包括两种形式：一是依赖于医疗保险基金支付护理服务费用的形式；二是新设独立运行的长期护理保险制度。社会长期护理保险制度依据参保者身体的客观标准评定护理服务的给付待遇，不受收入的限制。与商业性质的长期护理保险制度相比，更具有社会再分配效应。

社会保险模式的长期护理保险资金一般由雇主、个人和政府共同承担，采取现收现付的财务模式。实施社会长期护理制度模式的一部分国家以大量的财政补贴为辅助，如日本长护保险基金筹资的一半来自财政；还有一部分国家的筹资来源为劳资缴费，如德国。目前，实施此模式国家的公共长期护理支出占 GDP 的比重为 1%~4%，2018 年，德国整体长期护理服务支出占其 GDP 的 1.3%①，并且这一比重还在持续增加，到 2050 年可能达到 3.3%左右②；2017 年日本长期护理服务支出占 GDP 的 1.8%③；荷兰 2022 年长期护理支出费用约占 GDP 的 4%④。该模式将社会保险基金与财政资金分离，资金来源有稳定保障，面临的挑战主要在于需要确保非正规经济劳动者和无力缴费者都能得到保障。

3. 福利长期护理保险模式

福利长期护理制度模式的费用主要由中央政府和地方政府共同承担，大部分的北欧福利国家建立起了财政支出模式的长期护理保险制度，在此制度模式下，

① 经济合作与发展组织．养老金概览：OECD 和 G20 国家各项指标［M］．北京：中央编译出版社，2019.

② 姚玲珍．德国社会保障制度［M］．上海：上海人民出版社，2011.

③ 资料来源：日本厚生劳动省网站。

④ 资料来源：荷兰健康福利体育部官方网站（http：//www.minvws.nl）。

个人不承担或承担少量的费用。根据服务对象的普遍性可分为普享模式和资产调查模式。普享模式以芬兰、瑞典和丹麦等国为代表，在此模式下享受长期护理服务是国民的一项基本权利，每个国民都有权利接受用地方政府财政支出来运营的长期护理服务。因地方政府收入的差异，服务种类和费用有所差异，但是能够通过各级政府的补贴和资金支持实现各地的财政平衡。资产调查模式以英国和美国为代表，在此模式下护理费用由政府税收承担，但需要根据家计调查对服务对象进行选择，只为符合条件的人提供护理服务，具有救助性特点。

福利长期护理制度模式的特点是：公共支出规模大、机构护理比例大、社会服务支出多和护理服务密度大。实施此种长期护理保险制度模式的国家，其公共长期护理支出占 GDP 的比重在 2%~4%，如芬兰为 2.2%[①]，瑞典为 3.2%[②]，挪威为 3.3%[③]，丹麦为 2.5%[④]。但随着老龄化的加速，长期护理需求不断增加，加之经济的下行压力和政府财政紧张，这种福利长期护理制度的财务可持续性成为日趋严重的问题。

（三）长期护理保险的建设目标

世界各国建设长期护理保险制度都是为了应对失能风险、以社会化服务机制满足长期护理服务的需求。虽然各国选择的制度模式和具体的实施政策有所不同，但政策目标基本一致，都是为了解决年老失能后的护理服务费用来源问题，让长期护理保险制度成为失能老人的保障制度和促进社会公平的机制，与其他种类社会保障制度的目标保持一致。

四、可持续发展

（一）可持续发展的含义

可持续发展的概念最早在 1987 年世界环境与发展委员会（WCED）发表的报告《我们共同的未来》中正式被使用，并做出了比较系统的阐述，产生了广泛的影响。该报告将可持续发展定义为："能满足当代人的需要，又不对后代人满足其需要的能力构成危害的发展。可持续发展是建立在社会、经济、人口、资源、环境相互协调和共同发展的基础上的一种发展，其宗旨是既能相对满足当代

① 资料来源：芬兰社会卫生和服务部（https：//valtioneuvosto.fi/yhteystiedot）。
② 资料来源：瑞典国家健康与福利委员会（http：//www.sos.se/sosmenye.htm）。
③ 资料来源：挪威卫生与社会事务部（https：//www.helsetilsynet.no/regelverk/）。
④ 资料来源：丹麦卫生部（https：//im.dk/arbejdsomraader）。

人的需求，又不能对后代人的发展构成危害。”可持续发展注重社会、经济、文化、资源、环境、生活等各方面协调“发展”，要求这些方面的各项指标组成的向量的变化呈现单调递增态势，至少其总的变化趋势不是单调递减态势。在2015年联合国大会第70届会议上通过的《2030年可持续发展议程》，制定了包括消除贫困、消除饥饿、确保健康的生活方式等17项可持续发展目标，涉及可持续发展的三个层面：社会、经济和环境，以及与和平、正义和高效机构相关的重要方面。

我国在2002年党的十六大中把“可持续发展能力不断增强”作为全面建设小康社会的目标之一，将可持续发展定义为以保护自然资源环境为基础，以激励经济发展为条件，以改善和提高人类生活质量为目标的发展理论和战略，是一种新的发展观、道德观和文明观。同时强调人与人关系的公平性，当代人在发展与消费时应努力做到使后代人有同样的发展机会，同一代人中一部分人的发展不应当损害另一部分人的利益。

2021年，在第76届联合国大会中，习近平主席进一步提出“发展的最终目的是为了人民。在消除贫困、保障民生的同时，要维护社会公平正义，保证人人享有发展机遇、享有发展成果”。人是社会的人，社会是人的社会。如果不能正确处理人与社会的关系，不能实现经济、社会、环境协调发展，甚至少数人的发展以多数人的利益受损为代价，就必然影响社会稳定，进而破坏发展的根基。只有坚持以人为本，努力建设普惠包容的幸福社会，才能实现社会可持续发展。要不断提高人类健康和生活水平，创造美好的生活环境，确保社会公平、正义、平等。关注代际、不同群体、各个地区之间的公平，当代人的发展既不能损害后代人的发展权益，也不能损害其他群体、地区的发展权益。

因此，我国实施可持续发展战略的指导思想是：坚持以人为本，以人与自然和谐为主线，以经济发展为核心，以提高人民群众生活质量为根本出发点，以科技和体制创新为突破口，坚持不懈地全面推进经济社会与人口、资源和生态环境的协调，不断提高我国的综合国力和竞争力，为实现第三步战略目标奠定坚实的基础。

（二）社会保障制度的可持续发展

具体到社会保障制度的可持续发展，是指既要保障当代人的基本生活需求，又要考虑后代人的社会保障要求，不要以牺牲后代人的保障资源为代价来保障当代人的保障利益，不要给经济和社会带来太大压力。社会保障制度的实施要能极大地促进社会公平、公正，为公民提高基本的生活保障并能保持长久的制度吸引力。

我国可持续发展的目标中也涉及社会保障的可持续发展内容：严格控制人口增长，全面提高人口素质，建立完善的优生优育体系和社会保障体系，基本实现人人享有社会保障的目标；社会就业比较充分；公共服务水平大幅度提高；防灾减灾能力全面提高，灾害损失明显降低。

（三）长期护理保险制度的可持续发展

目前学术界对长期护理保险制度的可持续发展更多定位为财务的可持续性，只要保证财务的收支平衡就能实现长期护理保险制度的可持续发展。但根据世界环境与发展委员会对可持续发展的界定，和我国社会保险制度所坚持的权利与义务对应原则，保证代内、代际之间的福利给付的公平性，也是实现长期护理保险制度可持续发展的必要条件。因此，长期护理保险制度的可持续发展不仅要保障当前老年人的长期护理需求，还要保障未来老年人的长期护理需求，这意味着制度资金筹集应兼顾当下和未来政府财政、单位和个人的负担能力，与此同时，制度的给付要确保在代内、代际之间的公平分配。

1. 经济的可持续性

长期护理保险基金在代内和代际的支付能力，直接决定了制度能否长期可持续发展。制度基金的支付能力主要取决于基金盈余状态，它的多少由制度筹资和给付水平决定，同时受到制度管理成本和运营效率的影响。具体而言，合理的筹资机制能够充分扩大基金筹集面，保证收入水平。科学的给付机制能够实现基金的合理配置，从而有效控制基金支出。此外，高效的管理运营模式能够节省制度管理成本和运营成本。综上所述，通过保证基金收入、控制基金支出和减少运营成本，确保基金能够持续、有效地在代内和代际之间流动，为制度的长期可持续发展提供资金保障。

2. 社会的可持续性

长期护理保险制度应保障当代以及未来资格受益人的福利水平，从而为制度的长期可持续发展奠定坚实的基础。资格受益人的福利水平主要体现为绝对福利水平和相对福利水平。一方面，长期护理保险制度应保障和维护资格受益人长期护理相关的各项基本需求和权益，在提升当代资格受益人绝对福利水平的同时，不得减少未来资格受益人的绝对福利水平。另一方面，社会保险制度的筹资和给付必然伴随着再分配，长期护理保险制度在同代人之间和代际之间再分配的公平性，是保障资格受益人相对福利水平的基础。长期护理保险制度的社会可持续旨在提升社会绝对福利水平、维护相对福利公平，从而获得当代和未来资格受益人的认可和支持。

第二节 理论基础

一、社会福利政策理论

目前学术界关于社会福利政策的具体定义还没有形成一个统一明确的看法，在人们的日常生活中，有六个基本的社会组织：亲属组织、工作场所、市场、公民社会、政府和宗教组织，它们都发挥了重要的社会福利功能。

分析社会福利政策的方法主要包括三种：基于过程、产出和绩效来分析。①过程研究关注的是影响政策形成的政治体系、政府以及其他利益团体间的关系与互动。过程研究通常被运用在进行政策评估时，以个案研究为主要方式，收集政治与技术层面的资料作为决策的依据。②产出研究的重点在于与某些特定政策密切相关的选择议题上，例如，是什么导致了这种政策设计，什么理论可以支持这些政策设计，这种政策设计排斥了哪些观点等。③绩效研究关注方案执行成果的描述与评估，绩效可以通过收集资料并根据不同的学术规则使用基础工具来评估。

美国学者尼尔·吉尔伯特（Neil Gilbert，2003）提出在福利分配的框架下，社会福利政策可以定义为：在决策什么福利（What）、提供给谁（Whom）、如何输送（Delivered）和财务如何被提供（Financed）。具体来说，社会福利政策就是在选择社会分配的基础、社会供给的形式、福利输送的策略以及财务的模式。

（一）分配的基础

社会分配的基础就是讨论社会福利政策中的“谁”有福利资格，传统上分为普及式与选择式。普及式是指所有人口基于人权都能享有的福利，普及式福利论者认为社会大众都处于“风险”中，常常需要面对各种社会性需求，所以应该建立不分收入、性别或其他类别的、广泛的反映方案。普及式福利政策方案可以为大众提供平等的服务，可以通过政策的推广来帮助广泛的群体。而选择式福利是依据个人需求来提供福利，这种做法可以减少财政支出，也可以确保经费用于最需要帮助的人。

（二）社会供给的形式

社会福利供给的基本形式主要有现金福利和实物福利两类。瑞士学者阿尔瓦·米尔达（Alva Myrdal）于1934年最早提出实物补助，因为实物能更直接地符合人民的需要，而现金补助在消费层面上无法被控制，不一定能实现专款专用。而古典福利经济学者认为现金补助是最优选择，因为现金可以给予使用者最大的选择空间，并且可以节省行政资源、减少管理费用。现金补助可以整合所有公共救助的方式为现金给付，以最有效的方式来消除贫困。

（三）福利输送的策略

福利输送的策略是指福利提供者与福利消费者之间的一种组织性的安排，福利输送的策略主要包括直接由政府机构提供、间接通过契约方式由私人单位提供。私人机构可以最有效率的方式来处理社会福利的产出与输送，而公共部门可能会因为行政垄断而导致效率的缺乏。但是政府在与私人机构签约购买福利时，由于消费者不是付费者而无法获知整个福利输送的过程，加上公共部门并没有实际接受过福利，所以第三方企业的福利质量与成本无法保证，可能会导致“契约失败理论”的问题（Hansmann，1987）。

（四）财务的模式

社会福利经费的来源主要有税收、收费和捐款。税收是最基本来源，是政府运用自身的强制力向公民与企业公开征收的；收费是对使用社会福利产品或服务的消费者所收取的费用；捐款也称为慈善事业，是自愿而非强制性的。福利国家在实际操作中往往将这三种经费来源混合使用，通常被称为社会福利的混合经济。

二、政策评估理论

（一）政策评估的含义

政策评估工作从其定义而言，是指依据一定的标准和程序，对政策的效益、效率、效果及价值进行综合判断与评价，从而为政策的修正、终止和重新制定提供依据。完整的政策评估包括评估主体、评估对象、评估程序、评估方法、评估指标、评估结果运用等相关要素。学术界关于政策评估含义的阐述主要包括以下三种观点：第一种观点认为，将政策评估定义为一个分析的过程，评估者通过手机信息，运用定性与定量的分析方法，分析并比较不同的政策方案，以供决策者参考（杨阳等，2018）。第二种观点认为，政策评估不仅包括对方案的评估，还包括对政策的执行及结果的评估（宋健峰和袁汝华，2006）。也就是说，政策评估是对政策全过程的评估，既包括对政策制定的评估，也包括对政策执行、政策监控、政策终结以及政策结果的评估。政策评估是指系统地应用各种社会研究程序，搜集有关的资讯，用以论断政策概念化与设计是否周全完整；知悉政策实际执行的情形，遭遇的困难，有无偏离既定的政策方向；指出社会干预政策的效用（陈庆云，1996）。第三种观点认为，应将政策评估的重点放在政策效果上。政策评估就是对政策的效果进行研究（张金马，1996），主要目的在于鉴定人们所执行的政策在达成其目标上的效果，确认政策实施对于政策问题的解决程度和影响程度，寻求通过优化政策运行机制的方式来强化和扩大政策效果。总的来看，政策评估是通过对政策效果的描述、总结和分析，做出关于该项政策绩效和价值的评价（应晓妮等，2021）。

（二）政策评估的标准

一般来说，政策评估的标准具体可分为四个方面：①政策投入，即政策资源的使用和分配状况，这是从资源投入的角度来衡量决策机构和执行机构的工作，也就是政策的成本评估。②政策效益，即政策目标的达到程度，侧重点在于政策实践是否获得了预期的成果。③政策效率，即政策效益与投入量之间的关系和比率，效率的高低既能反映出政策本身的优劣，也能反映出执行机构的管理能力。④政策回应程度，即政策实施后满足特定社会团体需求的程度，这是一个国家维持自己的生存、稳定和发展的基本功能（Vedung，1997）。

要科学、客观、有效地评估某项政策，必须针对该项政策设计指标体系，以使其中的各项指标能够更加全面、准确地反映该项政策的实施效果。一般来说，指标体系中包括基本指标和可变指标两种。基本指标具有通用性，是各项政策评估时均要用到的通用指标，可变指标是根据具体政策的自由设定的，根据不同的政策目标替换、添加不同的评估指标，形成有针对性的指标体系，最终将政策评估的普遍性要求和政策的差异性结合起来。对一项政策的完整评估应包括对政策的制定的评估、对政策的实施或执行的评估以及对政策的绩效的评估三部分内容，对每一部分的评估又包含更细分的评估指标（宋健峰和袁汝华，2006）。

（三）政策评估的方法

1. 成本收益分析法

用成本收益分析法对政策进行评估是指以货币单位为基础对政策的投入与

产出进行估算，其最大优势是可以克服信息不对称所引发的道德风险。该评估方法以政策收益超过政策成本，即社会净福利的最大化作为评估标准，直接体现了进行政策评估的首要目标——提高财政资金的使用效率以及公共部门提供公共产品的效率，是多数国家进行政策评估的核心方法之一。

成本收益分析方法的内容有四个：①可行性研究。包括对市场失灵的界定，对产业结构、竞争环境、生产率和就业状况的影响，以及对健康卫生、环境保护的影响等。②成本估算。包括直接成本和间接成本。前者主要指中央和地方政府部门直接拨款；后者则主要用机会成本衡量。③收益估算。即量化政策落实后可产生的收益。一般而言，经济收益较易量化，可用贴现法直接估算，但社会收益难以量化，往往需要相关部门用某些特定方法将其折合成货币收益后加总在总收益中。④比较总成本与总收益（席涛，2004）。

2. 比较分析法

比较分析法是指将观测指标与基准或参照系相比较，来评估政策是否产生成效（钟玮，2016）。其中常用的基准包括以下四个：①控制组，即受到政策影响的实验组的水平是否与不受政策影响的控制组水平相同或相近；②可接受的阈值，即政策实施后某项指标的值是否已低于或高于某一可接受的阈值；③历史基准，即政策实施后某项指标与历史情况相比是否有所改善；④其他地区水平，即政策实施后本地区的某项指标相比可比地区是否有显著提升。

3. 归因分析法

归因分析法试图在一个反事实框架中论证某项政策的实施是否产生了确切的因果影响。其逻辑是：事实 B 是指在某项政策 A 的影响下可观测到的某种状态或结果，而反事实 B′则是指在其他条件完全一样但不执行政策 A 时可观测到的状态或结果。B 与 B′之间的差异，就是政策 A 的确切因果影响（解垩，2010）。反事实分析框架是一种理想状态下的政策评估方法，建立在逻辑推演的基础上。但是，由于历史的不可回溯性，事实上政策评估者不可能同时观测到 B 与 B′，从而无法得到确定的因果关系结论。

（四）作用

政策评估的主要作用是提供关于既定政策的各种信息，具体来说包括以下四个：一是政策评估是决定政策执行去向的依据。根据政策评估的结果决定政策的变迁，包括延续、革新和终结。二是政策评估是重新确定政策目标的前提，必须对原政策的执行后果、政策环境的发展变化和政策目标的选择方向进行综合评估才能制定新的政策。三是政策评估是合理配置政策资源的基础。公共资源是有限的，所以需要通过政策评估确认政策价值，并最终做到以有限的资源获得最大的效益。四是政策评估是实现决策科学化、民主化的必由之路。通过政策评估不仅能对政策本身的价值做出科学判断，还能对政策的各个方面进行考察，检验实际工作，提出问题及改进建议（詹国彬，2002）。

三、可持续发展理论

1992 年联合国在环境与发展大会上，将走可持续发展的道路作为未来长期共同的发展战略，并形成了对“可持续发展”这一概念的狭义和广义两种理解。狭义的可持续发展是指既满足当代人的需要，又不对后代人满足其需要的能力构成危害的发展，主要论述了经济发展与环境保护的关系。广义的可持续发展是保证社会有长期持续性发展的能力，确保环境、生态的安全和稳定，避免社会和经济出现大幅度波动。可持续发展涉及人类社会的各个方面，要求社会的全方位变革（周海林，2004）

（一）原则

1. 公平性原则

可持续发展的公平性包括以下三个方面：一是从时间上看，公平性包括代内公平性（即代内之间的横向公平）和代际公平性（即世代之间的纵向公平性）。二是从空间上看，公平性包括个人之间、区域之间的公平。三是从内容上看，公平性包括收入、分配、权利、责任和义务等方面的公平。

2. 持续性原则

要实现可持续发展，人类需要在人力和资源的支持下，增强自身“管理”和“把握”资源发展的能力，资源的持续利用和生态系统的可持续性是保持人类社会可持续发展的首要条件。这就要求人们根据可持续性的条件调整自己的生活方式，在生态可能的范围内确定自己的消耗标准，要合理开发、合理利用自然资源，使再生性资源能保持其再生产能力，非再生性资源不至过度消耗并能得到替代资源的补充，环境自净能力能得以维持。

3. 共同性原则

可持续发展面临公共性的问题，如环境污染、资源破坏等，因此要实现可持续发展的总目标，必须争取全球共同的配合行动，这是由地球整体性和相互依存性所决定的。实现可持续发展就是人类要共同促进自身之间、自身与自然之间的协调，这是人类共同的道义和责任。

（二）社会保障制度的可持续发展

社会保障制度与一国的人口结构、经济发展和社会环境紧密相关，是一个需要长期规划并不断改革和创新以实现可持续发展的制度。为了保证社会保障制度的可持续发展，从纵向来看，在保障当代人基本生活的同时，要给后代人的保障留下充分的资源；从横向来看，在发展社会保障事业的同时，要考虑经济和社会的承受力，要有利于经济可持续发展和社会全面进步。具体来看，社会保障制度的可持续发展分为三个方面：经济可持续性、社会可持续性和制度本身的可持续性。

社会保障制度的经济可持续性是指社会保障制度的参数应适时进行调节，以适应社会与经济的演变过程；经济的可持续性指社会保障制度的发展不超越社会保障资源禀赋条件、经济单位的承受能力，尽量维持制度财务收支的平衡；社会可持续性是指在公平和公正的前提下，社会保障的范围应随着经济的增长不断扩充其内涵，以提高人们基本生存质量为前提来实现人的全面发展；制度本身的可持续性是指社会保障制度的实施保障、参数设计、配套政策等方面安排合理，可适应社会经济的发展。

第三节　文献综述

一、长期护理保险的制度模式

（一）长期护理保险制度的主要模型

自长期护理保险制度出现以来，关于制度模式的讨论就持续进行。Schneider 等（1999）认为由于不确定性风险、逆向选择和信息不对称问题的存在，商业长期护理保险模式会使参保率大大降低，社会保险模式更有利于长期护理保险的发展。Feder 等（2000）则认为商业长期护理保险可降低政府和企业的负担，并预测在未来的几十年，商业长期护理保险在美国还将占据主体地位。华颖（2021）提出各国构建的长期护理保险制度基本与本国社会保障制度的整体取向一致。典型国家全部遵循了本国社会保障传统路径，而没有另行设计不相容的制度安排，更不可能在本国奉行社会保险或福利国家制度的条件下选择市场化的商业护理保险模式。例如，德国、日本、韩国选择的是社会保险型的长期护理保险，英国、北欧是以税收为支撑的福利国家模式，美国在为低收入者提供一定程度保障的同时，重视市场机制和慈善组织的社会服务供给，这些展现的都是遵循其本国社会保障制度的发展路径。

（二）我国长期护理保险制度模式的选择

关于我国长期护理保险制度模式的选择，国内学术界的主流观点包括以下三个方面：一是主张我国建立以社会保险为主体、商业保险为补充的长期护理保险制度。戴卫东（2015）等认为，商业保险模式由于资本的逐利性而不可能承担养老保障的主体责任，而社会保险模式的强制性可以有效解决保险市场上的逆向选择问题。戴卫东（2011）提出我国应建立社会长期护理保险而不是商业保险，首先因为商业保险在中国发展的历史还很短，其次在我国劳动者平均收入水平较低的条件下不适宜采用商业保险形式，高成本的商业保险就难以达到老年人普遍需求长期护理服务“广覆盖”的特性。二是认为国家应给予商业护理保险与社会医疗保险平等的地位，鼓励商业护理保险的快速发展。彭荣（2008）认为，基于人口老龄化现状，社会保险已经无法满足社会对护理服务的需求，商业性长期护理保险在拓宽筹资渠道、完善保险险种等方面起到正向作用，有利于完善长期护理保险，未来更需要依靠商业性保险来解决问题。三是主张根据我国具体国情实施“分步走”的策略，逐渐建立起成熟完善的长期护理保险制度。荆涛（2010）提出，我国应从商业长期护理保险逐步过渡到社会模式与商业模式相结合，最终走向政府强制性的全民长期护理保险模式。曹信邦（2020）认为，首先将长期护理保险与医疗保险捆绑实施、强制推行，其次建立独立于医疗保险制度之外的长期护理保险制度，建立资金来源渠道独立的筹资体系。有学者对中国健康与养老追踪调查数据进行分析，得出的结论是：在保险覆盖范围上商业保险高于社会保险，在护理时长上社会保险高于商业保险，两种保险各有优势，应该结合使用。

二、长期护理保险的需求分析

（一）在微观层面

Cramer 和 Jensen（2006）探讨了几种衡量政策价格的替代方法，使用 2002 年健康和退休的调查数据，利用 Logistic 回归模型评估个人决定购买长期护理保险的影响因素，结果显示价格是个人决定购买保险的一个重要影响因素，受教育程度和收入也会在一定程度上产生影响。同时发现在当前环境下，政府将有效补贴保费的措施用作刺激购买的一种方式，可能会取得非常有限的成功。Akune 等（2014）调查研究在日本老年人群的日常活动与国家长期护理保险系统中认证护理需求发生率之间的关系，实证研究结果显示，在日常生活中的身体机能障碍是证明需要护理的一个预测因素。WOMAC 功能评分大于等于 5 的老年男性和大于等于 4 的老年女性应进行早期干预，以防止后续情况恶化。Boyer 等（2019）调查研究了加拿大居民的长期护理风险意识对长期护理保险需求的影响。结果发现，大多数受访者因对个人的长期护理风险缺乏了解，很难做出正确的长期护理保险决策。Brown 等（2012）对偏好和信念、替代保险、正式照料的替代品与私人市场的特点四个因素在影响长期护理保险的需求方面进行了调查研究，结果表明：每一个因素均对长期护理保险的需求有显著影响。

国内学者中，曹信邦和陈强（2014）运用二元 Logistic 回归模型对 2790 份调查数据进行分析，实证结果表明身体健康状况好、认可当地长期护理保险服务质量的居民的参保意愿明显高于其他调查群体。杜霞和周志凯（2016）对陕西省榆林市居民进行实证分析，认为工作和收入越稳定、患有慢性病数量越多的人群越倾向于参保长期护理保险，但碍于经济条件的限制，慢性病患者愿意支付的价格并不高。刘畅（2020）将调查样本分成 30~59 岁年龄群体和 60 岁以上年龄群体两部分进行研究，结果显示相同的影响因素会对不同年龄群体的人产生不同的影响，性别对 30~59 岁年龄群体的参保意愿影响不显著，职业状况对 30~59 岁年龄群体的参保意愿影响显著。张晓颖（2021）在沈阳市进行了问卷调查，通过随机发放问卷的形式，从调查样本的基本状况、家庭状况、健康状况、认知状况四个层面了解他们的个体特征和购买意愿，通过二元 Logistic 回归分析得到了影响居民购买长期护理保险的四个因素，分别是月平均收入、身边是否有过需要长期护理的人员、是否认同保险的形式获得长期护理的费用补偿和相关服务以及对保险公司的信任程度。谢春艳和丁汉升（2022）对上海市 16 个区的社区老年人进行问卷调查，对 42 个长期护理保险服务项目的利用和体验情况进行统计分析，认为长期护理保险服务体验在不同年龄段、文化程度、自理能力的老年人之间存在统计学差异。

（二）在宏观层面

Doerpinghaus 和 Gustavson（2002）在研究中检验了购买长期护理保险与各解释因素之间的假设关系，研究结果表明：国家医疗补助养老院的支出水平、老年人口和养老院人口的相对规模是购买率的重要解释因素。荆涛（2011）通过建立对数线性模型，从经济因素着手，发现社会性保险基金支出对我国长期护理保险商业性保险需求有正向影响。黄泽旋（2023）通过构建固定效应模型对影响我国长期护理保险需求的因素进行了分析，结果表明，人口老龄化水平、国家的社会保险支出和通货膨胀率对长期护理保险的需求产生正向影响；而失业率与长期护理保险的需求呈显著负相关关系。张绮雪（2023）利用固定效应模型回归和两阶段回归模型进行分析发现，提高政府财政补贴效率会使养老保障水平增大，促进长期护理保险供给，进而增加长期护理保险需求。吕鑫（2018）对全国 31 个省的面板数据进行了实证分析，发现地区的老年人口数量和养老医疗机构的数量对长期护理保险需求产生显著影响。陈凯利和陈凯志（2019）认为，居民参加长期护理保险的意愿和需求会受到长期护理保险制度本身的影响。作为一种综合性的社会保障制度，长期护理保险制度的设计和实施会涉及政策、法律、经济等多个领域，这些因素将直接影响到居民的参保意愿和需求。

三、我国长期护理保险制度的试点政策

长期护理保险制度作为一项新型的社会保险制度，在我国的发展仍处在试点阶段，需要科学合理的政策引导和规范。杨团（2016）认为，目前我国缺乏统一的长期护理保险制度的评价系统和长期护理服务的质量评价指标体系，并且在长期护理人才的培养方面也没有建立起明确的国家标准和政策工具，这导致长期护理体系难以独立成长。因此，我国应尽快将长期护理政策规划提上重大政策议程，开展政策基础工程建设。关博和朱小玉（2019）对我国长期护理保险制度的试点地区进行了评估，发现试点城市存在政策结构碎片化、基本保障边界不清晰、衔接服务力量有效供给不足等问题，因此政府需进一步完善政策框架设计、合理确定筹资责任、优化保障路径，积极构建高龄失能群体风险保障网。罗遐和王容（2021）基于政策扩散理论研究发现，我国长期护理保险政策试点扩散路径具有区域间跟进扩散、自上而下层级扩散、自下而上吸纳辐射扩散等特征，政策推广受到各地政策碎片化、政策探索深度不足和筹资机制不健全等因素的制约。因此，未来实现长期护理保险全国范围内的推广，需要加强地方性政策与标准规

范的融合、对成熟且可复制的试点政策模式进行深入总结并建立多元化的融资渠道。

四、政策评估

（一）政策评估的标准

政策评估标准就是对政策实施情况的好坏优劣做出衡量判断的依据。当选的评价标准应当客观反映政府决策的要求。针对不同的政策环境和背景，用来评估公共政策的标准各式各样。有学者将评估标准分为效率、效果、公平性、充足性、回应性以及适宜性六种。陈庆云（1996）把评估标准分为绩效、投入工作量、充分性、效率、适当性、执行力、公平性，以及社会发展总指标八类。匡跃辉（2005）专门针对科技政策进行分析，确定了效益、效应、效率和生产力四种评估标准。张润泽（2010）从形式的合法性、事实的有效性和价值的合理性三个角度构建了政策评估标准。

（二）政策评估的方法

目前政策评估的方法可以分为定量研究和定性研究两大类（谢菩媛，2022）。定量研究主要是基于实践基础，收集相关数据信息，运用数理统计方法或者应用模型，对政策效果进行量化计算分析。主要的方法有问卷调查、满意度调查、投入产出和成本效益分析、多元回归分析模型等（Heckman，2000）。定性研究则主要从事实与价值的角度进行分析，一般适用于对数据难以获取或者效果难以量化的政策进行评估。因为国内政策评估起步相对较晚，所以目前的政策评估工作较多使用以价值判断为基础的定性方法，但随着中国公共政策的进一步发展和完善，研究者们也开始更多地运用数学的分析方法来定量分析公共政策的执行结果（肖鹏等，2009）。

（三）政策评估的模型

政策评估研究从 20 世纪 60 年代开始在美国流行起来，人们一开始的假设是公共政策制定者将以一种工具的方式来解决问题。这就需要利用一个线性的、知识驱动的研究模型，在这个模型中，“知道”和“行动”之间存在着直接的关系。该模型结合了组织理论的“理性”和实证主义的“科学”，形成了“应如何进行”和“将如何使用”的一致模型。韦唐提出的十种评估模型成为后来评估模型发展的基础，具有广泛且重要的影响。王瑞祥（2003）总结了六种基本评估模型并进行了细致的解释。赵峰和张晓丰（2011）则在韦唐的基础上设计了包括各级指标在内的三种科技政策的评估结构。Barton 等（2004）认为，在卫生保健评估研究中使用的主要模型是决策树、马尔可夫模型和个人抽样模型。Brooks 等（2011）构建了一个发展政策评估模型，包含了对模型的理论构建模块的讨论，对数据来源、家庭群体如何进行分类及如何校准模型进行解释。

（四）长期护理保险制度的政策评估

1. 满意度评估

Woo（2019）对获得长期护理保险服务的人开展了满意度问卷调查，结果显示不同失能层次的人对辅助设备的要求也有所不同：一、二级为需要自我看护的辅助设施；三到五级为需要安全与卫生保障的辅助设施。Rhee 等（2015）对德国、日本和韩国三个国家的政策进行了比较分析，指出影响制度运营成本的最主要因素是支付标准，而其中以现金为主的给付方式与公众满意度正相关。边珊珊等（2019）在医院顾客满意度指数理论模型的基础上，编制了长期护理保险制度满意度问卷，为进行人群满意度评估提供了科学依据。李苏阳（2019）以长期护理保险制度试点城市广州市为例开展调查研究，利用二元 Logistic 模型进行回归分析，分析得出了解程度、作用认可度和评估办理程序对满意度有显著性影响。

2. 公平性评估

Mot Esther 用长期护理服务使用者的生活质量、护理质量、长期护理服务系统的公平性和长期护理服务的总负担作为四个核心标准，对德国、荷兰、西班牙和波兰四个国家的长期护理系统进行了绩效评估，使用欧洲健康数据、老龄化和退休调查方面的数据，研究了 13 个欧洲国家长期护理服务使用者的经验，分析了其生活质量，得出荷兰体系在长期护理服务系统的公平性方面的得分最高，其次是德国体系。李晓（2015）从公平性、筹资可持续性和保险水平适度性三方面对青岛市长期护理保险制度进行评价，得出公平性的提高会引起长期护理水平的上升。Kim（2021）利用 Coulter 不平等系数（Coulter Index）分析了韩国各地区长期护理服务的公平性，并以 2000 年、2008 年和 2015 年三个时间点进行公平性趋势分析，研究发现，2015 年韩国长期护理保险服务基础设施的不平等程度较 2000 年有所降低，但地区间差异较大，提出了一个满足需求并根据区域特点改进服务访问的长期护理保险服务基础设施的建议。

3. 可持续性评估

长期护理保险制度的可持续性评估主要分为：财务可持续性评估和社会可持续性评估。在财务可持续性评估方面，Campbell（2010）指出，美国商业长期护理保险覆盖率过低，并且费用非常昂贵，而社会保险模式的长期护理保险制度由于其强制性和有政府财政作为保障，可以扩大保险制度的覆盖范围、保证基金收入的稳定性，美国只有放弃商业模式的长期护理保险，将所有公民都纳入社会保障模式下的长期护理保险制度，才能维持美国长期护理保险制度的持续发展。田勇（2020）在测算我国城乡居民和城镇职工长期护理保险需求的基础上，构建了医疗保险和长期护理保险精算模型，对财政负担能力进行了研究，并得出结论：依托城乡居民养老保险建立长期护理保险会增加财政支出，但是支出规模可以接受；但依托城镇职工养老保险建立长期护理保险，会威胁到城镇职工医疗保险的可持续性。

在社会的可持续性研究方面，Scheirer 和 Dearing（2011）诠释了制度的可持续性为制度的各个要素可以不断地被目标人群所利用，并且实现其预期的目标；并提出影响制度可持续性的主要因素有：干预性、政府支持和环境支持。Andrea 和 Smith（2007）指出，制度可持续性的内涵包括常规性、利益性和发展性，并将影响制度可持续发展的因素总结为创新能力、领导能力、改革内容和改革过程。Grech（2013）在研究欧洲养老保险制度改革中提出了养老保险制度的社会可持续性概念，并主张养老保险制度的社会可持续性取决于制度对减轻社会贫困的能力和养老金对退休前工资的替代能力。Zaidi（2012）指出，养老保险制度的社会可持续性既包括养老金收入的充足性和代际间养老金收入的稳定性，还应包括可以保证老年人口享受到高质量的健康与社会服务。戚成蹊和张宝振（2021）将保险制度的可持续性分为财务的可持续性与社会的可持续性，其中财务的可持续性是指保险的收支平衡，而社会的可持续性主要是指制度的公平性。

第三章　典型国家及我国长期护理保险制度的发展

第一节　典型国家的长期护理保险制度及国际比较

随着全球各国尤其是发达国家的人口结构不断变化，老龄化程度不断加深，从20世纪60年代开始，许多国家已步入人口老龄化社会。同时由于家庭规模逐渐缩小和女性的劳动参与率日益提高使得家庭的照护功能逐渐弱化，导致社会的养老压力和财政压力激增。在此背景下，一些发达国家基于自身的经济发展水平、人口结构和社会保障体系，陆续建立了适合各自特点的长期护理保险制度。

发达国家对长期护理保险制度的研究起步较早，目前已逐渐走向成熟。20世纪70~80年代，长期护理保险最早兴起于美国，其作为公共长期护理计划的补充，满足了中高收入阶层对于长期护理的需求，因此美国是目前世界上商业护理保险制度发展较为成熟的国家之一。1986年，以色列国会通过了《国家保险法》第61号法案《长期护理保险法》，自此成为世界上第一个实行社会化长期护理保险的国家，并于1988年开始实施以社会化融资方式来分担老年人长期护理费用的政策。1994年，德国颁布了《长期护理保险法案》，成为世界上第一个颁布长期护理保险专项立法的国家，长期护理保险覆盖了所有需要长期护理服务的人群。在21世纪初，日本、新加坡和韩国等国都根据本国的社会传统、政治文化环境、社会保障体制、宏观经济发展水平以及公民的观念意识，陆续开始实施长期护理保险制度。

本节选取了具有代表性的德国、日本、新加坡和美国作为研究对象，尝试分析其长期护理保险制度的内容和特点。

一、德国的长期护理保险制度

德国是世界上人口老龄化最严重的国家之一，根据世界卫生组织发布的《2022年世界卫生统计》报告，2022年德国的人均寿命为81岁，人口增长率为0.17%，65岁以上人口占总人口的比例为21.69%，老年抚养率为33.70%。预计到2030年，德国60岁及以上的人口占总人口的比例将达36.2%，2050年将达到40.9%，人口老龄化的问题非常严峻。同时，由于德国家庭户结构规模的变化，家庭规模越来越小型化，这会使发生失能的老人家庭长期照护财务风险越来越重，财务负担也越来越大。在建立长期护理保险制度以前，德国失能老人的长期护理责任由家庭承担，但随着老年人照护需求的急剧增加，家庭难以承担护理职能，德国的社会救助体系不得不承担起家庭无力承担的照护职能，为贫困和无人照护的失能老年人提供援助。这种做法造成了德国社会救助支出大幅度增加，地方财政压力也越来越大。随着德国经济增长速度放缓，政府的各项财政负担也日益加重，长期护理辅助费用进一步快速增加，使得社会救助制度解决长期护理财务需求的合理性、合法性都受到质疑。在此背景下，德国于1994年颁布了《长期护理保险法案》，法案规定长期照护保险属于社会保险，由政府强制实施，由具有独立法人资格的长期照护保险基金会运营。长期照护保险的组织与运营机构在已有的疾病保险基金会架构下设立长期照护保险基金会，长期照护保险基金会在财务上是独立的，在法定范围内具有自治的权利，但接受国家的监督。

（一）覆盖范围

德国的长期护理保险制度覆盖全体国民，《社会照护保险法》按照“照护保险因循医疗保险”原则，实行普遍、强制、跟从基本医疗保险的参保原则。所有医疗保险参加者必须参加长期照护保险，其中法定照护保险对全部人口承保。法定医疗保险中的所有强制参保者、自参保者和家庭联保者都有义务参加长期社会照护保险，还应按照规定比例缴纳保险费。国家公务员、法官和职业军人由国家财政负责单独建立长期照护计划，其余加入基本医疗保险的公民全部强制加入长期护理基本保险或商业保险。另外，除劳动者以外，未成年人、学生、失业者和无收入者都可以参保。对于既没有参加长期社会照护保险，也没有参加私人长期照护保险的人，国家财政承担这些人可能产生的照护费用，以缓解这些人的财务负担。

（二）筹资机制

德国长期照护保险采用社会保险制度，以互助自助的财务机制安排、以风险分摊的方式筹集足够的资金，来为他们提供适当保障，以化解个人或家庭财务风险。财源筹措的模式采用现收现付制度，其基本特征就是代际互助，由政府保证当代工作人口支付失能人口长期照护费用，主要是年青一代维持老一代的长期照护费用的需要，不需要事先提存未来不确定所需费用。

德国长期照护保险费用由雇主、雇员两方均摊，其中雇主、雇员各负担费用的50%。保险费率1995年为薪金的1%，其中，雇主负担0.5%，雇员负担0.5%；到1996年调整为1.7%，其中，雇主负担0.85%，雇员负担0.85%。从2017年起德国长期护理保险的缴费率上涨到个人工资总额的2.55%，在职人员由雇主和雇员均摊，自营职业者和退休人员需要自己完全负担。当被保险人的家庭成员没有收入或者收入低于一定水平时，他们无须缴费，以家庭名义共同参保，享有同等待遇。无能力缴费的群体可以在政府的资助下加入基本长期照护保险，也可直接免费参保；失业者的保费由失业保险基金负担；无收入者由政府资助参保或直接免费参保；未成年子女可以跟随父母免费参保。

（三）给付待遇

德国长期照护保险所有投保人都有资格获得长期照护保险待遇，但在正式支付保险金之前，有资格认证期。自2000年1月1日起，投保人必先缴纳5~10年的保险费才能进行照护保险待遇支付申请。照护评估是获得照护保险金的前提。照护评估条件包括以下三个：一是投保人因身体、心理和精神上的疾病或者障碍，需要提供大量的日常所需的长期照护，以延长投保人的生命时间；二是长期照护的时间不少于6个月；三是根据失能程度确定相应照护等级。

德国的长期护理保险既可以提供居家护理津贴，也可以直接提供护理服务，还可以提供形式多样的辅助服务，由失能者根据个人情况和偏好自愿申请。其中护理津贴的水平与失能者需要照护级别相关，自2013年德国将失智老年人也纳入失能等级评估体系中以后，照护级别一共有四级：①零级。照护对象为患有痴呆症或精神障碍性疾病，明显制约日常生活能力，但身体健康、行动自如，未达到普通人的失能评定标准的老年人。②一级。照护对象是有显著照护需求的失能人群，每天在个人卫生、营养摄入或行动方面至少有两项活动需要一次协助，且每周需要多次家务协助，每天所需护理时长达到医疗护理至少90分钟及生活 45 分钟照顾。③二级。照护对象为有非常需求的失能人群，每天至少需要 3 次共 3 小时护理，每天需要 180 分钟的医疗护理及 120 分钟的生活照顾。④三级。照护的服务对象为最需要照护的失能人群，需要全天候护理服务，每天需要 300 分钟的医疗护理及 240 分钟的生活照顾。每个级别的给付标准如表 3-1 所示。

表 3-1 2013 年德国长期护理保险给付标准 单位：欧元/月

	零级照护	一级照护		二级照护		三级照护	
	失智	普通	失智	普通	失智	普通	失智
照护津贴	123	244	316	458	545	728	728
照护服务	231	468	689	1144	1298	1612	1612
部分机构照护	—	468	—	1144	—	1612	—
完全机构照护	—	1064	—	1330	—	1612	—

资料来源：［德］米歇尔·施密特：《德国护理保险的基础》。

2017 年，德国再次细化失能评定标准，所有长期护理服务申请人需要接受医护小组的评估。根据申请者的移动能力、认知能力、自我调养能力、克服疾病并寻求治疗的能力、社会交往能力进行评分，根据得分情况将申请人分成 5 个等级，如表 3-2 所示。

表 3-2 2017 年德国长期护理保险给付标准 单位：欧元/月

	一级照护	二级照护	三级照护	四级照护	五级照护
照护津贴	0	316	545	728	901
家庭照护服务	0	689	1298	1612	1995
居家照护的补贴	125	125	125	125	125
代理护理（家人）	0	40	68	91	113
代理护理（他人）	0	134	134	134	134
部分机构照护	0	689	1298	1612	1995
完全机构照护	125	770	1262	1775	2005

资料来源：联邦德国劳动和社会事务部。

德国的长期护理保险制度规定失能者可以选择“组合服务包”的方式的照护服务，既可以同时申请照护津贴和照护服务，也可以同时选择机构照护和居家照护，或者可以由家庭成员和护理机构专业人员同时提供照护服务。其中，照护津贴既可以支付给上门服务的专业护理机构，也可以支付给照护失能者的家庭成员及其他亲属、朋友等。近年来，随着德国老龄化程度越来越深，机构照护服务成本越来越高，德国加大了居家照护服务的投入。德国政府鼓励亲友提供非正式照护，如果失能者的家庭成员因提供照护服务而放弃工作，基本照护保险将支付给服务提供者法定数额的现金补贴。而机构的护理服务由长期护理保险按统一标准支付给护理机构，由护理机构提供给被保险人相应的护理服务。护理机构主要包括专业护理院、提供上门服务的护理公司、老年公寓等。

另外，德国在失能老人长期照护服务供给中，强调个人或家庭的财务责任，一方面，个人需要承担大约25%的护理成本①，以抑制个人的过度照护需求；另一方面，德国长期照护保险不承担受益人在护理机构发生的食宿费用，而是由个人负担。

（四）特点

1. 组合服务包模式

德国的长期护理保险采用组合服务包的模式，保障的方式非常灵活。被保险人可以根据自身状况，选择领取护理津贴并自行购买部分服务，同时由长期护理保险直接提供另一部分服务；或者由家庭成员提供专业性较低的日常照料服务；再由专业护理人员提供专业性较强的医疗照料服务。这种组合服务包的模式既可以缓解专业护理人员不足的问题，减轻服务机构负担，又可以强调对失能者的亲情陪护，同时还改善了照护者家属的生活状况。

2. 收入阶层全覆盖模式

德国的长期护理保险制度实现了收入阶层的全覆盖。其中，低收入人群可以由政府资助加入长期护理保险，同时，德国突破了大部分国家的职工参保界限，通过财政资助和直接参保等方式将失业人群和未成年人也纳入长期护理保险的覆盖范围；中等收入人群强制性加入长期护理保险；高收入人群可在参加基本长期护理保险的基础上自愿投保商业长期护理保险。

---

① ［德］霍尔斯特·杰格尔．社会保险入门——论及社会保障法的其他领域［M］．北京：中国法制出版社，2000.

二、日本的长期护理保险制度

（一）日本的财务供给多元主体融合机制

20世纪70年代日本已步入老龄社会，是世界上人口老龄化程度最深的国家之一，随着老年人口的增加、平均寿命的不断延长，日本的失能人口数量也在持续增加。同时，由于家庭观念的变化、生育率的降低和女性就业率的普遍提高，使日本的家庭规模逐渐缩小、独居老人家庭数量不断增长、女性无法继续充当传统家庭中照顾失能老人的主要人力，传统的家庭护理功能不断弱化，失能老年人的长期照护问题更为严峻。在此背景下，日本开始构建老年人社会福祉政策。1963年日本制定了《老人福祉法》，将特别养护老人院制度化，居家照料员法制化，成为日本构建老年人福祉政策的开端。到1973年日本政府开始实施老年人医疗免费制度，以促进老年人能进行早期诊疗，从根本上降低医疗费用。直到1982年随着日本经济发展放缓和公共财政困难，日本政府废除了老年人免费医疗制度，规定老年人需要自行承担一部分费用，以弥补不断扩大的医疗费用。随着对老龄化认识的不断深化，日本政府于1986年通过了《长寿社会对策大纲》，为应对人口老龄化做出了全方位的规划。在此方针政策的指导下，日本政府于1989年、1994年和1999年分别制定了“老年人保健福祉推进10年战略——黄金计划”“新的老年人保健福祉推进10年战略——新黄金计划”和“5年老年人保健福祉施策方针——黄金计划21”（见表3-3），三项计划的实施增加了日本护理机构和人员的数量，完善了以居家、日托长期护理为中心的长期护理服务提供体制，日本的老年护理政策真正实现了以护理保险制度为核心的重新构建。在20世纪90年代日本政府还进一步改革，允许民办企业等营利法人参与到老年人福祉领域，使其成为提供居家长期护理、日托长期护理服务的中坚力量。

表3-3 “黄金计划”“新黄金计划”及“黄金计划21”所列目标

项目	“黄金计划”（1989年）	“新黄金计划”（1994年）	“黄金计划21”（1999年）
居家护理员（万人）	10	17	35
短期照料机构（万床位）	5	6	9.6
日间照料中心（万个）	1	1.7	2.6
居家护理支援中心（万个）	1	1	—
上门看护站（个）	—	5000	9900

续表

项目	“黄金计划”（1989 年）	“新黄金计划”（1994 年）	“黄金计划 21”（1999 年）
老年人特护机构（万床位）	24	29	36
养老院（万床位）	28	28	29.7
养老机构护理员（万人）	10	10	10.5
老年人生活支持中心（个）	400	400	1800
痴呆老人集体之家（个）	—	—	3200

资料来源：日本厚生劳动省相关资料。

2000 年，日本 65 岁以上人口占比达到 17.3%，在社会福利方面，以税收为基础的社会福利存在局限性，福利制度自身的发展形势也越来越严峻。在医疗方面，患有慢性病的老年人在治疗结束后仍然滞留医院以接受护理照料服务的“社会性住院”现象越来越普遍，不仅对医疗资源造成了巨大浪费，还给日本政府带来了沉重的财政负担。在社会保障制度方面，老年人既可以领到养老金，患病时可以从医疗保险机构领到钱，如果进入养老机构，还能领到补助费，导致养老金的利用效率低下。因此，日本政府颁布了《护理保险法》，正式建立了长期护理保险制度。为了避免出现制度老旧、僵化的现象，制度规定护理保险的融资必须每 3 年按照给付需求调整一次，每 5 年对法案复核一次，以保证制度的长期可持续性。此后，在长期护理保险制度推行的 20 年间，的确出现了供给短缺、护理花费高于预期和护理服务质量不高等问题，日本长期护理保险制度先后进行了 5 次改革。首次改革发生在 2005 年，是为了打破僵化的被动护理理念，打造以主动预防为宗旨的护理理念；第二次改革于 2008 年开始，旨在加强政府对制度运行的监管；2011 年进行了第三次改革，提出了打造一体化社区型护理服务的目标；2014 年开始了第四次改革，使得医疗服务结合得更加紧密；2017 年的第五次改革，则侧重于强化保险人功能，进一步推进护理与医疗的联系。

（二）覆盖范围

日本长期护理保险制度的被保险人覆盖了 40 岁以上的全体国民，并以 65 岁为界分为两类，65 岁及以上的老年人为第一类参保人，这类被保险人因卧床不起或患有阿尔茨海默症等疾病而需要日常护理以及其他日常生活等方面需要护理的人，经确认属于第 1 号保险服务对象，全面纳入保险使用范围；40~64 岁的老年人为第二类参保人，这类被保险人如果是由老化特定疾病所引起的肌肉萎缩性侧索硬化症、后纵韧带骨化症等 16 种老化特定疾病，可以利用护理服务。

（三）筹资机制

日本长期护理保险的资金来源包括参保人个人所缴纳的保险费（占 50%）和各级政府的财政负担（占 50%）。其中：①个人缴费部分：第一类参保人的保险费由市町村每 3 年根据对服务费用的测算决定，测算的原则是保持护理保险基金的收支平衡，该市町村会根据第一类参保人的数量、享受长期护理服务的人数和长期护理保险所提供的服务设施状况决定服务费用。为了降低低收入人群的参保负担，日本针对不同的收入水平将第一类参保人缴纳保费的调整系数分为了 9 个档次，如表 3-4 所示。第二类参保人必须终身缴费，即使不使用保险给付也要缴费，其照护保险费与其所参加的医疗保险关联，按照医疗保险缴费基数和缴费方式，直接从其收入中扣除。其中用人单位负担 50%，此部分上缴给各医疗保险机构，实行全国统筹，低收入者可以减免。②各级政府财政负担部分：中央政府财政负担 25%，其中 5%作为调节基金，用于高龄老人比例高和低收入老龄人多的市町村，都道府县财政负担 12.5%，市町村负担 12.5%。筹资渠道多元化的制度安排既保证了资金来源的稳定，减轻了保险者个人的经济负担，又降低了风险性与不稳定性，使得日本长期护理保险制度可以健康发展。此外，经济较发达的地区保险人缴纳的保险费标准较高，经济较为落后的地区保险人缴纳的保险费标准较低。对于低收入群体，政府会免除保险费或给予生活补贴。

表 3-4　65 岁及以上人群参保的缴费分档情况

档次	人群范围
第一档	享受生活保障的人群、家庭全员免征市町村民税的老年福利年金享有人群、家庭全员免征市町村民税且本人养老金年收入在 80 万日元以下的人群
第二档	家庭全员免征市町村民税且本人养老金年收入在 80 万日元以上 120 万日元以下
第三档	家庭全员免征市町村民税且本人养老金年收入超过 120 万日元
第四档	本人免征市町村民税，但家庭中有需要征税的人员，且本人养老金年收入在 80 万日元以下
第五档	本人免征市町村民税，但家庭中有需要征税的成员，且本人的年养老金收入超过 80 万日元
第六档	需要征收市町村民税，且合计所得年收入不到 120 万日元
第七档	需要征收市町村民税，且合计年收入为 120 万~190 万日元
第八档	需要征收市町村民税，且年收入所得为 190 万~290 万日元
第九档	需要征收市町村民税，且年收入所得在 290 万日元以上

资料来源：日本厚生劳动省。

日本的长期护理保险制度还具有权力下放的特点，中央政府、都道府县协助市町村运营长期护理保险制度，为制度发展提供财政等方面的支持和帮助，其他方面不过多干涉。日本照护保险制度的运营主体是市町村，负责管理照护保险费，决定保险费征收的额度和负责征收保险费，审核照护服务等级和服务项目。而中央政府主要负责设计制度的整体框架、护理程度的审定、保险给付及民间组织和设施等标准的制定，保证市町村的财政正常运行等。都道府县主要负责制度运作的指导，建立财政安全基金以解决各市町村保费收入和支出不平衡，保证制度正常运营，提供照护服务的设施和服务人员等。

（四）给付待遇

根据日本长期护理保险制度，照护保险费用支付的前提条件是失能等级认定。为了更有针对性地满足参保者的需要并减少对护理资源的浪费，根据被保险人的心理状态和身体素质等情况，将给付待遇划分为需要支援 1~2 级和需要护理 1~5 级七个护理等级。如表 3-5 所示，日本照护保险费用给付基准由日本厚生劳动省统一确定，按照照护等级的轻重而确定不同的法定费用给付限额标准。所有照护保险都有一个服务的额度，超出部分由被护理人 100%承担。利用机构服务的被保险人，必须由自己承担伙食费、住宿费及日常生活费用。为了避免被保险人出现过度使用资源的现象，体现利用者和非利用者之间费用分担的公平性，照护保险明确费用负担制度，即被护理人员无论利用何种照护服务等级，都需要由个人承担费用的 10%。

表 3-5　日本居家护理服务的给付待遇标准

需要照护等级	给付待遇标准（日元/月）
需要支援 1	50030
需要支援 2	104730
需要护理 1	166920
需要护理 2	196160
需要护理 3	269310
需要护理 4	308060
需要护理 5	360650

资料来源：日本厚生劳动省。

在具体的服务类别上，需要支援的被保险人享受的服务称为预防给付，主要包括护理预防服务和护理预防健康管理。需要护理的被保险人享受的服务称为护理给付，主要包括三类：第一类是居家服务，包括上门护理、上门看护和往返型护理等；第二类是地区密切衔接型服务，包括定期巡回或随时对应型上门服务、护理看护、夜间对应上门看护和痴呆症对应共同生活护理等；第三类是机构服务，主要包括老年人福祉机构和老年人保健机构等提供的服务。被保险人在进行护理认定后，由服务提供主体负责提供相应的服务。

（五）特点

1. 单一服务给付模式

当前日本的长期护理保险只提供服务、不提供现金支付，其主要原因包括以下两个：①在日本长期护理保险制度制定的过程中，审议会中的女性成员提出，如实施现金支付将导致女性更容易被家庭护理工作所束缚，很难走向社会。②同时还考虑到实施现金支付将会抑制家庭对外部护理服务需求的释放；并且现金支付还将会导致财政负担迅速增加。

2. 以市町村为主体

日本的长期护理保险制度还具有权力下放的特点，日本照护保险制度的运营主体是市町村，负责管理照护保险费，决定保险费征收的额度，征收保险费，审核照护服务等级和服务项目。中央政府、都道府县协助市町村运营长期护理保险制度，为制度发展提供财政等方面的支持和帮助，其他方面不过多干涉。其中，中央政府主要负责设计制度的整体框架、护理程度的审定、保险给付及民间组织和设施等标准的制定，保证市町村的财政正常运作等。都道府县主要负责制度运作的指导，建立财政安全基金以解决各市町村保费收入和支出不平衡的问题，保证制度正常运营，提供照护服务的设施和服务人员等。这种以市町村为主体的制度运营模式，更有利于根据当地的经济状况与人口结构差异调整保费的征缴和护理服务的供给。

3. 动态调整

日本长期护理保险法律附则规定，每 5 年需要对制度整体执行情况开展讨论，并根据讨论结果做出必要调整，并且还进一步规定保费需要每 3 年调整一次，原因是根据各地方政府的保险给付情况、人口动态，实施日常生活区域内的需求调查结果进行调整。

4. 建立多元长期护理服务体系

日本的长期护理服务是建立在以家庭护理为基础、社会和市场服务作为补充的多元主体合作供给形式上的。首先，日本将产业化特点融入了多元主体合作供给长期护理服务之中。日本大部分的长期护理服务机构兼有养老和医疗服务功能，通常规模较小，以连锁的形式覆盖全国。这种连锁式的长期护理服务机构，有利于保障硬件服务设施统一化和长期护理服务的标准化。日本政府通常会给予长期护理服务机构一些政策上的倾斜，以减轻其经济成本。失能老人在长期护理机构所产生的费用可通过长期护理保险进行支付，既减轻了失能老人及其家庭的经济压力，又由于持续稳定的收入，为长期护理服务机构的可持续运营提供了经济保障。其次，日本的长期护理服务机构主体与社区主体的联系非常紧密，可以在资源上进行优势互补，更好地为居家失能老人提供长期护理服务。长期护理服务机构内设的医疗服务免费对社区内的失能老人开放。社区内设有日托服务，还配有食堂，能够很大程度上减轻家庭主体的护理强度，同时社区主体也可以为居家的失能老人提供上门服务。最后，日本政府还积极吸纳更多的市场主体投入到长期护理服务之中，实现服务主体的多元化发展。目前，日本的地产开发公司、商业保险公司、商业养老服务机构等市场主体都在积极参与长期护理服务事业，各主体可以根据自身优势共同提供专业性服务。这种做法，一方面能够满足居家失能老人专业性的长期护理服务需求，另一方面可以保障长期护理服务机构的可持续经营。

三、新加坡的长期护理保险制度

近几十年来，新加坡的老龄化速度逐渐加快，新加坡 65 岁以上老年人口占总人口的比例由 1960 年的 2.0%上升到 2020 年的 13.4%，据新加坡卫生部预测，到 2030 年老年抚养比将达到 18.7%。2020 年新加坡的老年抚养率为 18%，据预测，到 2030 年每 2.1 个工作年龄的成年人就要照护 1 个老年人。随着老龄化的加重，患有慢性疾病和日常起居活动困难的老年人数量不断增加，加之家庭规模逐渐缩小，这些都导致了长期护理服务需求的快速增长。

为了应对不断增加的长期护理需求，新加坡的长期护理保险计划经历了如表 3-6 所示的三个阶段。首先在 2002 年建立了乐龄健保计划，“乐龄”是新加坡对老龄的尊称，乐龄健保计划是一项专门为老年的公积金居民设立的长期护理保险计划，每月的赔付金额为 300 新加坡元，目的是为丧失生活能力的老年人提供基本的护理服务保障。2007 年，新加坡政府对乐龄健保计划进行了修改，升级为“乐龄健保 400”计划，将赔付金额上调至每月 400 新加坡元以适应护理成本的上升。到 2020 年 10 月，开始实施终身护保计划，面对日益增长的长期护理风险，新加坡政府将长期护理保险从之前的自愿退保改为强制终身。

表 3-6　新加坡长期护理保险计划的发展阶段

计划名称	参保方式	覆盖范围（岁）	保障期限	给付金（新加坡元/月）
“乐龄健保 300”计划	自动参保，选择退出	40~69	5 年	300 新加坡元
“乐龄健保 400”计划	自动参保，选择退出	40~69	6 年	400 新加坡元
终身护保计划	强制参保，不得退出	30~69	终身	2020 年 600 新加坡元，每年增加 2%

由于新加坡在社会福利制度的整体设计中普遍强调个人的责任，代际共济的设计较少，因此，新加坡的长期护理保险在模式上也选择了由政府主导、商业保险承办的保险模式，而没有选择有较强代际转移作用的社会保险模式。长期护理保险制度的建立原则是国家与个人责任相结合，并通过市场机制来促进竞争和提高透明度，鼓励老年人以居家护理为主、社区服务为辅，护理院的服务对象主要是丧失活动能力的失能和半失能的老年人。

（一）覆盖范围

终身护保计划是一项强制参加的计划，面向所有的公积金居民，参保年龄下限为 30 岁，居民年满 30 岁则自动参保，且保障期限为终身。对已参保乐龄健保计划的居民，1979 年以前出生的参保人若未重度失能或失智，可于 2021 年选择加入终身护保计划；生于 1980 年以后的参保人，无论身体状况是否良好，都于 2020 年自动加入终身护保计划。

（二）筹资机制

终身护保计划的筹资方式如表 3-7 所示，分为个人、单位、政府和社会。

表 3-7　终身护保计划的筹资方式

筹资渠道	保费来源
个人	健康储蓄账户
单位	健康储蓄账户

续表

筹资渠道	保费来源
政府	财政补贴
社会	志愿福利组织联盟筹集资金

资料来源：新加坡卫生部网站。

其中个人和单位的缴费是从健康储蓄账户（Medisave Account）中进行划拨的。健康储蓄账户是新加坡中央公积金四大账户之一，个人和单位缴纳的资金由中央公积金局按一定比例分配到该账户。目前新加坡长期护理保险的保费由健康储蓄账户进行支付。基本保费由卫生部根据精算原则确定，新加坡卫生部数据显示，2020 年实施的终身护保计划年保费为 295 新加坡元，每年以 2%的速度增长。所筹资金由政府进行管理运行，当投保人经过失能认定需要长期护理服务时，由政府进行赔付。政府的补贴形式包括现金补贴和服务补贴，包括日常生活协助计划、行动协助计划和医疗费补助计划。低收入及特定年龄段的失能人群可以同时享受多个补贴计划，实现了全覆盖。另外，新加坡民间还成立了政府认可的志愿福利组织联盟（Voluntary Welfare Organization），负责筹集社会资金，为新加坡低收入群体提供长期护理方面的经济支持。

（三）给付待遇

新加坡通过日常起居活动（ADLs）来判断参保人需要护理的程度。对于不能进行六项“日常起居活动”中的至少三项活动，并且在进行活动时需要他人全程协助，即认为需要护理。其中“日常起居活动”包括六项：①在浴缸或洗澡间洗身或通过其他方法洗身的能力；②穿上、脱下、系紧和解开所有衣物，以及任何支架、义肢、其他手术或医疗器材的能力；③在食物准备就绪之后自己进食的能力；④从一张床上移至直立座椅、轮椅，或从直立的座椅、轮椅移至床上的能力；⑤使用厕所的能力；⑥在室内的平地上从一个房间走到另一个房间的能力。

终身护保计划在 2020 年为重度失能人员每月支付 600 新加坡元，之后每年以 2%的比例增加，且赔偿期限为终身。被保险人可将赔偿额用于支付各种护理服务费用，如家庭护理开支、康复中心开支或护理院开支等。但一般的长期护理机构月均费用在 3000 新加坡元左右，因此，新加坡政府为收入水平较低的家庭提供补贴，家庭月收入在 2600 新加坡元以下的家庭在接受护理院、社区和居家照护服务时有资格申领补贴。根据家庭的收入情况，补贴额占护理费 20%~80% 不等，随着收入的增加而递减，并且对社区照护和居家照护的补贴略高于护理院的补贴①。

终身护保计划所提供的照护服务类型主要包括两类：一是护理院，房间多为通风良好的 6~8 人隔间，也有需要自费的单人间，同时还有一些临终关怀医院。二是社区照护和居家照护。社区照护提供日间照料、康复和失智老人照看等服务，居家照护包括医疗、护理、理疗和生活服务等入户服务。由于新加坡的人口较少，因此居家照护工作除家庭成员提供外，主要由雇用外籍护工提供，所以新加坡政府通过外籍女佣减税计划和女佣雇主补贴计划为低收入家庭提供补贴。

（四）特点

1. 定制精准化的护理方案

根据前期调查，新加坡提供的长期护理服务为每一个失能患者定制精准化和科学化的护理服务方案，该护理方案由照护者根据患者的失能情况而制定，并帮助其向国家领取相关补贴。同时根据患者失能的变化情况，不断调整护理方案，实现护理服务的精准化。

2. 全面保障失智人群

新加坡的终身护保计划高度重视失智老年人，在识别、预防、护理失智患者方面做得较好。鉴于失智的复杂性及发展性的特点，新加坡政府要求照料者掌握失智早、中、晚期不同的体征和症状，并掌握对处于不同时期的失智患者护理方法。同时，卫生部还根据失智的普遍特征，制定了护理的国家指南供照料者参考，如应对早期失智患者的脱群性方案、应对失智患者记忆的逐渐丧失性方案、失智患者乘坐交通工具指南等。

四、美国的长期护理保险制度

从 20 世纪 50 年代开始，美国人口老龄化加剧，长期照护风险已成为一种社会风险。随着老龄化程度的加深，人们对长期护理服务的需求急剧增加，但是长期护理服务的供给却相对缺乏，这导致长期护理费用不断攀升。在这种情况下，美国并没有实施覆盖全体国民的社会长期护理保险保障制度，而是构建了商业长期护理保险制度，此外，还有针对特殊人群的老年医疗辅助计划、低收入家庭医

① 资料来源：新加坡卫生部。

疗补助计划等。

（一）覆盖范围

美国没有覆盖全民的公共长期护理保障机制，仅有针对老年人和贫困群体的一些社会救济计划，主要以联邦医疗保险计划与医疗救助计划为主。医疗保险计划主要面向老年人群，但主要用来支付急性疾病发作产生的康复费用，且覆盖的护理时长不超过 100 天。医疗救助计划可以承担因意外或慢性病导致的长期护理费用，但需要根据家庭经济情况调查结果而定，并且是在个人资金用尽之后才有资格获得资助。因此，美国公共计划的保障范围十分有限，大部分群体需要自行购买商业长期护理保险获得保障。

（二）筹资机制

1. 家庭

美国家庭是失能老人长期照护的财务来源之一。由于政府长期照护制度能够提供的保障程度较低，而购买私人长期护理保险的人群仅占少数，因此美国老年人失能后往往需要家庭来筹集长期照护的资金。在美国，个人退休金收入、贷款和房产成为失能老人应对长期照护风险开支的主要来源。

2. 公共长期护理保障计划

美国的老年人医疗辅助计划、低收入家庭补助计划等社会医疗制度也承担了部分长期照护保险的责任，从而构成了公共长期照护保险计划。美国公共长期照护计划主要是解决老年人、低收入者及残障人士等特定人群的长期照护问题。

其中，老年人医疗辅助计划是根据美国联邦政府 1965 年颁布的《社会保障法修正案》而建立的社会医疗保险制度。老年医疗辅助计划由美国联邦政府主管，但由私立的保险公司经营。所有年满 65 岁的老年人及残障人士都有资格参保。参保者的经济状况不影响其可接受的服务项目。老年人医疗辅助计划包括医院保险和补充医疗保险。医院保险的资金来自就业者和雇主缴纳的社保税，就业者和雇主各承担 50%，目前各缴工资的 1.45%。主要对老年人的重疾护理、出院后的专业护理机构的照护服务、家庭照护服务和临终关怀服务提供保障，但它并不对非重疾的机构照护或家庭照护提供保障①。补充医疗保险的费用由联邦政府和参加者共同承担，参加者缴纳 26% 的保险金，其余的 74% 全部由政府财政补贴。主要提供医生服务、医疗服务、门诊治疗、X 光及化验检测费用、救护车使

---

① 许正中．社会医疗保险：制度选择与管理模式［M］．北京：社会科学文献出版社，2002.

用和心智健康服务等①。

低收入家庭医疗补助计划是一种福利性医疗制度，属于美国社会救助计划的一部分。大部分州的低收入家庭医疗补助计划，是由政府财政对长期照护服务的运营商直接补贴的方式，实现对接受护理院和家庭康复护理的低收入者进行长期护理费用补偿的。低收入家庭医疗补助计划的费用由联邦政府及州政府财政共同承担，其中55%的资金来自联邦政府财政，45%的资金来自州政府财政。低收入家庭医疗补助计划是针对贫困人群的一项医疗保障计划，因此若想获得该计划的补助就必须符合关于资产和收入的限制条件。一般情况下，只有申请者的收入少于照护成本或仅够维持日常所需，并且申请者拥有的资产不大于规定门槛的“可计资产”时，才能够获得低收入家庭医疗补助计划的救助。主要提供住院门诊、化验、X光检查、专业护理和家庭医疗服务。

3. 社会组织

美国以慈善组织和社会福利机构为代表的社会组织的数量和规模很大，政府通过向社会组织购买服务推动了社会组织向更加专业化的方向发展，在社会治理中社会组织扮演着重要的角色。目前美国为失能老人提供长期照护服务的机构中，有66%为私人营利性机构，26%为私人非营利性机构，8%为公立机构②，非营利性照护机构为失能老人长期照护服务供给提供了支撑，降低了失能老人个人或家庭的财务支出。

4. 商业性长期照护保险

商业性长期照护保险运营主体是保险公司。作为一种商业性保险，老年人和年轻人都可以通过购买长期照护保险合同方式自愿参保。与相对单一参保方式的公共长期照护计划不同，投保人可以通过个人方式或团体形式参加商业性长期照护保险。但保险人通常都会从年龄、身体状况及病史等多方面对投保人进行风险选择，所以健康状况差的人一般无法获得投保。由于商业性长期照护保险产品是由商业性保险公司提供，因此这些保险产品具有很大的灵活性，能够满足不同消费者的护理需求。美国的商业性长期照护保险资金主要来源于个人投保缴费。商业性长期照护保险费用收取的多少取决于保险人的保险责任、给付期、等待期以

① Gupta A, Li L P. A Modeling Framework for Optimal Long-Term Care Insurance Purchase Decisions in Retirement Planning [J]. Health Care Management Science, 2004 (7).

② 资料来源：经济合作与发展组织。

及投保人的年龄、身体健康状况等因素。

（三）给付待遇

在被保险人满足长期护理保险的给付条件后，保险公司会根据健康择定、日常生活活动能力和认知能力三个标准对被保险人进行判定，合格后可给予长期护理服务。第一，健康。被保险人至少满足一项：一是具备专业医生提供的医学必要性证明；二是接受了三天以上的住院治疗，并仍有必要继续接受护理。第二，日常生活活动能力。被保险人在没有他人帮助下，不能进行基本的日常生活活动，包括进食、洗漱、饰容、穿衣、控制力、如厕、移动物品、行走、沐浴等。为了解被保险人的日常生活能力，必须进行 ADL 评定。第三，认知能力。保险公司使用认知能力障碍的保险金给付评定标准对患有老年痴呆症等认知能力障碍的被保险人进行评定①。

美国的长期护理保险因承包方式的不同，其待遇支付方式也有所不同，主要分为保险金支付和实物支付两种类型。

1. 保险金支付

对于独立签发的保单，被保险人可以根据自己的实际需要自由选择最高给付金额和支付期。保险公司在被保险人所选择的某一给付期内按照给付金额承担保险责任。

对于终身寿险的保单，美国长期护理保险金给付方式一般以按月给付居多，每月给付的金额相当于终身寿险保单额的 1%~2%。当护理费用给付额累计达到保险保额的 50%左右时，保险公司停止支付，余下的保险额度在保单到期时支付给保单的受益人②。

2. 实物支付

对于实物形式的支付，被保险人可以获得专业护理或非专业的护理，护理场所也可以自主选择，可以是家庭护理、社区护理或者疗养院护理。

（四）特点

1. 商业保险模式

美国的个人长期护理保险制度出现于 20 世纪 70 年代末到 80 年代初，该阶

---

① “What is Long-Term Care Insurance”, 2011, www. longtermcare. gov/.

② 曾方游，欧阳天睿，崔丽君等．我国与美日长期护理保险制度的比较［J］．保健医学研究与实践，2023，20（2）：192-196.

段的产品只涵盖疗养院提供的护理服务。20 世纪 80 年代中后期至 90 年代，保险公司开始通过附加险形式或作为保单的一项基本责任为居家和社区护理提供有限的保障。商业长期护理保险在 20 世纪 90 年代非常流行，至 90 年代末已有 100 多家保险公司销售商业长期护理保险产品。然而由于利率、退保率、承保年龄定价假设估计得过于乐观，与实际情况出现了一定偏差，同时又叠加全球面临趋于长期化的低利率状况，导致很多寿险公司出现大规模亏损而退出了护理险的业务，到 2010 年只有不到 20 家保险公司积极销售单独的长期护理保险保单。此后，行业对产品设计和规则进行了调整，很多商业保险公司又重新进入这个市场。目前主流产品都设置了平均 3 年左右的保障期限，最长不超过 5 年。而且采用“年度保费重估”的模式，保险公司需要逐年对假设进行重估评定，实现定期保费调整①。2006 年美国还颁布了《养老金保护法案》，提高了长期护理保险的税收待遇，并允许发展混合型产品。这些新产品主要是带有提前给付附加条款的寿险保单，特点是可以提取寿险的身故保险金用来支付长期护理或慢性疾病费用②。在 2009 年至 2013 年期间，混合产品的保费强劲增长，2013 年新业务收入达到 26 亿美元，年均复合增长率达到 34%。截至 2019 年底，美国大约有 750 万人拥有商业长期护理保险保单。目前美国是全球最大的商业长期护理保险市场，2020 年美国的长期护理保险保费收入达 102 亿美元左右③。

2. 以市场主体为主导进行多元化市场主体合作

在失能老人长期护理服务的供给主体中，市场主体占有主要地位。这些商业机构以营利为目的，以失能老人的实际需求为出发点，根据市场经济规律提供长期护理服务。政府作为行政主体，并不直接参与长期护理服务的供给，也不在服务供给过程中过多干预。市场会根据一定标准对失能老人群体进行细分，并提供多层次、多样化的长期护理服务和商业护理机构供失能老人及家庭进行选择，能有效保障长期护理服务供给的针对性和精准性。市场提供的护理服务包括以下三项：①面向完全自理老年群体的退休老年社区；②面向轻度、中度失能群体，以提供日常生活护理为主的辅助生活机构；③面向重度失能老人群体，提供日常生

① 许敏敏，段娜．美国长期护理保险：经验与借鉴［A］//清华大学经济管理学院中国保险与风险管理研究中心，伦敦城市大学卡斯商学院，西南财经大学保险学院．2019 中国保险与风险管理国际年会论文集［C］．北京工商大学经济学院；北京工商大学保险系，2019：9.

② 李天俊．美国长期护理保险体系的发展与启示［J］．劳动保障世界，2020（6）：37-38.

③ 李承．美国长期护理保险的实践经验与产品创新［J］．金融纵横，2020（6）：79-86.

活照料和医疗康复服务的护理院。这些商业机构拥有专业的长期护理服务人员以及硬件设施，能最大限度地保障长期护理服务质量①。

此外，美国的志愿者等社会力量在提供长期护理服务中也发挥了一定的作用。他们为居家护理的失能老人提供以日常生活照料为主的护理服务，同时，志愿者开展的志愿服务活动或互助活动也丰富了失能老人的精神生活。

五、国际比较

综观已建立了长期护理保障制度的国家，虽然各国在制度模式的选择和具体政策等方面存在许多差异，但面对人口老龄化的大背景，各国的长期护理保险制度都在很大程度上缓解了失能老年人的护理服务需求和资金压力。然而，随着老龄化程度的加深，社会对长期护理方面的需求将持续上升，也必将使社保基金或公共财政承受越来越大的压力。

（一）相似之处

1. 实施背景相似

人口老龄化是各国实施长期护理保险制度的根本动因，虽然各个国家人口老龄化程度不完全相同，但由于出生率下降和老年人寿命延长，65 岁及以上老年人占总人口的比重接近或超过 15%。由于平均寿命的增加，目前慢性病已经成为全球的主要死因，老年人需要在失能期间继续接受日常的生活照料和护理服务。在这种情况下，如果使用高成本的医疗护理资源对失能老年人进行日常护理，那么无论是对老年人个人还是整个社会，都是巨大的医疗费用支出负担。因此，老年人的失能风险需要依靠长期护理保险来解决。

另外，随着生育率的下降，世界各国在进入工业化社会后由原来的大家庭逐渐转变为核心家庭。因而，老年人的生活照顾和日常料理不能再像以前那样依赖子女来完成。

2. 运行模式相似

首先，各国在推行长期护理保险制度之前都出台了相关的一系列法律，以立法作为制度的根本保障，使长期护理保险制度的运行有法可依。

其次，各国都设置了责任机构负责长期护理保险制度的运行，主要负责资金

① 刘丽嫔，陈志喜，张嘉丽．美国长期护理保险的发展经验、制度特点及其对我国的启示［J］．卫生软科学，2019，33（6）：63-67.

的筹集、服务的供给，具体地进行待遇支付和申请认定评估等工作。

最后，各国都构建了失能等级评定制度，对申请者的失能情况进行评估。然后根据失能程度来规定护理服务的时间以及保险金的支付。

3. 实施原则相似

尽管部分国家以社会保险方式来解决老年人长期护理服务的筹资，但也体现了权利与义务对等的公平价值取向。无论是采取混合模式的法国、商业保险模式的美国还是社会保险模式的日韩，都对低收入的老年人的基本护理需求进一步采取了保障措施，或实行个人护理津贴制度，或实行免费的护理服务。荷兰对年龄在 15 岁以下、不需要纳税者由国家负担其保险费，这在公平原则之外，还体现了效率原则。德国、日本长期护理保险实行动态管理的原则，每半年或一年对接受护理服务者进行康复状况审查，如果恢复到不需要护理服务就退出，如果部分康复就减少服务时间或降低服务等级。各国长期护理保险制度先后进行了一系列改革，如提高费率、重视社区预防、提高自负比例、弹性供给、加强监督以及扩大社会支持等都是注重效率原则的具体体现。

（二）不同之处

1. 制度模式不同

荷兰、以色列、德国、卢森堡、日本及韩国都推行了长期护理社会保险主体模式，法国实行了包括护理津贴、健康保险以及商业护理保险的混合模式。美国以长期护理商业保险为主体。

2. 覆盖范围不同

由于各国的经济社会发展水平不同，制度模式也不同，因此长期护理保险制度的覆盖范围也存在差异，如表 3-8 所示。

表 3-8　典型国家长期护理保险制度的覆盖范围

国家	覆盖范围
荷兰	全体国民
卢森堡	全体国民
德国	18 岁以上的全体国民
日本	40 岁以上国民
韩国	65 岁以上老人；65 岁以下身体机能衰弱人群

续表

国家	覆盖范围
新加坡	40岁以上居民
美国	投保人

资料来源：戴卫东.OECD国家长期护理保险制度研究［M］.北京：中国社会科学出版社，2015.

3. 保险费率不同

如表3-9所示，各典型国家长期护理保险制度的保险费率规定也有所不同。

表3-9 典型国家长期护理保险制度的保险费率

国家	保险费率
荷兰	雇员：12.5%
卢森堡	雇员：1.4%
德国	工作者：1.95%，雇主和雇员各负担一半；无子女者：2.2%
韩国	6.55%（雇主和雇员分担）
日本	0.9%（雇主和雇员分担）
新加坡	固定缴费
美国	由各保险公司自行规定

资料来源：戴卫东.OECD国家长期护理保险制度研究［M］.北京：中国社会科学出版社，2015.

第二节　我国的长期护理保险制度

在长期护理保险正式实施之前，我国的社会保险包括五大险种，分别是养老、医疗、失业、工伤和生育保险，随着老龄化问题的不断加重，积极的老龄化和健康老龄化政策更加强调生命周期的健康管理，需要向前和向后双向拉伸社会保险的保障覆盖范围，因此我国走上了探索长期护理保险制度的道路。

一、实施背景

（一）人口老龄化导致失能风险增加

我国正快速步入高龄化社会，失能老年人的数量在未来会不断增加。老年人口的失能具有持续时间长、护理服务成本高、需求大的特点，失能不但影响老年人也影响年轻人，“一人失能，全家失衡”的问题非常严重，巨大的护理费用已成为家庭沉重的经济负担和精神负担。

随着工业化的发展和人口老龄化的推进，老年人一般都要面临三大风险，即生活风险、疾病风险和失能风险。针对前两个风险，我国已经建立了制度健全、覆盖面广、待遇水平适度的养老保险制度和医疗保险制度，为老年人基本生活和疾病医疗提供了保障，很大程度上满足了老年人养老和疾病治疗的需要。但是老年人的失能风险还未得到解决，老年人的生活品质难以得到保证，需要政府通过实施长期护理保险制度来解决失能老人的长期护理问题。

多数发达国家受人口老龄化和失能人口增加的影响，相继建立了强制性的长期护理保险制度来应对失能老人的护理风险，如德国在 1994 年通过了《长期护理保险法草案》；日本从 2000 年开始实施了《介护保险法》，韩国在 2007 年通过了《老年长期看护保险法》，开始强制推行政府主导的长期护理保险制度。发达国家的风险分担机制为我国解决老年人的失能风险提供了思路和经验，建立长期护理保险制度，让它成为继养老保险、医疗保险、失业保险、工伤保险和生育保险之后的“第六险”，为维护社会稳定发挥了重要作用。

（二）共同富裕的施政理念

共同富裕是社会主义的本质要求，是中国式现代化的重要特征。党的二十大报告明确提出要健全基本公共服务体系，提高公共服务水平，增强均衡性和可及性，扎实推进共同富裕。具体来讲，就是以满足人民日益增长的美好生活需要，逐步实现全体人民生活富裕、精神富足为最终目标，着力综合运用按劳分配、税收、社会保障、慈善捐赠等分配手段，不断缩小收入差距、城乡差距、区域差距的动态全过程。因此，社会保障是走向共同富裕的关键性制度安排。目前，在我国全面推动长期护理保险制度的建立，不仅关乎数量庞大且脆弱性强的老年群体能否安享晚年，而且关乎所有社会个体对生命晚年阶段的预期愿景，有利于促进社会的公平正义，维护社会稳定；既是实现共同富裕的重要手段，也是在实现共同富裕之路上需要妥善解决的重大民生问题。

（三）养老服务技术的不断发展

近年来，随着我国失能老人规模的快速扩大，基本的养老服务正在逐渐从传统的日常生活照料逐步升级为康养护“三位一体”的长期护理、康复护理、健康维持以及临终关怀等服务，“医养结合”成为养老服务的主要发展趋势，而养老服务技术的发展是实现“医养结合”的重要基础。

《2021 年度国家老龄事业发展公报》数据显示：截至 2021 年底，我国证件齐全的“医养结合”机构共有 6492 家，床位 175 万张，其中超过 90%的养老机构能以不同形式提供医疗服务。全国共开展了五批智慧健康养老应用试点示范工作，确定了 90 个国家级医养结合试点市，评选出智慧健康养老示范企业 125 个、示范街道 212 个、示范基地 57 个及示范园区 2 个。随着“互联网+智能化”的智慧养老模式深入推进，失能老人智能呼叫系统、失智老人 GPS 定位系统、老年人健康档案管理系统、远程健康监护系统等能够更高效地整合养老服务资源，更快捷地满足老年人康养医护服务的需要。长期护理保险制度的核心在于长期护理服务的可及性和高质量，而智慧养老服务体系的完善与健全可避免陷入“有保险，无服务”的困境。

二、发展历程

（一）萌芽阶段

20 世纪 50 年代，我国民政部就开始对无劳动能力和收入、无依靠、无子女的“三无”老人提供社会救助，形式上主要依靠政府提供免费住宿和机构服务。1996 年我国正式颁布《老年人权益保护法》，作为一部构建和发展和谐稳定社会关系的重要法律，保障了老年人的合法权益，发展了适老性事业，弘扬中华民族尊老、敬老、爱老、养老的传统美德。不仅增强了老年人自身法律保护的意识，还从各个层面提高了老年人的生活质量与幸福满意度。2001 年，中国民政部正式提出“居家养老”理念，并启动“全国社区养老服务星光计划”，照护对象从过去的“三无”老人扩大到所有老年人，服务内容从家政便民扩大到生活照料和医疗护理。

（二）初步探索阶段

2005 年我国各地政府部门相继出台了一些与长期护理有关的政策，涉及老年人护理补贴、医疗补贴等多方面的内容，但并未建立系统的长期护理保险制度。当时由于国内的长期护理服务市场尚未得到开发，因而一些保险公司通过吸收发达国家经验率先将长期护理保险引入商业保险领域，以保险精算为基础，强调支付待遇与保险费用挂钩，不具备再分配的功能，在我国国内初步形成了商业长期护理保险市场，客观上推动了国内商业长期护理保险市场的初步建立。如 2005 年国泰人寿保险公司在上海推出了国内首个具备商业性质的长期护理保险产品“康宁长期护理健康保险”。2006 年，中国人民健康保险股份有限公司在全国范围内推出首个具有全面保障功能的长期护理保险产品“全无忧长期看护个人护理保险”。

（三）逐步试点阶段

2012 年山东省青岛市发布了《关于建立长期医疗护理保险制度的意见（试行）》，标志着我国长期护理保险制度的诞生，但当时我国的长期护理保险制度发展得很不成熟，实施的范围小并且不同城市之间的实施理念悬殊。2016 年中国人力资源社会保障部印发《人力资源和社会保障事业发展“十三五”规划纲要》，提出探索建立以社会互助共济方式筹集资金，为长期失能人员的基本生活照料和与基本生活密切相关的医疗护理提供基金或服务保障的社会保险制度。2016 年 6 月，人力资源社会保障部发布了《指导意见》，将上海、青岛、承德、成都、宁波、石河子、长春、广州、上饶、重庆等城市列为长期护理保险制度试点城市，并对长期护理保险制度的参保范围、保障范围、资金筹集、待遇支付、基金管理、服务管理和经办管理等内容做出了统一的指导意见，这标志着我国政府开始正式构建长期护理保险制度。2016 年我国 60 岁及以上人口占比近 16%，虽然比德国和日本建立社保长护险时的老龄化程度低，但同时人均 GDP 也远低于发达国家，这意味着政府需要尽快建立长期护理保险制度，以应对我国加速老龄化所带来的长期护理风险。

2020 年国家医保局与财政部印发的《关于扩大长期护理保险制度试点的指导意见》又将试点省份增加了 15 个，力争在“十四五”期间基本形成长期护理保险制度的政策框架，并推动建立健全多层次长期护理保障制度。表 3 10 总结了 2006~2020 年来我国政府出台的各项关于长期护理保险政策的文件。

表 3-10 2006~2020 年我国政府出台的长期护理保险政策文件

编号	政策文件名称	发文机关	发文时间	政策影响
1	《人口发展“十一五”和 2020 年规划》	国务院办公厅	2006 年 12 月	初步探索建立长期护理保险等社会化服务制度
2	《关于加快发展养老服务业的若干意见》	国务院	2013 年 9 月	重点关注“三无”老人、低收入老人、经济困难的失能半失能老人；鼓励老年人投保长期护理保险

续表

编号	政策文件名称	发文机关	发文时间	政策影响
3	《关于促进健康服务业发展的若干意见》	国务院	2013 年 9 月	鼓励发展康复护理、老年护理、家庭护理等护理服务
4	《关于加快推进健康与养老服务工程建设的通知》	国家发展和改革委员会、民政部	2014 年 9 月	重点建设为失能半失能老人提供健康护理服务的老年养护院等专业养老服务设施
5	《关于印发全国医疗卫生服务体系规划纲要（2015－2020 年）的通知》	国务院办公厅	2015 年 3 月	研究制定老年康复、护理服务体系专项规划
6	《关于印发中医药健康服务发展规划（2015－2020 年）的通知》	国务院办公厅	2015 年 5 月	支持养老机构开展融合中医特色健康管理的老年人养生保健、医疗、康复、护理服务
7	《中共中央关于制定国民经济和社会发展第十三个五年规划的建议》	中国共产党中央委员会	2015 年 11 月	探索建立长期护理保险制度，长期护理保险是我国社会保障建设的重点之一
8	《关于开展长期护理保险制度试点的指导意见》	人力资源社会保障部办公厅	2016 年 6 月	国家层面第一个对长期护理保险发展具有明确指导作用的专项政策；为各地方出台长期护理保险政策文件奠定了基础
9	《国家残疾预防行动计划（2016－2020 年）》	国务院办公厅	2016 年 9 月	将残疾人健康管理和社区康复纳入国家基本公共服务清单
10	《残疾人康复服务“十三五”实施方案》	中国残疾人联合会、国家卫生和计划生育委员会、民政部等	2016 年 10 月	鼓励残疾人投保长期护理保险，满足残疾人、重度失能人员康复服务需求
11	《关于扩大长期护理保险制度试点的指导意见》	国家医疗保障局、财政部	2020 年 9 月	国家层面第二个对长期护理保险发展具有明确指导作用的专项独立性政策；首次提出扩大长期护理保险试点范围

资料来源：笔者根据政府政策文件整理所得。

（四）全面推广阶段

党的二十大报告提出要健全多层次社会保障体系，明确指出建立长期护理保险制度是增进民生福祉、提高人民生活品质，是增强公平性和可及性、扎实推进共同富裕的重要环节。2022 年 12 月，中国银保监会就推进普惠保险高质量发展在全行业广泛征求意见，提出将长期护理保险纳入普惠保险产品体系，支持保险公司继续做好长期护理保险承办各项工作。2023 年 3 月底，中国银保监会下发《关于开展人寿保险与长期护理保险责任转换业务试点的通知》，决定自 2023 年

5月1日起，人寿保险和长期护理保险的责任可转换；鼓励险企在普通寿险条款中增加“保单贴现法”责任转换等，后续保险行业将编制护理状态下的生命表。在此阶段，我国立足共同富裕目标，推进长期护理保险制度从试点向普惠转变，全面提升广大老年人的体面感、尊严感、幸福感。

三、功能定位

（一）再分配的制度性安排

社会保障制度旨在调节社会财富分配格局，是国家依法建立的收入再分配制度。长期护理保险制度作为社会保障制度的一种，遵循社会保险“互助共济、共担风险”的基本制度逻辑，同样具有再分配功能。作为社会保险“第六险”，长期护理保险通常给付对象是针对因身体上某些功能全部或部分丧失导致生活无法自理的老年人群，为其提供实物给付或现金支付。其再分配功能主要体现在两个方面：一是城乡社会成员之间的“纵向”再分配。长期护理保险制度中筹资来自财政补助部分意味着通过税收实现了从高收入群体向低收入群体的转移，城市居民对社保基金的贡献一般比农村居民多，而农村居民所享受的待遇可能会超过其本身对社保基金的贡献度。二是不同地区之间的“横向”再分配。建立长期护理保险制度意味着不同地区之间实行同一制度，这也会使得经济发达地区的资金可能流向相对欠发达地区。作为一种新兴的再分配制度，长期护理保险制度能起到调节社会财富分配格局、缩小收入差距的作用，对全体人民实现共同富裕具有正向促进功能。

（二）防范返贫风险的重要机制

随着现代化风险的扩散，人类的健康、饮食等日益受到威胁，劳动者一生都充满不确定性，尤其是当劳动者步入退休阶段之后，抵御风险能力将显著下降，失能风险可能导致其陷入贫困。在中国反贫困事业实践中，早期扶贫开发主要是政府单方面投入资金。然而，随着扶贫开发的深入，单纯依靠政府投入资源的方式将难以为继。尽管我国已经实现了全面脱贫，但部分家庭的经济能力依然具有脆弱性，尤其是失去自理能力的老年人群体需要相当的资金支持，而对于独生子女家庭，如果失能老人需要子女居家护理，那么还意味着有可能再失去一个正常劳动力的经济收入，进而可能导致整个家庭返贫现象的发生。可见，保险机制作为风险管理的基本手段，在防范返贫风险中具有举足轻重的作用，但目前其相关资源并没有充分调动起来。因此，全面建立长期护理保险制度，将城乡居民都纳入长期护理保险制度范围，在一定程度上可以扩大资源供给。具体而言，一方面可以通过积极发挥长期护理保险兜底效用，降低若干家庭因失能而导致的返贫风险。另一方面可以通过解放子女“生产力”，有效增加人力资源投入，从劳动力供给角度来防范返贫风险。总体而言，建立长期护理保险制度有助于完善防止返贫长效机制，为实现共同富裕贡献力量。

四、主要内容

（一）基本原则

我国长期护理保险制度应遵循以下六个基本原则：

第一，长期护理必须是可及的与可负担的，确保低保、低边的失能者能够获得服务。

第二，长期护理方式必须有利于维护老年人的尊严、尊重他们的护理意愿，在可能的情况下促进他们自主决策的能力。

第三，长期护理应在任何可能的情况下支持老年人自理自立。

第四，长期护理必须以老年人的需求而不是机构的需求为导向。

第五，长期护理服务的劳动者应获得应有的社会地位和社会认可。

第六，国家和政府必须承担长期护理体系的全部管理责任。

（二）内容框架

2020 年 9 月 10 日，经国务院同意，国家医疗保障局会同财政部印发的《关于扩大长期护理保险制度试点的指导意见》中提出我国试点城市的长期护理保险制度的主要内容框架。

1. 覆盖范围

试点阶段从职工基本医疗保险参保人群起步，重点解决重度失能人员基本护理需求，优先保障符合条件的失能老年人、重度残疾人。有条件的地方可随试点探索深入，综合考虑经济发展水平、资金筹集能力和保障需要等因素，逐步扩大参保对象范围，调整保障范围。

2. 资金筹资

探索建立互助共济、责任共担的多渠道筹资机制。科学测算基本护理服务相应的资金需求，合理确定本统筹地区年度筹资总额。筹资以单位和个人缴费为主，单位和个人缴费原则上按比例分担，其中单位缴费基数为职工工资总额，起步阶段可从其缴纳的职工基本医疗保险中划出；个人缴费基数为本人工资收入，可由其职工基本医疗保险个人账户代扣代缴。有条件的地方可探索通过财政等其他筹资渠道，对特殊困难退休职工缴费给予适当资助，建立与经济社会发展和保障水平相适应的筹资动态调整机制。

3. 支付待遇

长期护理保险基金主要用于支付符合规定的机构和人员提供基本护理服务所发生的费用。经医疗机构或康复机构规范诊疗、失能状态持续6个月以上，经申请通过评估认定的失能参保人员，可按规定享受相关待遇。根据护理等级、服务提供方式等不同实行差别化待遇保障政策，鼓励使用居家和社区护理服务。对符合规定的护理服务费用，基金支付水平总体控制在70%左右。做好长期护理保险与经济困难的高龄、失能老年人补贴以及重度残疾人护理补贴等政策的衔接。

4. 管理制度

（1）基金管理。长期护理保险基金管理参照现行社会保险基金有关制度执行，基金单独建账，单独核算，建立健全基金监管机制，创新基金监管手段，完善举报投诉、信息披露、内部控制、欺诈防范等风险管理制度，确保基金安全。

（2）服务管理。进一步探索完善对护理服务机构和从业人员的协议管理和监督稽核等制度。做好参保缴费和待遇享受等信息的记录和管理。建立健全长期护理保险管理运行机制，明确保障范围、相关标准及管理办法。引入和完善第三方监管机制，加强对经办服务、护理服务等行为的监管。加强费用控制，实行预算管理，探索适宜的付费方式。

5. 经办服务管理

引入社会力量参与长期护理保险经办服务，充实经办力量。同步建立绩效评价、考核激励、风险防范机制，提高经办服务管理能力和效率。健全经办规程和服务标准，优化服务流程，加强对委托经办机构的协议管理和监督检查。社会力量的经办服务费，可综合考虑服务人数、机构运行成本、工作绩效等因素，探索从长期护理保险基金中按比例或按定额支付，具体办法应在经办协议中约定。加快长期护理保险系统平台建设，推进“互联网+”等创新技术应用，逐步实现与协议护理服务机构以及其他行业领域信息平台的信息共享和互联互通。

（三）责任部门

1. 主管部门

根据长期护理保险及其服务供给的特征，各地要建立联席会议制度，健全信息沟通机制，统筹推进长期护理保险工作。医保、财政、民政、卫生健康、工业和信息化、人力资源社会保障、税务等部门应该是长期护理保险的职能部门和制度法人，其中，医保部门负责制定长期护理保险政策，牵头组织实施长期护理保险工作，加强基金使用监督管理；财政部门负责长期护理保险基金和风险金管理，以及适当财政投入等工作；民政、卫生健康及工业和信息化三个部门除了共同负责长期护理服务相关标准制定、遴选定点服务机构和智慧养老服务质量监管之外，民政部门还要负责配置养老服务资源，加快养老机构护理型床位建设；卫生健康部门负责加强护理院（护理站）、康复医院等接续性医疗机构建设，推进医疗机构加快发展机构护理、社区护理、居家护理等服务供给；工业和信息化部门负责指导电子健康产品生产，推进智慧养老服务；人力资源社会保障部门统筹行业主管部门开展护理服务人员职业技能培训，负责护理服务职业技能等级认定工作；税务部门负责长期护理保险保费征缴，以及相关服务机构的税收优惠政策实施等工作。

2. 协同部门

长期护理保险制度在运行过程中，还离不开残联、市场监督、教育、国土资源、住房城乡建设、公安（消防）、国家金融监督管理总局、中国老龄协会等相关部门通力协作。其中，残联系统的重度残疾人护理补贴与长期护理保险待遇发放会造成重复享受，两者只能选择其中一种，在现阶段两个制度并存的情况下，需要残联与医保部门信息共享，就高享受是可行的措施；市场监督管理部门涉及民营机构的注册；教育部门涉及高等教育和职业教育中养老服务与管理人员的教育培养的专业化；国土资源、住房和城乡建设和消防等部门直接负责养老机构开设的选址、建设标准和安全设施配备等；国家金融监督管理总局负责外资合作、商保公司参与等行业监督；中国老龄协会主要负责老龄事业大政方针的调研建议和开展老龄事务的国际交流与合作等。

五、基本特征

（一）被保险对象的特殊性

长期护理保险制度所应对的风险是被保险对象在失能后所需要购买相关护理服务的支付风险，这种风险具有随机性、长期性、连续性和重大性。也就是参保人的失能往往是无法预测的，其主要原因是身体机能的老化，因此被保险对象一旦失去自理能力，就需要专人进行照顾，并且将在很长的一段时期内都需要连续不间断的护理服务。但同时长期护理保险被保险对象的覆盖范围也较小，通常只涉及高龄老人。

（二）服务内容的繁杂性

长期护理保险制度的服务内容既包括最基本的生活照料，如身体清洁、进食帮助、家政保洁、物品代购服务等，几乎每位老年人在生命的某个阶段都需要这些方面的协助。服务内容还包括医疗服务，如定点医疗护理，即在经过资质认证的护理机构接受医疗护理；医疗专护，即在指定医院接受专业医疗护理；居家医疗护理，即在被保险人自己的居家环境中获得定期的专业医疗护理服务，达到促进健康、维护健康和预防疾病目的的护理服务。除此之外，还包括精神慰藉和临终关怀等服务内容，抚慰失能老年人的情绪，使其尽可能好地度过生命的最后阶段。

提供以上这些繁杂的服务内容的服务主体也具有复杂性，由于基本生活照料服务所需的专业技术要求低，一般由家人、亲属、朋友、邻居、志愿者等非正式支持系统完成；而医疗服务的专业技术性要求较高，一般由具有医疗资质的养老机构、医疗护理院和医院等正式支持系统完成，因此长期护理保险的服务需要正式支持系统与非正式支持系统一起发挥作用，共同完成。

（三）运营管理的独立性

长期护理保险制度由于被保险人的特殊性和服务内容的繁杂性，因此，从宏观层面上来看：一是需要政府部门设立专门的机构负责政策的制定落实和运营的监督管理；二是需要多渠道筹集资金建立独立的长期护理保险基金，由专门的机构进行基金的运营和管理。从微观层面上来看：一是需要保险机构设计专门的长期护理保险产品，提供长期护理保险服务；二是需要长期护理服务的提供主体配备专业的设施设备和专业的服务人员，提供专业化的长期护理服务。

六、制度作用

（一）减轻家庭负担

随着老年人口的数量持续增加和预期寿命不断延长，全国范围内失智、失能和半失能的老年人口数量将会激增；而老年服务业的发展极不平衡，供求的数量和结构都存在严重的矛盾，老年人的生活环境不佳，尤其是农村老年人的住所和适老公共设施存在的问题更为严重，老年人的精神慰藉服务明显不足。在这种情况下，对大多数老年人来说，一旦身体机能出现问题，不仅会给自己的生活带来极大不便，也会给家庭带来照护和财务负担，这就是所谓的“一人失能，全家失衡”的状况。因此，建立长期护理保险制度将大幅度减轻家庭的负担，主要体现在以下三个方面：一是长期护理保险具有科学的评价体系和严格的监管制度，参保人在接受护理等级评定后即可享受相应的护理服务或现金的补贴，可以有效地帮助失能老人的同时避免道德风险。二是长期护理保险的待遇支付符合大数法则，可以将长期护理费用在所有参保人之间进行分摊，这将大大降低个人及其家庭的支付压力。三是长期护理保险规定了日常生活护理、康复护理、精神慰藉和临终关怀等全方位的服务内容，并且包括居家护理、社区护理和养老机构护理等多种服务形式供参保人选择，大大提高了老年人失能后的生活质量和幸福水平。

（二）缓解医疗资源压力

老年人口数量的增加还引发了慢性病发病率的不断提高，全社会对于医疗卫生的需求不断增加，加之慢性病的治疗具有周期长和费用高的特点，进一步占据了本就稀缺的医疗资源，加重了全社会医疗卫生资源的压力。因此，建立长期护理保险制度可以对医疗服务和长期护理服务进行更精确的划分，需要长期护理服务的老年人可以在家或专门机构享受服务，这不仅降低了服务成本还提高了医疗资源的利用效率。

（三）优化护理服务市场

建立长期护理保险制度能够将老年人潜在的护理需求转化为现实需求，从需求侧挖掘老年人的护理需求，从而带动老年护理服务市场的形成，进一步为整个社会的老龄产业发展创造机会。老年护理服务市场的发展有利于增加灵活就业、扩大就业渠道、优化各种资源的配置，从宏观层面上来看，能够提高我国第三产业占比，形成新的经济增长点。随着长期护理服务市场的不断完善，我国的护理服务发展得更加专业化、职业化，进而可以提高护理服务的质量和效率，在获得规模经济效益的同时促进全社会老年服务护理基础设施的完善和护理服务市场的繁荣。从微观层面上看，优化护理服务市场可以满足老年人个性化的服务需求，享受更加专业、有效的帮助与指导，减轻家庭成员的照护负担，有利于提升老年人生活的幸福感。

第三节　我国试点城市长期护理保险制度的运行现状

自我国长期护理保险制度试点政策颁布以来，各试点城市陆续开始探索本地区长期护理保险制度的试点方案，各地政府颁布的长期护理保险政策文本如表 3-11 所示。

表 3-11 试点城市长期护理保险政策文本

编号	政策文件名称	发文机关	发文时间
1	《关于建立失能人员医疗照护保险制度的意见》	长春市人民政府办公厅	2015 年 2 月
2	《关于建立基本照护保险制度的意见（试行）》	南通市人民政府	2015 年 10 月
3	《荆门市长期护理保险办法（试行）》	荆门市人民政府	2016 年 11 月
4	《关于建立城镇职工长期护理保险制度的实施意见（试行）》	承德市人民政府	2016 年 11 月
5	《关于开展长期护理保险试点工作实施方案》	上饶市人民政府办公厅	2016 年 12 月
6	《关于安庆市城镇职工长期护理保险试点的实施意见》	安庆市人民政府办公室	2017 年 1 月
7	《成都市长期照护保险制度试点方案》	成都市人民政府	2017 年 2 月
8	《关于建立长期护理保险制度的意见（试行）》	兵团第八师，石河子市人民政府	2017 年 3 月
9	《关于开展长期护理保险试点的实施意见》	苏州市人民政府	2017 年 6 月
10	《齐齐哈尔市长期护理保险实施方案（试行）》	齐齐哈尔市人民政府办公室	2017 年 7 月
11	《广州市长期护理保险试行办法》	广州市人力资源和社会保障局等	2017 年 7 月
12	《宁波市长期护理保险制度试点方案》	宁波市人民政府办公厅	2017 年 9 月
13	《重庆市长期护理保险制度试点意见》	重庆市人力资源和社会保障局，重庆市财政局	2017 年 12 月
14	《上海市长期护理保险试点办法》	上海市人民政府	2017 年 12 月
15	《青岛市长期护理保险暂行办法》	青岛市人民政府	2018 年 2 月
16	《关于扩大长期护理保险制度试点的指导意见》	北京市医疗保障局、北京市财政局	2020 年 10 月
17	《晋城市人民政府关于建立长期护理保险制度的实施意见》	晋城市医疗保障局	2020 年 12 月
18	《呼和浩特市长期护理保险制度试点实施方案》	呼和浩特市人民政府办公室	2020 年 12 月
19	《盘锦市开展全国长期护理保险制度试点工作实施方案》	盘锦市人民政府办公室	2020 年 12 月
20	《福州市人民政府印发关于开展长期护理保险制度试点实施方案的通知》	福州市人民政府	2020 年 12 月
21	《开封市长期护理保险制度试行办法》	开封市人民政府	2020 年 12 月
22	《湘潭市长期护理保险制度试点实施方案》	湘潭市人民政府办公室	2020 年 12 月
23	《南宁市长期护理保险制度试点实施办法》	南宁市医疗保障局等 7 部门	2021 年 1 月
24	《黔西南州长期护理保险制度试点实施方案》	黔西南布依族苗族自治州人民政府办公室	2020 年 11 月
25	《全面开展长期护理保险制度试点工作方案（修订版）》	昆明市人民政府办公室	2023 年 2 月

续表

编号	政策文件名称	发文机关	发文时间
26	《汉中市长期护理保险实施办法（试行）》	汉中市人民政府办公室	2020 年 11 月
27	《甘南州职工长期护理保险实施细则（试行）》	甘南藏族自治州政府办公室	2021 年 11 月
28	《乌鲁木齐市长期护理保险办法》	乌鲁木齐市人民政府	2020 年 11 月

资料来源：根据各试点城市关于长期护理保险的政策文件整理所得。

一、基本情况

（一）覆盖范围

秉承着“先覆盖城镇职工，后城乡推广”的思路，试点城市的保险覆盖范围以城镇职工医疗保险参保对象为主，如成都市、承德市和安庆市等地，还有部分试点城市将城乡居民纳入保障范围，如青岛的参保对象为参加城镇职工医疗保险、城镇居民基本养老保险和农村居民医保的参保人。上海的参保对象为参加上海市职工基本医疗保险的人员（称为“第一类人员”）和上海市城乡居民基本医疗保险的 60 周岁及以上的人员（称为“第二类人员”）。南通的参保对象为市区范围内的职工基本医疗保险和居民基本医疗保险的参保人员，包括所有参加医保的婴幼儿、学龄儿童、青壮年及老年人。其他各试点城市的覆盖范围如表 3-12 所示。

表 3-12　长期护理保险试点的覆盖范围

覆盖范围	试点地区
城镇职工	安庆、齐齐哈尔、承德、宁波、重庆、天津、晋城、盘锦、福州、开封、湘潭、南宁、黔西南布依族苗族自治州、昆明、汉中、乌鲁木齐
城镇职工及城镇居民	南通
城镇职工及城乡居民	青岛、上海、苏州、石河子、荆门、成都、上饶、广州、石景山、呼和浩特、长春

资料来源：根据各试点城市关于长期护理保险的政策文件整理所得。

（二）资金筹资

1. 筹资渠道

如表 3-13 所示，我国目前部分试点城市长期护理保险制度的筹资渠道主要依托医保基金，并没有设立独立于医保基金外的独立基金体系，个人和用人单位无须缴费，筹资渠道比较单一。

表 3-13　长期护理保险试点筹资渠道

筹资来源	试点地区
医保统筹基金	上海、苏州、宁波
医保统筹基金+个人缴费	齐齐哈尔、重庆、天津、福州、湘潭
医保统筹基金+个人缴费+单位缴费	南宁
医保统筹基金+个人缴费+政府补助	承德、长春、南通、安庆、青岛、荆门、成都、广州、开封、昆明、石景山、汉中、晋城、乌鲁木齐、呼和浩特
医保统筹基金+个人缴费+单位缴费+财政补贴	上饶、盘锦
医保统筹基金+个人缴费+财政补贴+福彩公益金	石河子、黔西南布依族苗族自治州

资料来源：根据各试点城市关于长期护理保险的政策文件整理所得。

还有部分试点城市逐步建立了多元化的筹资渠道，包括个人缴费、用人单位缴费、医疗保险统筹账户和个人账户划转、医疗保险统筹账户结余划转、社会捐助、政府补贴和福利彩票等，逐渐强化个人、单位、政府和社会的多方筹资责任。

2. 筹资标准

如表 3-14 所示，部分试点城市以医疗保险缴费基数为筹资标准，部分试点城市以个人收入水平为筹资标准，还有部分试点城市以固定的数额作为筹资标准。

表 3-14　各试点地区长期护理保险的筹资标准

试点城市	筹资标准
承德	城镇职工上年度工资总额 0.2%（医保基金 0.1%+个人负担 0.1%），未建立个人账户的灵活就业人员，在每年缴纳城镇职工医疗保险费时，按照职工医保缴费基数的 0.2%缴纳
长春	城镇职工：单位缴费部分按月从单位缴纳医疗保险费中划转 0.1%，个人缴纳 0.1% 城乡居民：12 元/人・年（个人 10 元+财政补助 2 元）
齐齐哈尔市	60 元/人・年（个人 30 元+医保基金 30 元），个人缴费从个人医保账户划转
苏州	城镇职工：参保人员个人缴费部分，在职职工、退休职工按 24 元/人・年的标准从个人账户按月划转。在职职工单位缴费部分按 84 元/人・年的标准从缴纳的职工基本医疗保险费中按月划转；退休职工按 84 元/人・年的标准从职工基本医疗保险统筹基金按月划转 城乡居民：个人缴费部分通过提高居民医保个人缴费标准筹集，按 24 元/人・年的标准从城乡居民基本医疗保险基金中按年划转。居民参保人员医保基金划转部分按 30 元/人・年的标准从城乡居民基本医疗保险基金按年划转

续表

试点城市	筹资标准
安庆	40元/人·年（个人20元+医保基金15元+政府补助5元）
上饶	90元/人·年（个人50元+医保基金35元+单位5元）
荆门	上年度居民人均可支配收入的0.4%为基数，其中个人承担37.5%，医保统筹基金划拨25%，财政补助37.5%
广州	城镇职工：按职工医保缴费基数，单位缴费费率为0.15%；个人缴费费率：未满35周岁参保人员个人不缴费；35~44周岁参保人员缴费率为0.02%；45周岁至退休前参保人员缴费率为0.08%；退休人员缴费率为0.12% 城乡居民：按城乡居民医保缴费基数，个人缴费和财政补助各为0.15%
成都	城镇职工：个人缴费：40周岁（含）以下未退休人员，以城镇职工基本医疗保险缴费基数为基数，按每人每月0.1%的费率从个人账户中划拨；40周岁以上未退休人员，以城镇职工基本医疗保险缴费基数为基数，按每人每月0.2%的费率从个人账户中划拨。退休人员以城镇职工基本医疗保险个人账户划入基数为基数，按每人每月0.3%的费率从个人账户中划拨。单位缴费：以城镇职工基本医疗保险缴费基数为基数，按每人每月0.2%的费率从统筹基金中划拨。财政补助：按照城镇职工基本医疗保险中退休人员参保人数进行补助，以退休人员城镇职工基本医疗保险个人账户划入基数为补助基数，按每人每月0.01%的比例，实行年度补助 城乡居民：成人个人缴费标准25元/人·年，在参加城乡居民基本医疗保险时一并缴纳；财政补助标准为30元/人·年。学生儿童（含大学生）个人缴费标准为10元/人·年，从城乡居民基本医疗保险个人缴费中划转；财政补助标准为10元/人·年
石河子	城镇职工：从个人的医保个人账户基金中按50元/人·年的标准进行一次性缴费 城乡居民：按50元/人·年的标准由个人自行一次性缴纳

资料来源：根据各试点城市关于长期护理保险的政策文件整理所得。

3. 筹资方式

如表3-15所示，长期护理保险制度试点城市的保险资金筹资方式主要分为三类：定额筹资、比例筹资和混合筹资。其中：①定额筹资按照固定数额缴费，每个参保人的筹资标准统一。定额筹资的优点是简单便捷、便于计算；缺点是不易于调整，增加缴费时会比较困难。②比例筹资是按照参保人的工资或收入的一定比例缴费。比例筹资的优点是能够随着经济社会的发展而灵活变化；缺点是由于长期护理风险大且有不确定性，导致筹资比例的确定很困难。③混合筹资方式是结合定额和比例筹资两种方式进行筹资。

表3-15　各试点地区长期护理保险的筹资方式

试点城市	筹资方式
承德	比例筹资

续表

试点城市	筹资方式
长春	混合筹资
齐齐哈尔市	定额筹资（试点：定额筹资）
苏州	定额筹资
安庆	定额筹资
上饶	定额筹资
荆门	比例筹资
广州	比例筹资
成都	比例筹资
石河子	定额筹资
重庆	定额筹资
青岛	混合筹资

资料来源：根据各试点城市关于长期护理保险的政策文件整理所得。

（三）给付标准

1. 给付对象

按照《指导意见》的要求，长期护理保险试点制度应重点保障重度失能人员的基本生活照料和医疗护理需求。各试点城市都将重度失能人员作为优先保障的对象，上海、南通、苏州、广州等城市在试点中将给付对象扩大到中度失能人员。如上海市的给付对象就包括了经评估失能程度达到评估等级二级至六级且在评估有效期内的参保人员。南通市的给付对象为因年老、疾病或伤残进行六个月以上医学治疗后符合《日常生活活动能力评定量表》中重度或中度的失能人员。例如，苏州、南通、宁波、上饶、青岛、广州等地区逐步将失智人员也纳入长期护理保险给付对象。如青岛市给付对象同时包括了轻中度失智人员和重度失智人员。

部分地区在失能失智评定标准外，附加了年龄、缴费年限等限制条件。如上海市将给付对象限定为60周岁以上中度和重度失能老年人，成都市规定参保人员必须连续缴费2年以上并累计缴费满15年才能享受长期护理保险给付。

2. 给付方式

试点地区提供的长期护理服务可以分为医疗机构护理、养老机构护理和居家护理三种形式。大部分城市提供的长期护理服务已经覆盖三种护理形式。其中，青岛市的长期护理服务最为全面，除了三种护理方式以外，增加了“巡护”方式，参保人可根据社保经办机构核定的服务类型享受相应待遇。医疗机构护理主要针对重症失能老人，是在参保人病情较重、经重症监护室抢救或住院治疗病情已稳定但需长期保留各种管道或依靠呼吸机等维持生命体征，需要二、三级医院的医疗专护病房继续接受较高医疗条件的医疗护理。养老机构护理主要针对终末期及临终关怀老人，是针对参保人长期患各种慢性重病、常年卧床、生活无法自理，需入住专业护理服务机构或具有医疗资质的养老机构接受长期医疗护理。居家护理和“巡护”是根据参保人家庭实际情况和本人意愿，在家庭或没有医疗资质的养老院居住，由护理服务机构的医护人员定期或不定期地上门提供医疗护理服务。

针对失智老人提供的服务种类有三种：一是“长期照护”，失智老人入住“失智专区”长期接受24小时在院照护服务，重点解决家庭照料者全天候没有照护能力的问题。二是“日间照护”失智老人在“失智专区”接受日间照护服务，重点解决部分家庭白天照护难问题。三是“知期照护”也称“喘息服务”，为失智老人提供几天到几十天不等的全天照护，原则上一个年度不超过60天，旨在为长期照护失智老人的家庭照料者提供喘息休整的时间。

大部分长期护理保险试点地区的基本护理服务包含生活照料、医疗护理、预防性护理、康复护理和心理疏导等服务内容。其中，广州市和成都市的长期护理服务内容最广，包含全部五种类型的长期护理服务，上海市、广州市、南通市和苏州市相关政策规定非常清晰，既明确规定了服务项目的内容、频次和工时，又明确规定了服务的基本考核标准。如上海市长期护理保险的服务形式包括社区居家照护、养老机构照护和医疗护理，其中评估等级为二级至六级的参保人员可以享受社区居家照护。每周上门服务的时间和频次为：评估等级为二级或三级的，每周上门服务3次；评估等级为四级的，每周上门服务5次；评估等级为五级或六级的，每周上门服务7次。每次上门服务时间为1小时。

另外，广州市和南通市还按照顾客导向的原则，可让参保人根据自己的个人需求，选择长期护理服务套餐，实现长期护理服务的定制化、标准化供给。另外，有小部分的试点城市将预防性照护、康复照护与心理疏导等内容纳入给付内容中，但是护理服务项目较为有限。

3. 给付标准

大部分试点城市支付养老院或护理院提供的护理服务费用，部分城市如青岛市、承德市、长春市、南通市、苏州市、安庆市、荆门市等也支付医疗机构提供的护理服务费用。在居家护理方面，大部分城市的方案覆盖了专业人员提供的居家照护，安庆市还覆盖了来自非协议机构的专业人员提供的居家照护。另外，为促进居家护理服务机构的发展，以解决机构护理供给不足的现实问题，上饶市、成都市、石河子市的长期护理保险试点政策已经覆盖了非专业人员提供的居家照护，其中上饶市对由其家属或指定人员提供的居家自主护理进行支付，成都市对亲戚、邻居等提供的居家照护进行支付，石河子市对居家自行护理费用支出进行支付。

各试点城市为了合理控制长期护理保险费用支出，形成长期护理费用社会分担机制，并对长期护理保险的给付限额做出了明确的规定。给付限额主要有三种形式：日限额、周限额和月限额。大部分试点城市都规定了每日最高限额，由于保障水平差异，给付限额从 25~120 元不等。还有部分试点城市实行月给付限额，主要按照失能程度的不同，适度调整月给付限额。一般情况下，居家护理服务的月给付限额低于机构护理。如青岛市护理保险基金规定，失能人员照护需求等级评估为三、四、五级的，照护服务费月度最高支付标准分别为：参保职工 660 元/月、1050 元/月、1500 元/月，参保居民 450 元/月、660 元/月、1050 元/月。

试点城市对居家护理和机构护理的给付限额政策也存在差异。经济较发达地区，尤其是长期护理服务市场化程度较高地区，例如，苏州市、上海市、广州市，逐步提高居家护理服务的给付限额，缩小其与机构护理的给付差距，开始引导受益者接受居家护理服务。而长期护理服务市场化程度较低的试点地区，由于机构护理服务供给严重不足，政策表现为对机构护理服务的明显倾向，机构护理服务的给付限额明显高于居家护理服务，以促进养老院、护理院等护理机构的快速发展，实现长期护理服务市场化供给。

从给付水平上来看，《指导意见》指出，对符合规定的长期护理费用，基金给付水平总体控制在 70%以内，具体支付比例可由试点地区自行确定。试点地区长期护理保险的给付水平受到当地经济发展水平的影响，发达地区的长期护理保险给付水平明显高于其他地区。上海市、青岛市和广州市等试点地区将给付水平提高到 80%~90%。在上海，护理保险基金针对参保者个人设定了报销比例，对于参保人发生的符合规定的医疗护理费用，护理保险基金的给付比例分别为城镇职工 90%，一档参保居民 80%，二档参保居民 60%。承德市、成都市、石河子市等试点地区则严格执行了基金给付水平控制在 70%以内的政策指导规定，而齐齐哈尔市、安庆市、上饶市、南通市等试点地区的基金给付水平在70%以下。如南通市长期护理保险的报销水平为：医疗机构照护为60%；养老服务机构照护为50%，上门照护服务为每月限额1200元；居家接受非照护服务机构服务的，按每人每天15元的标准发放照护补助。

（四）管理方式

青岛市在长期护理保险基金管理方面，职工护理保险资金和居民护理保险资金实行收支两条线，纳入财政专户管理，实行市级统筹、专款专用，任何单位和个人不得挤占挪用。建立职工居民护理保险调剂金，每年分别从职工和居民护理保险资金中按照不超过5%的比例划取，统一调剂使用。同时建立延缓失能失智预防保障金，每年分别从职工和居民护理保险资金中按不超过1%的比例划取，加之社会各界的捐赠，统一用于延缓失能失智预防工作。在服务管理方面，制定了严格的待遇准入机制，参保人必须经过第三方评估机构进行等级评定后才能申请护理保险待遇。政府根据参保人的实际护理需求确定不同的服务形式，由定点护理服务机构制订护理计划并提供医疗和护理服务。在对护理服务机构的管理方面，实行定点协议管理，定点护理服务机构应当具备为失能失智人员提供急性期后健康管理和维持性治疗、长期护理、生活照料、功能维护等整合式照护服务的能力，原则上为二级及以上住院定点医疗机构、专业护理服务机构和社区定点医疗机构。符合条件的专业护理服务机构和住院定点医疗机构，可自愿向社保经办机构提出承担护理保险相关业务的申请。在经办管理方面，由市、区社会保险经办机构按照分级经办的原则，分别负责辖区内护理保险业务经办管理。

上海市长期护理保险在基金管理方面，将长期护理保险基金纳入社会保障基金财政专户，实行统一管理、专款专用，按照第一类人员和第二类人员分账核算，分账部分支付不足时，报市政府批准后财政部门予以补贴。在服务管理方面，上海市政府规定评估机构为依法独立登记的社会服务机构或企事业单位，并制定了《老年照护统一需求评估及服务管理办法》明确了评估机构的资质和条件。长期护理保险申请人在确定服务机构后，该服务机构结合评估机构出具的服务计划建议并根据申请人的实际情况制订服务计划，并负责告知申请人可享受的长期护理保险待遇和养老服务补贴政策。上海市医保中心按照服务协议对定点护理服务机构进行日常管理和过程监管。在经办管理方面，由市医保中心负责长期护理保险的费用结算和拨付、相关信息系统建立和维护等管理工作；由区医保中心负责本辖区内长期护理保险的具体经办业务。

南通市在长期护理保险基金管理方面，由市人力资源和社会保障部门根据经济社会发展和照护保险基金承受能力，负责适时调整、完善长期护理保险基金的筹资标准并报市政府批准。市医疗保险经办机构负责承办长期护理保险资金的筹集、支付、结算等经办服务与管理工作。按照长期护理保险经办事务委托第三方参与经办、政府监督的管理模式，将受理评定、费用审核、结算支付、稽核调查、信息系统建设与维护等经办服务，通过政府招标委托有资质的专业机构参与经办，提高经办服务能力。在服务管理方面，南通市将由相关部门批准设立，具备接收生活自理能力重度依赖人员的医疗、养老、护理服务资质和能力，经评定符合基本照护保险服务机构准入条件并与照护保险经办机构签订照护保险服务协议的机构统一称为“照护保险协议服务机构”。具备本市医疗保险定点资格的医院、护理院、社区卫生服务中心，以及具备相应医疗资质或与定点医院、护理院、社区卫生服务中心签订合作服务协议的养老服务机构，设置符合规定的照护病区和照护床位的，均可申请为定点照护服务机构。经营规模较大、有资质、照护服务人员数量较多，能提供符合照护标准服务的企业，也可申请为定点照护服务机构，提供居家照护服务。

（五）护理服务供给体系

目前，我国长期护理服务供给的主体包括失能老人的家庭成员、定点护理服务机构、社区护理服务机构和商业长期护理服务机构。

1. 家庭

在我国的传统观念和现实国情的影响下，目前失能老人的家庭成员仍然是护理失能老人最重要的主体。主要体现在以下三个方面：一是由于对老人进行护理是子女应尽的赡养义务；二是家庭成员照护更符合失能老人的主观意愿偏好，失能老人对家庭成员、居家环境更为熟悉，能在一定程度上减轻面对陌生护理人员时的压力和不适，心理上和情感上更易接受；三是家庭照护可以缓解机构护理或聘请专人护理产生的家庭经济负担，更符合普通家庭的经济承受能力。

2. 定点服务机构

我国长期护理保险制度的各试点地区在中央政策引领下，结合各地实际，分别制定了长期护理保险制度的相关实施细则。其中，医疗机构、养老机构、护理机构、残疾人托养机构、居家照护机构等可向长期护理保险经办机构或委托经办机构提出申请，经过综合考评后，符合条件的申请主体可签署定点服务协议，在协议约定的权利义务范围内向被保险人提供长期护理服务。目前，我国的长期护理保险通过定点护理服务机构向失能老人提供长期护理服务。

3. 社区护理服务机构

社区护理服务机构中的“社区”是广义上的概念，既包括城镇街道的下级单位，又包括农村居民委员会等基层群众自治组织。我国 2022 年的政府工作报告中指出“要推进社会治理共建共治共享。创新和完善基层社会治理，强化社区服务功能，加强社会动员体系建设，提升基层治理能力。”由此可见，加强社区服务，以社区为依托，是我国长期护理保险制度发展的必然趋势。

社区护理服务机构提供长期护理服务，可以减少失能家庭、政府和养老机构的供给压力；同时还可以促进人口老龄化背景下我国养老服务行业的发展，有效改善居家养老专业护理人员上门不足的问题。社区护理服务可以在熟悉的环境中为失能失智老年人提供基本生活照料和专业医疗护理，减轻子女照护压力的同时，满足失能失智老年人的心理慰藉。社区照护避免了失能失智老年人适应新环境的需要，在熟悉的社区保持原有的日常生活模式，更有利于失能失智老年人的身心健康。

4. 商业护理机构

长期护理保险通过定点服务机构提供的大部分是基础保障服务，无法满足多样化的护理服务需求。因此，商业长期护理服务机构能够有力地补充社会所能提供的老年长期护理服务力量。同时，商业长期护理服务机构通过市场竞争，能够提供更为高品质、低价格的长期护理服务，充分保障了使用者的自由选择权，同时也有利于商业长期护理服务机构履行社会责任。

二、实施效果

国家医疗保障局 2023 年发布的数据显示：截至 2022 年 3 月底，我国长期护理保险制度覆盖 49 个城市、长期护理保险制度参保人数约 1.7 亿，累计享受待遇人数超过 200 万，享受的待遇累计支出基金约 650 亿元，年人均减负超过 1.4 万元，试点地区长期护理保险定点服务机构达到 7600 余家，定点服务机构的护理人员达到了 33 万人，有效保障了老年人的长期护理需求，破解了“机构不能医、医院不能养、家庭无力护”的困局。

（一）总体实施效果

1. 建立了长期护理保险制度框架

2016 年 6 月，人力资源和社会保障部印发《关于开展长期护理保险制度试点的指导意见》，决定在上海市、重庆市等14省开展长期护理保险制度试点。时隔4年，2020年9月，有关部门在总结前期试点经验的基础上新增14个省共15个试点城市。国家医疗保障局、财政部印发的《关于扩大长期护理保险制度试点的指导意见》，在更大范围探索适应我国国情的长期护理保险制度框架。党的十九届五中全会提出，要健全多层次社会保障体系，全面推进健康中国建设。《国家积极应对人口老龄化中长期规划》《“十四五”国家老龄事业发展和养老服务体系规划》均强调要稳步建立长期护理保险制度。并提到“构建长期护理保险制度政策框架”。2021年7月出台的《长期护理失能等级评估标准（试行）》和2022年1月印发配套的《长期护理保险失能等级评估操作指南》首次建立了涵盖日常生活能力、认知能力、感知觉与沟通能力等方面的综合评估指标体系，让长期护理保险“保障谁”更加清晰，“保什么”更加精准。

2. 一定程度上保障了失能老人的长期护理服务

长期护理保险基金为符合规定的机构和人员提供基本护理服务支付保险费用，并按照护理等级、服务提供方式等不同实行差别化待遇保障政策，高质量、高效率地解决老年人的健康护理和日常护理问题，提升了失能老年人的生活质量，切实增强老年人的幸福感、获得感。考虑我国当前的经济发展水平、护理服务可及度及群众需求等因素，虽明确试点阶段从职工医保参保人群起步，重点解决重度失能人员基本护理保障需求，但各试点地区可结合自身实际逐步扩大参保范围，建立与经济社会发展和社会保障水平相适应的动态调整筹资机制。试点地区多为老龄化程度较高的城市，苏州和南通60岁以上老龄人口比重已经超过25%，对长期护理保险的需求巨大，虽然大部分试点地区开展长期护理保险试点的时间不长，但制度的保障范围在逐步扩大。如南通、上海、广州等经济较为发达地区将受益对象拓展到中度失能人员，包括但并不限于老年人。青岛已将保障范围扩大至中轻度失能人员及失智人员。广州市长期护理保险提供的护理服务除生活照料与医疗服务外还包括设备的使用服务。

国家信息中心发布的数据显示：从待遇给付占长期护理费用支出的比例来看，试点地区维持在50%~90%，大部分地区在70%以上，部分地区如上海、南通、苏州等地鼓励发展居家护理，不断加大对居家护理的政策倾斜力度，使得居家护理的报销比例高于机构护理的报销比例。同时待遇保障范围较为明晰，明确了具体服务项目目录，大部分地区将护理服务分为医疗护理和生活护理两种，采取护理包的形式，逐步为受益者量身定做个人长期护理计划，以提高受益对象对长期护理保险制度的满意程度。对于试点城市内参保的失能老人，其家庭的照护压力和经济压力都得到了一定程度的减轻，给失能老人带来较强的获得感，以往家庭成员或保姆无法提供的医疗护理服务或者需要协助完成的洗澡等生活护理服务，都能居家实现。

3. 推动了护理服务、家政服务和养老产业的发展

试点地区采用购买服务的方式，促进长期护理服务产业的发展，形成了多样化的服务提供框架。从服务供给主体来看，以社会力量为主的医疗机构、养老机构和社区居家养老服务机构均得到了迅速发展，为失能人员提供了机构服务、社区服务和居家服务，还有部分试点城市探索提供了居家护理器具租赁服务。从服务提供方式来看，居家护理得到大力发展，机构护理的比重不断降低。另外，试点城市初步建立了按服务项目、时长、定额包干等多种付费方式，并结合当地物价、平均工资等因素，区别服务提供方式，确定了差别化的服务购买价格。长期护理保险制度的发展还进一步拓宽了护理从业人员的就业渠道。

4. 逐步标准化了服务和管理

试点地区采取协议管理、服务评估标准、服务满意度调查、第三方机构经办流程、服务机构准入和退出机制、经办机构服务实施细则等方式，约束经办机构的行为，加大社保部门对经办机构的监督检查，建立了标准化的经办服务流程和机制。另外，大部分地区依托医疗保险管理信息平台，加强长期护理保险制度的信息服务建设，部分地区协同商业保险机构共同开发长期护理保险系统平台，从而在参保者、经办机构、服务机构和评估机构之间建立公开透明的信息共享机制，降低违规操作的可能性，逐步实现管理运行机制的标准化。

（二）典型试点城市的实施效果

1. 青岛市

青岛于 1987 年就已进入老龄社会，比全国提前 12 年步入老龄化的进程，是我国人口老龄化程度较高的城市之一，其老龄化和高龄化的速度在全国范围内都很突出。青岛市民政局官网数据显示：截至 2019 年底，全市 60 岁以上老年人口达到 1868 万人，老龄化率高达 22%，其中 80 岁以上的高龄人口已超过 30 万人。2012 年青岛市出台了《关于建立长期医疗保险制度的意见（试行）》，以有效应对高龄化老龄化速度快和失能人口比例高的问题。青岛市长期护理保险制度的基本内容是：当医疗保险参保人因年老、疾病、残疾等原因丧失全部或部分身体功能，需要入住医疗护理机构或居家接受长期医护照料时，对其提供基本的生活照

料、医疗护理服务或者对发生的相关医疗护理费用予以补偿，并为失能失智人员提供身体机能恢复等训练和相关指导。2015 年 1 月，考虑到农村基础医疗建设薄弱以及农村老龄化情况要比城市更严重的现实问题，青岛市政府调整了长期护理保险政策的保障对象，将覆盖范围扩展到了农村地区，实现了城乡全覆盖，规定参加城镇职工基本医疗保险、城乡居民基本医疗保险和新型农村合作医疗保险的参保人均需参加长期护理保险。自 2017 年 1 月 1 日起，青岛市长期护理保险试点机构为失智老人设置了专门护理区域，青岛市成为全国首个将失智老人纳入长期护理保险政策中的试点城市，这一举措使失智老人也享受到了长期护理服务。2021 年印发了《青岛市长期护理保险办法》，在城镇职工中创新实施了医疗护理与生活照料一体化保障的新型长期护理保险制度，逐步构建起了筹资渠道多元化、保障内容多样化、服务提供精准化、经办管理标准化、质量监控信息化的护理保障体系。

青岛市医疗保障局数据显示，截至 2023 年 10 月青岛市长期护理保险参保居民 2.45 万人，占比达 52%。全市定点护理机构达到 1013 家，照护服务人员已达 1.1 万人，逐步搭建起以民营机构为主的照护服务平台、护士和护理员作为护理服务的主体力量，全年共提供上门服务 103 万人次，累计照护服务 235 万小时。服务失能失智人数达 4.7 万人，平均年龄为 80.4 岁，在床生存时间为 310 天。累计支付长期护理保险资金 28 亿元，参加长期护理保险的人均床位费为 56.2 元，减轻了失能老人及其家庭的经济负担。同时，为破解农村长期护理保险这一短板，青岛市逐步构建起城乡统一的长期护理保险制度，修订后的《青岛市长期护理保险办法》将有效发挥长期护理保险“支付杠杆”作用，引导照护服务资源向农村地区发展，不断缩小城乡差距，增强城乡居民对改革红利的获得感。

2. 上海市

上海市在 2013 年开展了高龄老人医疗护理计划，2015 年 12 月开启长期护理保险制度研究，于 2016 年成为全国长期护理保险制度试点城市之一并印发了《上海市长期护理保险试点办法》及相关文件，自 2017 年 1 月 1 日起正式在徐汇区、普陀区、金山区三区展开试点，自 2018 年 1 月起在全市开展试点，同时发布了《上海市老年照护统一需求评估及服务管理办法》《上海市长期护理保险结算办法（试行）》《关于本市长期护理保险试点有关个人负担费用补贴的通知》等系列文件。目前，上海长期护理保险试点制度已形成了比较完整的政策框架。上海市长期护理保险制度目前仅针对特定人群提供服务，需要享受长期护理保险服务的人员需向服务受理窗口提交评估申请，经过第三方专业评估机构开展的失能等级评估后，评估等级为失能二级至六级的失能人员方能享受长期护理保险服务。参保人员可以享受长期护理保险服务清单内列明的服务内容，服务机构根据失能等级评估结果制定相应的服务计划，根据不同的失能等级提供不同的服务时长，每月结算服务费用。上海市人社局以及市、区两级政府通过长期护理保险信息管理系统对整个流程实施审核、监管，确保服务流程合理合规。

随着试点范围不断扩大，上海市申请长期护理保险人数快速增长。截至2020年上海市接受长期护理保险服务的老人人数为39.1万，其中接受养老机构照护6.7万人，接受居家照护32.4万人，享受长期护理保险居家照护和机构照护的失能老人平均年龄分别为80.1岁和85岁①。从护理内容来看，生活照料占服务量总数的86%，医疗护理服务占服务总量的14%。享受长期护理保险服务的不同失能等级的老人，健康水平都有不同程度提高。从护理机构和人员来看，截至2020年上海有长期护理保险定点评估机构34家，评估人员0.9万人；纳入长期护理保险登记的各类养老护理服务人员6.3万人，平均每人每天都要服务约8位老人；长期护理保险定点护理服务机构达1173家。

3. 南通市

南通市自2015年9月建立以居家为基础、社区为依托、机构为支撑的“医养结合、医护结合”的长期护理保险制度，并将其作为独立的社会保险——“第六险”，列入社会保障制度体系。从2016年1月1日起开始探索实施，2016年6月被列入国家建立长期护理保险制度试点城市。探索出“兼顾居家和机构照护，以居家为重点，机构为辅助；兼顾生活照护和医疗护理，以生活照护为重点，医疗护理为辅助；集机构定额补助、居家照护津贴、专业公司上门服务、义工服务、辅助器具服务、失能预防为一体”的照护保险模式。2018年12月，南通市人力资源和社会保障局进一步发布了《关于建立全市统一基本照护保险制度的意见》，按照“六个统一”的原则推进长期护理保险政策和经办体系的建设。截至2022年底南通市长期护理保险定点服务机构有254家，投资总额超23.6亿元。长期护理保险制度实施以来，南通市的医疗资源得到了更合理利用，长期住院的失能人员中，从医疗机构迁入照护机构人数占比19%，护理院、养老院次均医疗费用只有745元，医疗机构次均医疗费用18436元，节约了2.69亿元医疗

① 资料来源：上海市医疗保障局。

费用。截至 2022 年长期护理服务已覆盖到南通市 720 万名参保人员，形成了较为完整的长期护理保险制度体系和“机构照护、居家服务、照护补助、器具支持、预防管控”的“五位一体”长期护理保险服务体系①。

4. 成都市

成都市 2017 年出台了《成都市长期照护保险实施细则（试行）》，正式开始实施长期护理保险制度。文件确定制度试点的三条基本原则，划定各级行政部门相关责任；确定统筹层次为市级统筹，规定长期护理保险试点初期的保障范围、参保缴费、待遇支付等；确定保障范围将逐步扩大到城乡居民基本医疗保险参保人员。2018 年成都市为进一步完善长期护理保险制度，保障因失智导致的重度失能人员照护权益，增加具体涉及失智人员长期护理服务开展与评估的政策内容，扩大长期护理保险制度试点保障范围，实现由身体失能向精神损害导致的重度失能老年群体覆盖。在“十三五”期间，成都市已基本形成适应成都本市经济社会发展和人民群众需求的长期护理保险制度政策框架，基本实现了对职工医保参保人员中失能失智老年群体的长期护理保险全覆盖。2020 年 5 月，成都市政府发布《成都市关于深化长期照护保险制度试点的实施意见》，确定和布局了两年试点目标与任务为“着力构建覆盖全民，经办高效的中长期照护保险制度”，将成都市居民医保参保人员纳入长期护理保险制度覆盖范围。同年，人社部门根据《实施意见》分别发布针对城乡居民与城镇职工的长期护理保险具体实施方案，补充细化两类参保对象的各项制度规定。由于参保对象在待遇给付上的差异，实施方案单独制定和明确职工参保人员的服务项目与支付标准，并针对服务各环节对不同的护理服务方式与对应支付标准做出规范，按照基础照护、社会支持类和居家上门类三类照护服务项目进一步细化相关规定，同步开展长期护理保险在线监管工作，加强服务经办管理。2021 年四川省将省本级基本医疗保险参保人员也纳入成都市长期护理保险试点覆盖范围，进一步扩大试点参保范围。至 2021 年成都市实现了由职工医保参保人员向居民医保参保人员的覆盖；由市本级基本医疗保险参保人员向省本级医疗保险参保人员覆盖。2022 年，成都市人民政府印发了《关于开展新一轮长期护理保险改革的实施意见》（以下简称《改革意见》），这标志着经过五年试点的成都长期护理保险制度在政策体系上基本构建完成，各项内容逐渐成熟稳定。《改革意见》提出在 2023 年将参保范

① 资料来源：南通市医疗保障局。

围进一步扩大至学生与儿童群体，实现“覆盖全员”的制度建设目标；取消针对职工医保参保人员必须满 15 年缴费年限的待遇给付条件，统一设置为“连续参加成都市长期护理保险满两年”，参保人员在满足失能评估条件下即可按失能等级享受相应长期护理待遇。

四川省市场监督管理局的数据显示，截至 2022 年 8 月末，成都市长期护理保险参保人员已达 1420.38 万人，累计 5.45 万人，103.9 万人次享受保险待遇，降低失能家庭照料经济负担 44.31%，失能人员平均寿命延长 2.08 岁。

5. 安庆市

截至 2021 年底，安庆市户籍人口为 528.58 万人，常住人口为 417.1 万人，其中 60 岁以上人口为 88.5 万人，占总人口数的 21.22%，65 岁以上人口数占比 17.25%，人口老龄化程度超过全国以及安徽省的平均水平①。由于人口老龄化现象的加剧，安庆市的长期护理服务出现了越来越多的问题。安庆市在 2017 年开始推出长期护理保险制度，2022 年将继续扩大保障人群，包括扩大全市新型农村合作医疗保险和医保保障范围，实现应保尽保。安庆市长期护理保险的保障对象为因年老、疾病和伤残三种原因导致基本生活无法自理超过 6 个月的失能人员。保障对象必须具备以下三个特征：一是必须购买保险，二是必须符合失能评估标准中的失能等级，三是造成保障对象失能的原因必须是年老、疾病和伤残。对于符合失能评估标准中的失能等级的参保人，在经过护理机构的测评后可以获得长期护理服务，以便更好地满足其日常生活、医疗和护理需求。

安庆市长期护理保险的缴费标准是每位参保人员每年缴纳 40 元，其中，参保人员个人缴纳 20 元，地方财政补贴 5 元，医疗保险统筹基金划入 15 元，实现了筹资主体的多元化，增加财政的支持力度，同时也减少了医疗保险基金的支出。安庆市还将失能等级评估标准在原先唯一标准《日常生活活动能力评估表》的基础上，增加了《认知能力评估表》和《感知觉与沟通能力评估表》作为参考，最终评估结果根据长期护理综合失能等级划分表确定，分为五个等级，提高了评估等级划分的精度。安庆市长期护理保险提供三种护理方式：医疗机构护理、养老机构护理、居家护理，这三种护理方式有不同的待遇给付方式和标准。给付方式目前采取实物给付、实物与现金给付相结合的方式：对医疗机构护理和养老机构护理进行实物给付，即直接为参保人提供护理服务，保险应当支付的部

① 资料来源：《安庆市 2022 年统计年鉴》。

分护理费用由经办机构与护理机构定期结算；居家护理的给付以实物和现金相结合进行，失能人员不仅可以享受上门护理的服务包，还可以获得护理补贴。

根据安庆市卫生健康委员会调查数据，截至2022年底，安庆市正在享受长期护理保险待遇的人数为1616人，其中重度人数1306人，中度人数310人；在协议医疗机构享受长期护理保险待遇人数30人，在协议养老机构享受长期护理保险待遇人数329人，居家护理服务享受长期护理保险待遇人数1257人。截至2022年底，安庆市长期护理保险覆盖50.69万名职工，全市长期护理服务协议机构共81家，其中：医疗机构26家，养老机构45家，居家护理服务10家。

三、存在的问题

（一）制度性质不明确

我国政府出台的《关于开展长期护理保险制度试点的指导意见》和《关于扩大长期护理保险制度试点的指导意见》（以下简称《试点意见》）中均坚持了长期护理保险保障基本需要的原则，低水平起步。从这个层面上来说，我国将长期护理保险定位为社会保险。但《试点意见》中同时也提出，社会保险经办机构在保障长期护理保险基金有效运行与监督管理的前提下，可以通过委托商业保险机构管理、购买、定制护理服务与护理产品，实现基金的高效管理。目前在试点城市中也存在政府购买商业保险以保证长期护理保险资金运转的情况。这种做法使长期护理保险具备了一些商业元素，但本质上仍系国家机关履行社会保障责任。尽管我国目前商业长期护理保险规模极小，但我国在制度上并没有排斥商业长期护理保险。2021年5月，中国银行保险监督管理委员会办公厅《关于规范保险公司参与长期护理保险制度试点服务的通知》对于保险公司参与长期护理保险做了原则性规范，但并未涉及其参与保险的定性问题。在中国保险行业协会统计的84家人身保险公司中，目前约有19家保险公司推出了长期护理保险。虽然市场份额极小，但商业性的长期护理保险确实客观存在。

（二）制度缺乏独立性

我国政府先后颁布的《关于开展长期护理保险制度试点的指导意见》与《关于扩大长期护理保险制度试点的指导意见》两项指导性文件中均提出以医疗保险为依托建立长期护理保险制度，使长期护理保险制度作为独立险种的地位不清晰。加之长期护理保险制度的主导机构仍为各级医疗保险管理部门，在中央层面，国家医疗保障局负责总体设计长期护理保险规划，组织部实施长期护理保险制度的试点工作。在省级层面，省医保部门负责本地区长期护理保险制度的设计、指导和监督，下级医保部门负责实施长期护理保险的工作，各试点城市医保部门具体设计本地区长期护理保险方案。形成了国家医疗保障局统领，各试点地区医保部门组织和实施本区域长期护理保险的格局。

目前，长期护理保险的制度框架存在两种不同的选择：一种是以青岛市、长春市为代表，采取长期护理保险从属于医疗保险的运作方式，主要解决失能者在疾病治疗期间的护理服务财务风险，目标功能、目标对象、筹资渠道和赔付标准从属于医疗保险。另一种是以上海市、成都市、南通市为代表，采取独立架构的长期护理保险险种的运作方式。长期护理保险作为一个独立险种，有着自己的目标功能、目标对象、筹资渠道和赔付标准。

从长远来看，老龄化必然会给医疗保险基金带来更大的支付压力，因此，依附于医疗保险的制度框架，可持续性较低。长期护理保险基金筹资从医疗保险盈余基金划拨，缺乏制度法理基础。按照《中华人民共和国社会保险法》的相关规定，基本医疗保险基金应专款专用，存入财政专户，任何组织和个人不得侵占或挪用。长期护理保险基金从医疗保险盈余基金划拨，违反了基本医疗保险基金专款专用原则，违背社会保险基金管理的基本规定。缺乏稳定基金来源的情况下，根据“以收定支，收支平衡”原则运行的长期护理保险试点，随着老龄化程度增高，必然导致长期护理保险保障水平低下。

但是，目前将长期护理保险制度作为独立的“第六险”，缺乏现实基础。一方面，社会群体对长期护理保险的认知不足，将潜在的长期护理服务需求转变成为对长期护理保险的有效需求还有一定距离，居民参与长期护理保险制度的意愿较低。另一方面，目前我国社会保险的综合缴费率过高，企业负担过重，挤占了长期护理保险试点的缩费空间。受经济发展新常态的影响，企业人工成本过高影响企业正常生产经营，社会保险缴费率降低已经成为政策改革的趋势。

（三）制度的标准化建设有待完善

1. 长期护理失能等级评估标准仍有进一步细化和完善的空间

2021 年 7 月出台的《长期护理失能等级评估标准（试行）》使长期失能人员的评估指标、评估实施和评估结果有据可依、有规可循，可以有效解决我国长期护理保险试点过程中失能评估各行其是的问题，但该标准在出台一年多时间内如何落地，如何推动评估结果跨部门互认仍是一项系统工程，该标准也需在试点实践中进一步细化和完善。从评估结果来看，失能等级评估之后仍需有效衔接长期护理需求认定和护理服务标准体系等方面。

2. 给付标准差异较大

我国长期护理保险待遇的给付标准受到筹资人群、护理服务包、给付对象等因素的影响，各试点城市给付标准差异较大。以城镇职工重度失能人员入住定点护理机构的给付标准为例，成都市待遇标准为 1577 元/月・人、2237 元/月・人和 2796 元/月・人三个等级；而齐齐哈尔市的待遇标准仅为 900 元/月・人，由长期护理保险基金支付 75%，明显低于成都市的标准。另外，即使是同一试点城市中，城乡之间的给付标准也存在着差异，如吉林省城镇职工长期护理保险限额以下支付比例为 70%，城乡居民长期护理保险限额以下支付比例就下降到了 60%。

3. 筹资标准差异较大

从实践来看，各试点地区的筹资可分为定比例、定额度和分类筹资三种方式。定比例筹资是以参保人上一年度工资总额或职工医保缴费基数，按一定比例筹资；定额度筹资是以固定金额缴费；分类筹资是对城镇职工按比例筹资，对城镇居民或城乡居民按额度筹资。即使在相同的筹资方式下，各试点城市长期护理保险制度的筹资标准也存在明显差异。以定额度筹资方式的试点城市为例，广州市长期护理保险筹资标准是 130 元/年・人，而安庆市的筹资标准仅为 30 元/年・人。

四、社商合作模式的探索

（一）“社商协作”模式的提出

长期护理保险制度“社商协作”模式中的“社”指代社会性长期护理保险，“商”指代商业性长期护理保险，随着我国老龄化程度的不断加深，学术界对于长期护理保险制度的“社商协作”模式的探讨大致可以划分为三个阶段。

1. 主张建立商业长期护理保险制度阶段

在 2010 年之前，我国的经济发展水平还不够高、社会保障体系也不够成熟，但是人口的老龄化速度较快、规模较大、养老需求的压力也很大。在这个时期“未富先老”成为亟待解决的问题。基于这个阶段的现实国情，我国大部分学者主张中国尚不具备建立普惠制的长期护理社会保险的条件，提出了应先建立商业长期保险的现实路径，引进市场竞争机制，根据市场规则和保险原理，发挥市场在老年长期医疗护理保障的资源配置中的基础性作用。

汤文巍（2005）基于上海市医疗护理院的数据，评估了上海市长期护理保险的服务供给、需求状况和长期护理市场的发展状况，并得出结论：上海的长期护理保险市场显示出“资源决定供给，供给拉动需求”的典型情况，这不仅会使政府作为社会长期护理保险的举办者随着老龄化问题的加重而逐渐陷入财务困境；还可能由于低水平的护理服务使参保者的满意度降低。面对当时社会长期护理保险制度存在的问题，商业长期护理保险制度以盈利为目的，更加多样化、灵活化，并且管理技术先进，更容易监督医疗和管理机构的行为。因此，发展商业长期护理保险更能解决政府的困境，同时提高参保人员对于制度的满意度。彭荣（2008）认为，社会长期护理保险制度无法适应我国人口迅速老龄化形势下失能老年人对长期护理服务的需求。相较之下，商业长期护理保险制度更有利于增加长期护理费用的筹资渠道、加强长期护理保险的深度和广度。所以，长期护理保险的未来发展趋势是越来越依靠商业性长期护理保险。荆涛（2010）为我国长期护理保险制度的发展提出了“三步走”的建议：第一步，要先广泛采取商业长期护理保险的模式，使公众对长期护理保险有基本的了解，引发公众对长期护理保险的需求；第二步，要构建由国家、企业、个人等多方共同参与的社会长期护理保险为主、商业长期护理保险为辅的模式；第三步，在全国全面推行强制性的全民长期护理保险制度。

在这一阶段，大部分学者普遍认为商业保险可以增强长期护理保险的广度和深度，满足老人的护理需求，同时学者们为商业长期护理保险的具体运行方式提供了初步设想，为我国早期商业长期护理保险制度的进一步研究提供了基础。

2. 主张建立社会长期护理保险制度阶段

2010 年，我国的经济发展水平快速提高，同时社会保障制度也日趋完善，随着我国政府颁布了《中华人民共和国社会保险法》，整个社会保险体系的建设进程加快，为长期护理保险制度的构建奠定了坚实的基础。同时，这一时期我国老龄化、高龄化的进程逐步加快，失能老年人的数量也不断攀升，对长期护理保险制度的需求也越来越迫切。因此，在这一时期，主张建立以社会保险为主的长期护理保险体系成为学术界的主流观点。很多学者认为社会长期护理保险制度的普遍性、保障性、强制性、非营利性等优势，可以为更多有长期护理服务需求的失能人群提供成本较低的基本保障。

戴卫东（2011）提出，我国商业保险本身存在着成本较高和发展经验不足等问题，很难通过商业保险模式将长期护理保险制度推广到覆盖我国大部分老年人群。相比较而言，在社会长期护理保险制度模式下，公众以自己的收入统筹互济，由国家制定相关法律法规，组织人员进行管理，并适当给予一定的财政支持。这种社会互助式长期护理保险制度模式更能有效地处理社会风险，满足我国失能老年人的普遍需求。张广利和马万万（2012）提出，一国社会保障制度因关系到大多数公众的基本利益，具有公益性质，只有由政府作为主导，才能更好地保障政策和制度的公平性。因此，长期护理保险制度作为我国社会保障制度体系中的一部分，也应该是公益性质的。如果长期护理保险由市场提供，并以商业方式运行，那么利益最大化的市场目标必然使长期护理保险的公益性无法体现，最终很可能只为少数参保者提供长期护理服务，并形成“逆向选择”，损害社会公平。相对而言，社会长期护理保险制度在公平性方面具有显著优势，遵循了社会保障制度的改革方向，符合我国的社会保障传统。

在建立社会长期护理保险制度的主张中，部分学者建议我国构建与目前已有的社会保障险种进行资源共享的制度，可以依托基本医疗保险或养老保险的平台，将长期护理保险与基本医疗保险或基本养老保险制度相衔接。也有部分学者认为，我国应该构建独立的长期护理保险制度，王东进（2015）认为，应该将我国目前的养老、医疗、失业、工伤、生育这“五大险种”扩充为包括长期护理保险在内的“六大险种”，这种做法不仅能够有效缓解老年失能人群的长期护理问题，同时也使我国社会保障的险种布局更加完善。

在这一时期，主张建立单一的社会长期护理保险的学者们强调商业保险的缺陷，认为单一的商业长期护理保险制度无法保障失能老人日益普遍的长期护理需求，认为社会长期护理保险制度能够对这一点进行弥补，因此更加符合社会保障政策的公平性要求。同时，从我国社会保障体系的布局高度来看，长期护理社会保险的发展能够使我国社会保障体系更加完善。

3. 主张建立“社商协作”长期护理保险制度阶段

2016 年我国颁布了《关于开展长期护理保险制度试点的指导意见》，明确提出了要建立全国长期护理社会保险，鼓励商业保险，探索建立多层次长期护理保障制度的要求。因此，在这一阶段国内学术界尝试从社会保险与商业保险的协作机制出发，探索构建既适合我国国情，又可以充分满足老年人护理需求的“社商协作”的长期护理保险制度。

孙正成和兰虹（2016）从社会长期护理保险和商业长期护理保险的“供需困境”出发，发现民众对长期护理保险虽然有比较强烈的参保意愿，但两种模式的长期护理保险制度的供给均存在明显不足。想要破解这种供需困境，离不开政府和市场的共同作用，因此要建立长期护理保险制度开放协调的发展理念，社会保险要与商业保险互相衔接。杨菊华和杜声红（2018）基于我国目前长期护理保险制度试点城市的实施情况，发现目前试点城市大都依赖社会保险经办机构或医疗保险经办机构，大大增加了社保经办机构的工作负荷和工作难度。因此，可以引入专业的商业保险公司参与到社会长期护理保险的建设中，减轻建设的压力。张晏玮（2018）认为，我国应当兼顾商业性和社会性长期护理保险的发展，以社会性长期护理保险为主，发挥社会保险覆盖面广的优势，辅之以商业性长期护理保险，开发多样化的商业长护险产品，使两者有机结合，充分发挥政府与市场的双重作用。

部分研究也进一步为我国构建“社商协作”的长期护理保险制度机制提出了一些建议。张举国和李长远（2017）提出，政府应从法律层面做好长期护理保险制度的顶层设计，加大财税的支持力度；而商业保险公司因其在基金投资管理、专业人才培养等方面具有优势，可以进行科学设计、精确计算，全面参与到社会长期护理保险制度的运行中，让社会长期护理保险制度能更有效地运行，保障长期护理保险制度的可持续性。李新平和朱铭来（2018）提出类似的主张，即政府负责制定长期护理保险相关法律法规，监督经办机构的管理和服务，为无法负担长期护理保险费用的低收入人群提供财政支持；商业保险公司等经办机构可以发挥精算定价优势，设计社会保险和商业保险的缴费标准和给付责任。刘涛和孙正华（2017）提出，可由商业保险公司设计与社会长期护理保险相补充的保险方案，通过产品捆绑，使商业长期护理保险与社会长期护理保险的联系更为紧密，并参与到社会长期护理保险的运营管理中。与此同时，政府可以对长期护理保险相关产品实行税收等优惠，刺激公众的购买意愿，促进长期护理保险市场的发展。

在这一时期，学术界突破了“平行模式”下两种保险“各司其职”的简单思路，对社会长期护理保险和商业长期护理保险的协作机制进行了深入的探索，进一步提出：政府不仅参与到社会长期护理保险制度的构建，也参与到商业长期护理保险的发展中；同时，商业护理保险能够在追求自身营利的过程中，发挥自身的独特优势，参与到社会长期护理保险的运行和管理中。通过社会长期护理保险和商业长期护理保险的协调配合，充分满足失能老年人多样化的长期护理需求，有利于我国长期护理保险制度的可持续发展。

（二）实施“社商协作”模式的必要性

由于单一的社会性长期护理保险与单一的商业性长期护理保险都有其局限性，在实施过程中不能达到最优配置，而实行“社商协作”模式可以整合资源、优势互补，发挥其优越性，所以实行“社商协作”模式有其必要性。

1. 单一社会长期护理保险的困境

（1）筹资难度大，资金来源不合理。资金是长期护理保险制度构建的核心内容，也是长期护理保险平稳运行的物质基础，资金问题是制度构建过程中的首要问题。我国长期护理保险的筹资责任主体一般是政府、企业和个人三方。个人是长期护理保险的直接受益者，当发生保险范围内的事故时，可以获得直接护理服务或者是护理费用补偿，个人在享受保险保障的同时也要支付相应的保险费。由于社会性长期护理保险属于社会保险的范畴，而政府作为组织主体，在对弱势群体的资金减免、资金收不抵支时，发挥兜底作用。但是在我国目前经济发展放缓、地区发展不平衡的背景下，政府的资金压力加大，在长期护理保险费用方面的支出必然会挤占其他领域的支出，使得经济欠发达地区的政府资金更为紧张，筹资难度加大。

企业作为劳动力的雇用者和使用者，也有为企业职工缴费的义务，但是我国企业目前面临着社会保险缴费负担沉重的问题，企业不仅要为员工缴纳住房公积金，还要承担费率高达30%的失业保险、养老保险、工伤保险、医疗保险和生育保险，且在与其他国家的横向比较中，我国企业所负担的保险费率也处于较高水平，这直接导致了企业负担过重和用人成本过高，企业在等边际法则的影响下，会更加倾向于用资本替代人工，这将对就业产生不利影响。虽然我国已经明确将企业的保险缴费率降低至20%，但伴随我国人口老龄化趋势凸显和失能失智群体的扩大，企业作为长期护理保险的主要筹资主体之一，仍然要承担员工部分长期护理保险费用，且未来企业所负担的长期护理保险费率有上升的趋势。综上所述，筹资难度大和资金来源不合理都给长护险制度的构建带来了很大压力。

（2）保障水平低，难以满足高层次需求。社会性长期护理保险属于社会保险，发挥着广覆盖、保基本的作用，是为社会成员的基本生存需要给予物质帮助的保险，保障水平由国家经济发展水平、个人贡献等因素决定，我国仍属于发展中国家，经济发展水平与发达国家之间仍存在着较大差距，我国社会保险的保障水平普遍较低。对于长期护理保险而言，其护理等级和护理水平缺乏统一的标准，并且护理服务质量难以保证，对于一些具有高层次护理服务需求的投保人来说，单一社会性长期护理保险难以满足其需求。

2. 单一商业长期护理保险发展的困境

（1）群众认知度低，宣传力度不够。长期护理保险这一概念在学界出现较早，但是长期护理保险对于普通群众来说较为陌生，我国的长期护理保险仍处于试点探索阶段，覆盖人群并不广泛，而我国的长期护理保险作为社会保险，对商业性长期护理保险具有挤出效应，群众对于商业性长期护理保险的认知度仍然较低。

一方面，当前我国国民健康观念和保险意识仍较为浅薄，并且受传统“养儿防老”“家庭养老”观念的影响，大多数居民更加倾向于居家护理，即家庭内部解决养老及失能失智问题，对商业性长期护理保险的关注度和认知度不够。另一方面，由于我国目前缺少长期护理保险的发展经验，并且商业性保险产品较为匮乏，受传统保险销售渠道以及保险代理人的认知度低的影响，保险公司对于商业长期护理保险的宣传力度不够。

（2）产品创新不足，难以满足多样化需求。当前我国商业长护险产品类型单一，产品趋于同质化。一方面，由于护理服务产业发展并不成熟，长期护理机构管理方式、服务供给、评价机制、基础设施建设等都不够健全，并且医疗机构对于失能失智的评定标准并未统一化，其与长期护理机构之间的衔接不够紧密。这种建立在长期护理产业链上的合作模式难度极大，不利于保险公司进行产品开发与创新。另一方面，我国的长期护理保险处于起步阶段，所积累的数据和经验严重不足，并且很多数据与信息不能共享，使得保险公司产品开发和定价缺乏依据。

（3）业务规模小，市场有效需求不足。我国的保险市场仍处于潜力较大但开发不足的阶段，无论是需求端还是供给端的开发都不够充分。从需求端来看，我国经济持续稳定发展、人口众多，居民人均可支配收入不断上升，越来越多的人有足够的财力购买商业保险以分散风险，但是，有相当一部分居民对于商业保险的认知度和购买意愿不高，对于商业保险的购买局限于强制保险或者法定保险。在人身保险方面，购买商业性保险以分散和预防风险损失的意识不强，仅将其作为社会保险的补充，市场有效需求不足。从供给端来看，根据我国国民特点，商业性人身保险的开发着重于死亡保险、医疗保险和疾病保险等，对于护理保险的开发并不充分，一方面，与养老护理机构的衔接不够紧密，另一方面，缺乏需求数据、精算数据等，难以进行产品开发，尤其是对于新兴的、建立在护理产业链上的长期护理保险，其产品开发、定价、风险控制、保险金给付等方面都有很大难度，限制了保险市场的供给，导致商业长护险业务规模较小。

3. “社商协作”模式的优势

（1）政府统筹能力与保险公司的专业化经营相结合。政府作为公共服务和公共产品的提供者，以及整个社会运行的统筹者，可以统筹整个社会的资源，包括信息、资金、管理、人才、科技等资源，具有商业性保险机构不可比拟的优势，不仅可以与医疗机构、护理机构、养老服务机构密切联系，协同配合，共享信息，统筹整个护理服务产业链，而且政府在长期护理保险的服务范围界定和护理服务等级划分等方面都具有优势。相对而言，保险公司拥有市场化、专业化的运作模式，配有专业的精算人员，并且有强大的保险资金的支持，在专业人才和资金方面有其独有的优势，并且保险公司有着专业的风险防控能力，在长期护理保险的运行过程中可以更好地防范风险，以保障投保人的利益。在长期护理保险运行中实行社商协作可以将政府的统筹能力与商业保险公司的专业化经营相结合，既发挥好政府作用，又能更好地发挥市场作用。

（2）商业保险可从筹资、服务和管理三个维度参与长期护理保障制度建设。在筹资方面，商业保险与长期护理保险相辅相成，商业保险主要弥补社会保险保障能力的不足，即社保保基本、商保做补充。商业保险和社会护理保险之间相互促进发展，社会护理保险试点启发了民众的保险意识，促进商业护理保险的销售。不过，社会护理保险的政策设定也限定了商业护理保险的发展边界和模式。

在护理服务体系建设方面，商业保险公司是推动护理服务体系建设的重要社会力量。商业保险公司目前通过自建养老设施、股权投资养老机构、通过分享管理经验和标准改善其他机构管理三种方式参与护理服务体系建设。这种做法与商业保险公司特点相适应，如保险资金的长期负债与养老服务产业这一长期资产间是很好的协同；保险公司保障对象与客户资源之间能够很好匹配，从而实现保险业和养老服务业很好的结合，诞生了一个新的养老闭环的商业模式。此外，在医疗保险领域，由于商业保险未参与服务体系建设，商业健康险发展遭遇诸多问题。因此，商业保险公司有愿意参与整个养老服务产业链的布局。

在经办管理服务方面，商业保险机构是护理保险经办管理体系建设的一个战略合作伙伴。从长期护理保险制度的试点城市经验来看，商业保险公司在制度设计、经办服务、过程管理、信息化建设等方面参与了护理保险制度建设。这些引入社会化力量参与经办管理的试点城市，基本为政府主管部门作顶层设计、监督、考核，商业保险公司提供具体经办服务。

（3）商业保险公司参与长期护理保险制度的建设具有其独特优势。商业保险公司参与长期护理保险制度的建设，是政府与商业保险公司双向选择的结果。一方面，政府可以充分利用现有的社会资源；另一方面，可以发挥商业保险公司在经营管理、风险防范、服务网络等方面的独特优势。

第一，商业保险公司具备专业的风险管理和承保理赔技术，商业保险公司将风险管理和控制技术运用到长期护理保险中，对其评估和支付等各个环节制定严格的风险控制技术，可以降低道德风险。

第二，商业保险公司的参与可以降低长期护理保险制度的运营成本，提高资源的使用效率。长期护理保险制度的建设和运行是一项复杂的系统工程，需要有完善的配套政策以及相关部门之间的协调配合。因此，为了保证长期护理保险制度的正常运作，需要配置足够的人力、物力，建立相应的服务队伍，才能提供高效优质的长期护理服务。而商业保险公司可以运用现有的服务平台、业务系统以及技术人员等资源参与长期护理保险制度的建设和运作，减少资源的重复投入，提高资源的利用效率。

第三，商业保险公司的参与可以减轻政府相关部门的压力。委托商业保险公司参与长期护理保险的经办管理服务，政府可以通过支付较少的费用购买商业保险公司的服务，将长期护理保险的事务性工作交由商业保险公司承办，使原经办机构从繁琐的审核赔付工作中解脱出来，可以集中精力从事监管工作，形成以政府为主导，人社、卫生、民政、财政等部门监督，商业保险公司经办的机制，减轻政府相关部门的压力。

（三）“社商协作”模式的分类

（1）以德国为代表的双轨运行模式。德国的社会长期护理保险制度的保障程度适中，护理对象需部分自负费用，这种做法有利于长期护理保险制度的可持续运行，同时也给商业长期护理保险的发展留出了空间。德国政府鼓励社会长期护理保险的参保人投保商业护理保险作为补充，并在 2013 年引入鼓励计划：如果个人每月向商业保险缴费 10 欧元以上，那么可获得 5 欧元缴费补贴，商业保险机构提供不同的护理补充保险供客户选择。比如，50 岁男性可以每月支付 18 欧元购买商业护理补充保险，外加 5 欧元补助，这 23 欧元保费可以提供每月最高约600欧元的待遇支付①。

（2）以新加坡为代表的公私合作模式。新加坡2002年开展护理保险制度——乐龄健保计划，利用个人医保账户资金购买护理保险，委托商业保险机构进行承办。在乐龄健保计划推出后，满40岁时的公积金会员，包括新加坡国民和永久居民，如果没有选择退出，则都享受自动参保。2007年乐龄健保改革后，为满足更高程度的护理保障需求，新加坡政府推出了乐龄健保补充计划。在补充计划下，投保人可获得更多的护理保障。一是更高的每月护理金额和一次性支付的赔偿金。二是保证终身护理保险支付利益，让客户安心。三是全面的利益，包括受养人照护利益、康复利益或死亡保障等。

（3）以法国为代表的补充保险模式。法国由于其社会长期护理保险的保障程度较低，部分居民还购买了商业补充长期护理保险。法国商业补充长期护理保险有两个特点：一是基于社会保险之上的补充。补充保险赔付是基于社会护理保险的发放，即被保险人一旦申请社会护理保险津贴，补充保险赔付即可启动，一般针对重度失能人员。二是发展团体护理保障。这是社会护理保险的延伸，参保企业的在职和退休员工都可享受补充护理保障。

（4）以美国为代表的市场主导、政府保底模式。美国没有建立覆盖全民的长期护理保险体系，在社会医疗保障体系中，老年医疗保健和医疗救助等项目提供了部分的长期护理保障。美国坚持“市场主导、政府保底”的原则，在强调个人责任的前提下，利用适当的税收优惠政策支持商业长期护理保险的发展。美国主要发展个人长期护理保险产品，但是由于产品设计复杂，难以管理，特别是由于定价经验不足，大量商业保险机构因为亏本而退出市场。目前的长期护理保险产品在初始定价中采取适当保守假设，包括利率、退保率、护理发生率和死亡率等。商业保险机构难以预测30年到40年间的风险，因此采用“年度保费重估”模式取代“平准保费”模式。

（四）我国长期护理保险制度“社商协作”模式的探索

基于商业保险介入长期护理保险试点工作的程度视角，按照商业保险公司在经办服务、基金管理、基金收缴和制度设计等方面的功能差异，可以将我国长期护理保险“社商协作”模式大体分为三类。

① Theobald H, Hampel S. Radical Institutional Change and Incremental Transformation: Long-Term Care Insurance in Germany [J]. Reforms in Long-Term Care Policies in Europe, 2013.

1. 政府购买+商业保险公司服务型

在这种模式制度下，商业保险公司系服务提供者，与政府签订购买服务合同，提供相应服务并收取服务费。运作模式是：政府管理机构对经办机构进行管理；经办机构在政府相关管理机构的指导下，制定行业准入资格条件，对商业保险公司进行公开招标，并向政府管理机构汇报工作进展的情况。公开招标、竞标结束后，经办机构与中标的商业保险公司签订合同，约定双方的权利与义务。经办机构对中标的商业保险公司承担主要的监管职责，及时矫正制度运行过程中发现的问题，向政府管理机构反馈。中标商业保险公司负责失能等级申请受理与核查、稽核控费、经办规程制定、信息系统建设等经办管理工作，而长期护理保险的基金管理工作则由政府管理机构来承担。

具体到失能评定环节，根据评定主体的差异存在两种类型：一是由商业保险公司自身承担失能等级鉴定的相关工作，对参保人进行失能评定，并审核失能评定报告，申请者通过审核后即可享受失能照护服务；二是由商业保险公司另寻第三方机构承担失能等级鉴定功能，第三方机构进行失能评定并将失能评定报告反馈给商业保险公司，由商业保险公司进行复核，通过复核的参保人可以依法享受长期护理服务。

这种模式下的“社商协作”长期护理保险制度，政府的主导性较强，掌握绝大多数长期护理保险相关权限，只授予商业保险公司管理基础经办业务及失能评定审核的权限。此种方式商业保险公司灵活性小、盈利低，因此在推动长期护理保险制度发展的动力不足，仅是完成任务式的工作。

2. 政府委托+商业保险公司代理型

在这种模式下，政府将更多的权限下放给商业保险公司，主要是在基金收缴方面。“政府委托+商业保险公司代理”模式中主要包括四大主体：政府管理部门、社保经办机构、商业保险公司和护理服务机构。其中，政府管理部门位于制度设计的顶层，直接负责经办机构和护理服务机构的日常行政管理工作。市、区社保经办机构，负责选择辖区内的护理服务机构，与其签订协议，并依法对其进行监督管理。商业保险公司在该种制度模式下拥有的职能除“政府购买+商业保险公司服务”模式下的权限外，还具备基金管理的职能，并与社保经办机构共同负责长期护理保险的相关经办工作。护理服务机构负责对通过失能评定的参保者提供长期护理服务。

这种模式下的“社商协作”长期护理保险制度，商业保险公司扮演“代理人”的角色，营利性超过前类模式，其积极性有所提高。

3. 政府补贴+商业保险公司运营型

在这种模式下，商业保险公司主导并接管了几乎所有的长期保险业务，包括基金投资运营管理与制度设计与修正，发挥核心作用。相较而言，政府的权力有限，只对商业保险和护理设施进行初步审查和日常监控，并根据相应的比例向不同年龄的参与者提供补贴。

这种模式下的“社商协作”长期护理保险制度，显著提高了商业保险公司参与长期护理保险管理的意愿和积极性，政府也能极大程度上减轻行政压力并降低腐败可能性。同时，相比于“政府委托+商业保险公司代理型”模式，商业保险公司享有基金投资运营管理与制度设计与修正职能权限，能最大限度实现长期护理保险体系的一体性与办事流程的精简性。

4. 三种模式的比较

在三种“社商协作”的长期护理保险模式下，经办效率都得到了显著提升。并且，大型商业保险公司具有完备成熟的业务管理系统，能够对比不同的长期护理服务机构有针对性地提供个性化的服务，商业保险公司参与长期护理保险经办业务能够有效降低运营成本，提高资源的使用效率。

其中，“政府购买+商业保险公司服务”型和“政府委托+商业保险公司代理”型拥有更高的参保率，而“政府补贴+商业保险公司运营”型拥有更高的保障水平，造成这一现象的主要原因是保险的性质不同。前两种模式本质上没有脱离传统社会保险的性质，所以其覆盖群体往往以当地医疗保险覆盖群体为基础，覆盖率较高。但同时也会导致前两种模式仅能达到基本的保障水平。而“政府补贴+商业保险公司运营”型实质上是一种商业保险模式，政府往往采取非强制参保的方式，因商业保险公司逐利性而导致的逆向选择使得制度覆盖面远比不上前两种模式，但高额的保费往往带来的是更高水平的保障。

同时，政府对制度风险的控制力与模式的激励性成反比。在“政府购买+商业保险公司服务”模式下，商业保险公司仅负责基础的经办业务，政府对制度的掌控力较强，可以及时纠正制度运行中产生的风险。在“政府委托+商业保险公司代理”的模式下，商业保险公司能够参与基金管理的环节，负责长期护理保险保费的收缴工作，虽然这一环节不涉及基金的投资运营管理，但是商业保险公司可以向政府收取一定的基金管理费用，商业保险公司出于自身利益最大化的考量，往往倾向于提升自身业务能力，积极参与到招标工作中。在“政府补贴+商业保险公司运营”模式下，中标则意味着几乎全权负责该地区的长期护理保险业务，完全对长期护理保险基金负责，并且可以获得政府的支持。出于盈利最大化的考量，该地区商业保险公司参与到长期护理保险竞标中的积极性最高。随着基金管理业务的逐步转移，政府应对风险的能力渐渐被削弱。但是，基金管理权限越大，对商业保险公司竞标的激励性越大。

（五）我国试点地区“社商协作”模式的实践

我国自长期护理保险制度开始试点实施以来，大部分试点城市均采用了“社商协作”的发展模式，呈现了长期护理保险合作的多样化样本。

1. 承德市

承德市自2017年长期护理保险制度启动实施以来，建立并完善了长期护理保险“五个三”制度体系，即“三”类优先保障对象为城镇职工、长期失能群体和重度失能人员，“三”方筹资机制为政府财政补贴、医保资金划拨和个人缴费，“三”种服务方式为医养结合、养老服务和家庭护理，“三”个险种划分为长期护理保险、医疗保险和工伤保险，“三”大体系为失能鉴定、护理服务和质量评价。

承德市立足实际，搭建了多方参与和高效优质的长期护理保险运行机制，建立了“社保经办+商保承办+行政监督”的经办管理机制，由承德市职工医保中心负责制定具体实施办法和政策标准，后续政府将通过公开招标和购买服务的方式委托具有资质的商业保险公司负责具体业务经办，发挥商业保险公司的专业优势，实现社会效益和经济效益的统一。同时，通过行政监督加强对商业保险公司承办长期护理保险工作的指导，强化绩效考核，促进商业保险公司提高承办的护理服务管理工作水平，并且由行政部门全程参与经办管理，及时发现并解决制度运行过程中存在的问题。

医保行政部门与商业保险公司通过签订合作协议书通力合作、权责明确，共同落实长期护理保险制度的实施。医保行政部门主要负责长期护理保险政策、管理办法的制定工作，同时协同资金筹集和医保基金运用的管理和监督工作，通过定期检查和日常抽查以及建立投诉举报渠道等方式对商业保险公司的经办业务进行监督；商业保险公司通过参与竞标获得经办业务权利，将长期护理保险参保人员列为被保险人，主要负责具体的业务操作，包括前期对于参保人员的初步审查、失能失智人员的鉴定和组织、落实待遇给付与核查工作。双方采用联合办公方式，明确角色定位，合作开展长期护理保险业务。

2019 年承德市医疗保障局公开招标长期护理保险承办机构，该工作由富有经验和数据积累的中国人寿保险股份有限公司承德分公司、中国太平洋人寿保险股份有限公司承德中心支公司、泰康养老保险股份有限公司河北分公司共同承办，此举大大提高了服务质量和效率，充分发挥了商业保险公司的专业化优势。在经办业务方面，为将长期护理保险经办工作的全流程纳入统一体系，太平洋医疗健康公司创造性地研发了“智慧长护经办平台”，该平台投入使用将有利于推动长期护理保险一体化、集约化经办业务发展，同时，“智慧长护经办平台”还引入了大数据技术，利用大数据进行分析与决策，为多层次医疗保障体系建设持续提供智慧支持。

2. 青岛市

青岛市于 2015 年与 2017 年两次向社会进行公开招标，中国人民健康保险股份有限公司（以下简称“人保健康”）最后中标，负责青岛市长期护理保险的部分经办管理职能。除一系列日常管理、系统建设和失能评定职能外，人保健康还拥有部分基金管理的职能，使商业保险公司的权限进一步扩大。但是，青岛市政府授予人保健康的基金管理职能仅限于基金收支管理，并不包括基金投资运营管理。

在青岛市的模式下，首先，社保经办机构与商业保险公司共同负责失能评定工作。《青岛市长期照护需求等级评估实施办法》规定，中标商业保险公司负责长期护理服务申请者的失能评定，民政部负责其他服务申请者的失能评定。失能评定人员必须通过初步审查，方可根据不同的服务需求向民政部或者商业保险公司在线递交申请。商业保险公司收到失能评定申请后，委托专业的失能评定机构负责失能评定工作。这种做法可以在一定程度上减少商业保险公司有意降低被评定者失能等级的风险。其次，青岛市的商业保险公司拥有基金收缴职能，在一定程度上提升了商业保险公司参与长期护理保险经办的积极性。但是，由于青岛市的长期护理保险制度依附于现有的基本医疗保障制度，长期护理保险基金也主要从基本医疗保险基金中划入，缺乏独立运作的空间，因此并不能直接将长期护理保险基金交给商业保险公司进行投资运营管理。

3. 北京市海淀区

北京市海淀区本着“管办分离”的原则制定长期护理保险政策，在实践过程中实现了“社保搭台，商保竞技”的市场化运作模式。海淀区人民政府和中国人民人寿保险股份有限公司（以下简称人保寿险）于 2015 年签订协议，由人保寿险在北京市海淀区开办长期护理保险服务，政府提供一定的补贴。2016 年，北京市海淀区政府发布了《海淀区居家养老失能护理互助保险实施细则（试行）》，进一步明确人保寿险的职能，包括：基础经办业务、基金结算管理、基金投资管理等，政府只负责监管和制定服务标准。失能评定工作也全权交由商业保险公司负责，申请者直接向商业保险公司递交相关材料，商业保险公司审核通过后委托失能评定机构对申请人进行失能评定，并将失能评定报告反馈给商业保险公司，由商业保险公司决定是否通过。

但是，北京市海淀区的长期护理保险制度存在缴费率过高而参保率较低的问题。目前，北京市海淀区存在三种主流商业长期护理保险，分别是中国人寿推出的国寿康馨长护险、国泰人寿推出的康顺长护险和人保健康推出的全无忧长护险。相关数据表明，北京市城镇居民人均年筹资水平是大部分试点城市的近 20 倍，但仅有 2. 8%的居民愿意投保商业长期护理保险，即便是社会长期护理保险，也仅有 69. 7%的居民愿意参保①。较低的参保意愿和沉重的缴费负担给北京市海淀区长期护理保险的发展带来了负面影响，长期护理保险的风险分担和损失补偿分担机制受损，制度的可持续性并没有达到预期效果。

4. 总结

目前，我国商业长期护理保险市场并不完善，供求格局完全不能有效满足老年人的长期护理需求。从需求侧面看，当前我国国民健康观念和保险意识仍较为淡薄，并且受传统“养儿防老”“家庭养老”观念的影响，大多数居民更加倾向于居家护理，即家庭内部解决养老及失能失智问题，对商业性长护险的关注度和认知度不够。从供给侧面看，由于我国医疗机构对于失能失智的评定标准并不完全统一，与长期护理机构之间的衔接也不紧密，这就使保险公司在进行产品开发与创新时存在很大阻力，导致我国商业长期护理保险产品类型单一，产品趋于同质化。加之我国的长期护理保险处于起步阶段，所积累的数据和经验严重不足，并且很多数据与信息不能共享，使得保险公司产品开发和定价缺乏依据。目前我国所有涉及人身险的保险公司中，只有 23%的公司开展了商业性长期护理保险业务，且仅有 8 家保险公司推出过真正意义上的长期护理保险产品②。保险市场上的商业

① 北京市老龄工作委员会办公室发布的《北京市老龄事业发展报告（2021）》。

② 中国保险行业协会与瑞士再保险瑞再研究院 2023 年发布的《中国商业护理保险发展机遇——中国城镇地区长期护理服务保障研究》。

性长期护理保险产品和服务较为匮乏，活跃度较低，远远无法满足消费者需求。

我国商业长期护理保险的发展需要完善的制度环境和政策支持，商业长期护理保险需要借助于社会长期护理保险发展所搭建起来的基础设施，包括保障内容、评估标准、服务体系，以及培养起来的社会认知，找到自身发展的方向和路径，设计差异化的护理保险产品，对社会长期护理保险形成有效的补充。此外，如财税优惠、适当降低资本要求等支持性政策有助于调动商业保险公司的积极性，促进商业长期护理保险的发展，例如对超长期产品规定过高的资本要求可能推升产品价格，削弱商业保险产品的吸引力，此外，可以进一步完善医疗保险个人账户的功能。近几年，部分城市允许用医保个人账户余额购买惠民保、百万医疗等健康险产品的政策取得了非常好的市场反响。因此，未来如果可以在更多的城市实现用医保个人账户支付商业长期护理保险保费，将有助于提高投保率，使更多的年轻群体投保商业护理险。

第四章　我国长期护理保险可持续发展评价指标体系的构建

长期护理保险制度作为一项具体的社会保障制度，其实施与发展同一国的人口结构、经济发展与社会环境紧密相关，是一个需要长期规划并不断改革和创新以实现可持续发展的制度。为了保证长期护理保险制度的可持续发展，从纵向来看，在保障当代人基本生活的同时，要给后代人留下充分的资源；从横向来看，在保障具体人群利益的同时，要考虑整个经济和社会的承受能力，要有利于经济可持续发展和社会全面进步。因此，要对长期护理保险制度的可持续性进行正确评估，首先需要确定一个完整、科学、合理的评价指标体系，有助于科学评价长期护理保险制度的成效，促进长期护理保险制度可持续发展，推动“医养结合”和“健康中国”战略的有效实施。

第一节　评价指标体系的构建原则

判断一个社会保险制度体系是否具有可持续性，一个重要的标准就是判断其制度目标、制度模式及运行机制等制度元素是否科学，而衡量这些制度元素是否科学的一个重要标准就是养老保障制度体系能否有效满足社会成员的养老需求，从而得到广大民众的普遍认同。因此，在人口老龄化背景下，长期护理保险制度要能够实现长期可持续发展，其在制度模式选择及运行机制设计上要满足某些内在要求，主要体现在以下方面：

一、社会层面的可持续性

可持续发展的长期护理保险制度要能够实现失能老人老有所养，为失能老年人提供稳定的、可靠的长期护理服务。公平、正义、共享是社会保障制度的核心价值理念，也是长期护理保险制度建设应遵循的核心价值理念。公平的理念要求所有国民的养老与生存权益都能得以实现，以制度的形式保证失能老年人群的保障需求。社会成员有同等的机会参加长期护理保险，在参保人因失能、部分失能而需要长期护理服务时能公平地获得长期护理服务和享受经济补偿，不会因其拥有的社会特权不同而出现差别，其享受待遇范围和水平取决于其身体评定状况和长期医疗护理需要。正义的理念要求长期护理保险制度发挥收入再分配功能，以实现分配正义，同时要求相关利益主体充分参与到长期护理保险制度的监管过程中，以实现程序正义。共享的理念要求长期护理保险待遇与经济增长合理挂钩，在提高长期护理服务质量的同时，重视老年人的精神需求，以实现失能老年人对经济社会发展成果的共享。

二、财务层面的可持续性

可持续发展的长期护理保险制度要能够实现制度自身的长期财务精算平衡，并提高制度自身的运行效率。可持续发展的长期护理保险制度除了要提供稳定的、充足的失能老年人群需要的护理服务这一根本目标，还应理性选择适宜的技术方案，保障长期护理保险制度的长期财务平衡状况，提高养老保障制度自身的运行效率。影响长期护理保险制度长期财务平衡的因素众多，人口老龄化是其中的一个重要因素。在人口老龄化加速的背景下，扩大长期护理保险制度覆盖范围、合理设计制度的融资机制、构建高效的管理体制等方法是提高制度自身运行效率的重要途径。

三、制度层面的可持续性

可持续发展的长期护理保险制度要能够进行动态调整，具备一定的制度弹性。任何一个国家的社会保障制度都是建立在该国特定时期的特定制度条件之上的，当保障制度赖以存在的社会、政治、经济、人口结构、文化及社会主流价值取向发生改变时，客观上也要求制度本身要相应地作出调整。但作为一项正式的制度安排，长期护理保险制度也应在较长的时期里保持相对稳定性，为参保人员提供稳定的服务预期。这就要求政策制定者能够顺应社会经济转型的发展趋势，以发展的眼光、前瞻性的视角来规划长期护理保险制度的设计，使长期护理保险制度既有一定的开放性、制度弹性以及相对的动态可调整性；同时也具有制度的长期稳定性。

第二节　评价指标体系的筛选

一、评价指标体系的筛选原则

（一）正确导向性

评价指标体系的构建应以人力资源社会保障部印发的《关于开展长期护理保险制度试点的指导意见》和制定长期护理保险制度的基本要求为依据，能够体现长期护理保险制度的基本职责与定位，能够反映长期护理保险制度在履行社会保障责任、满足失能老年人对长期护理需求方面的有效性，能够衡量长期护理保险制度的稳定性和可持续性。

（二）整体性

评价指标体系的构建应按照规范的程序进行合理编制，各指标之间有内在的逻辑，各个指标彼此独立但又是相互联系的，是一个完整的统一体。

（三）科学性

评价指标体系的构建应采取科学的方法，使各指标均能够客观且准确地反映长期护理保险制度的可持续性水平，在具体选取指标时保持客观严谨的态度，避免受到主观因素的干扰、避免指标间内容的相互重复、避免信息错误等与事实不符的现象出现。

（四）可操作性

评估指标体系的构建是为了能对长期护理保险制度的可持续性进行评估，因此在进行指标选取时应具有相同的标准尺度和现实可操作性，既要考虑指标的可获取性，又要能对定性指标进行分级赋值打分，以便于进行计算和比较分析。

二、评价指标体系的筛选方法

（一）文献法

文献法是指通过阅读、分析、整理有关文献材料，全面、正确地研究某一问题的方法，它是一种最基础和用途最广泛的资料搜集方法，其基本步骤包括文献搜集、摘录信息和文献分析三个环节。目前文献法主要包括从报刊杂志、书籍、网络数据库、媒体、电视等渠道获得的文献资料，帮助研究者对问题进行进一步的认知与分析。本书采用的文献法主要搜集了两方面的资料：

第一，指标体系构建前的文献查找，对相关社会保障制度的可持续发展研究进行梳理和研究。查找的关键词为“长期护理保险”“可持续发展”“制度可持续性”和“制度可持续发展评价指标体系”等，梳理国内外关于长期护理保险可持续发展的研究过程与研究成果。

第二，从人力资源和社会保障部官方网站、国务院和各省市人民政府门户网站、国家信息中心网站和国家统计局官方网站等搜集我国长期护理保险制度的相关政策法规。如《关于开展长期护理保险制度试点的指导意见》《关于扩大长期护理保险制度试点的指导意见》《关于规范保险公司参与长期护理保险制度试点服务的通知》《“十四五”国家老龄事业发展和养老服务体系规划》和《上海市长期护理保险试点办法》等。从政府层面对长期护理保险制度的运行与发展进行分析和整理。

（二）德尔菲法

德尔菲法也叫作专家调查法，其本质是一种反馈匿名函询法，采用专家“背对背”的方式搜集意见，其大致流程是：

第一，经过文献法收集大量评估指标信息，经过整合形成初步的长期护理保险可持续发展的评价指标体系。

第二，将构建的《长期护理保险制度可持续发展的评价指标体系专家初步筛选调查问卷》和相关的支持性资料采用邮件寄送和现场发送的形式分发给各位专家，就各层次评价指标的合理性与充分性征得专家意见，各位专家充分发表意见后对调查问卷进行反馈。

第三，根据第一轮的专家反馈结果，整理、归纳和统计各位专家的意见后再匿名反馈给各专家，再次征求意见，再集中，再反馈，直至得到一致的意见。

德尔菲法作为一种利用函询形式进行的集体匿名思想交流过程，具有匿名性、反馈性和可统计性。

（三）层次分析法

层次分析法根据问题的性质和要达到的总目标，将问题分解为不同的组成因素，并按照因素间的相互关联影响以及隶属关系将因素按不同层次聚集组合，形成一个多层次的分析结构模型。层次分析法最大的优势是可以处理定性与定量相结合的问题，可以将决策者的主观判断与政策经验导入模型，并加以量化处理，是一种强有力的系统分析运筹学方法，适合于多因素、多准则、多方案的综合评价，对趋势预测相当有效。其实施步骤为：

第一，以通过德尔菲法确定好的指标体系为基础设计《长期护理保险制度可持续发展评价指标重要性调查问卷》，填答选项分为“同等重要”“稍微重要”“比较重要”“非常重要”“绝对重要”五个选项，专家根据自身专业和实践经验进行填答，在五个选项中只能选择一个作为答案，在此轮问卷中获得各指标的重要性权重计算的基础数据。

第二，回收、分析调查问卷并剔除无效问卷，按照层次结构模型将专家决策问卷的数据录入层次分析软件中进行检验。

第三，根据专家打分确定三级指标体系的权重，并进一步征求专家意见。

层次分析法是通过对评价目标进行逐层分解，细化指标，再对相关指标进行评判得分，并乘以相应权数后得出最终结论的分析方法。层次分析法中设定了检验环节，通过设立矩阵对专家判断的结果进行一致性检验，如果无法通过检验，则需要专家团队重新讨论设定权重值，直至通过检验为止，因此该方法有降低主观干扰，纠正不一致观点的优势。

三、评价指标体系的筛选情况

（一）评价指标体系的筛选标准

基于文献分析法构建了如表 4-1 所示的初始长期护理保险制度可持续发展的评价指标体系，并制作了《长期护理保险制度可持续发展的评价指标体系专家初步筛选调查问卷》。

表 4-1 初始长期护理保险制度可持续发展的评价指标

一级指标	二级指标	三级指标
社会的可持续性	服务性	护理服务机构
		护理服务人员
		护理服务内容
		护理服务满意度
	公平性	参保条件公平
		评估方案公平
		支付办法公平
财务的可持续性	覆盖范围	广度
		深度
	筹资渠道	多渠道筹资
		统筹层次
		与其他社会保障制度的依托关系
	支付待遇	支付标准
		待遇标准
		供给方式
制度的可持续性	政府	专门法规
		政策支持
		监督管理
	市场	知晓率
		保险公司参与
	定点服务机构	数量
		质量
		类型

在运用德尔菲法进行专家调查阶段，在调查问卷中将各指标的评价标准及得分划分为五个层次，其中：非常合适记 5 分、比较合适记 4 分、一般记 3 分、不合适记 2 分、非常不合适记 1 分。然后将回收的调查问卷中所有指标的专家评分平均数进行比较，如果平均分小于 3 分，那么代表该指标不适合或者非常不适合，直接删除该评价指标；对平均分大于等于 3 分的指标进行保留。

（二）德尔菲法问卷调查结果

实施德尔菲法专家小组共有 12 名专家，其构成如表 4-2 所示，将《长期护理保险制度可持续发展的评价指标体系专家初步筛选调查问卷》和相关的支持性资料采用邮件寄送和现场发送的形式分发给各位专家，专家采用匿名背对背的形式填写问卷，对每项指标是否适用于评价长期护理保险制度的可持续发展进行评价打分，在构建指标体系时作为指标取舍的依据。

表 4-2　专家小组信息

专家编码	性别	任职单位	专家性质	任职年限（年）
S1	女	高校	学术专家	20
S2	女	高校	学术专家	14
S3	女	高校	学术专家	12
S4	男	高校	学术专家	9
S5	男	智库	学术专家	5
S6	男	高校	学术专家	5
S7	男	高校	学术专家	3
G1	男	社会保障厅	政府人员	17
G2	男	社会保障厅	政府人员	8
G3	男	社会保障厅	政府人员	6
G4	女	社会保障厅	政府人员	4
G5	女	社会保障厅	政府人员	3

1. 第一轮德尔菲法调查结果

图 4-1 描述了第一轮德尔菲法中各一级指标得分的统计结果，采用专家评分的平均数来确定专家意见的一致性程度，保留专家打分大于等于 3 分的指标，删除专家打分小于 3 分的指标。

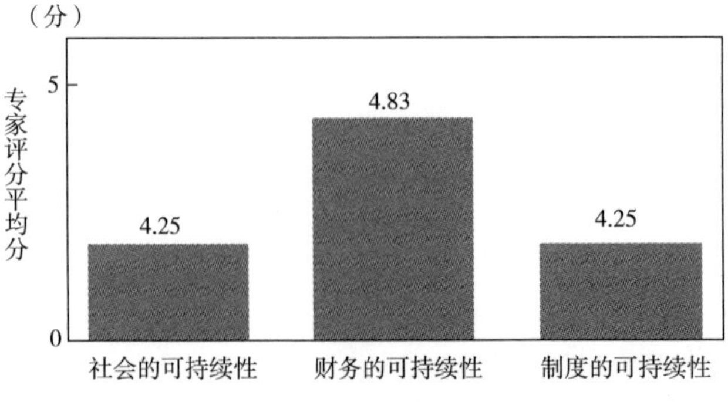

图 4-1　第一轮调查一级指标筛选情况

根据图 4-1 第一轮德尔菲法专家调查问卷结果，长期护理保险的社会可持续性、财务可持续性和制度可持续性 3 个一级指标的得分均大于 3 分，因此 3 个一级指标可以全部保留。无论是学术专家还是实务专家均认为此三项指标对于制度可持续发展有着至关重要的影响。

根据图 4-2 第一轮德尔菲法专家调查问卷结果，长期护理保险可持续发展评价指标体系中的 8 个二级指标的得分均大于 3 分，因此 8 个二级指标可以全部保留。专家评分反馈的结果显示，长期护理保险制度的公平性得分最高，说明专家认为社会保障制度的公平性对其可持续性发展的影响是最重要的，也有专家在反馈中专门强调了这一项指标。

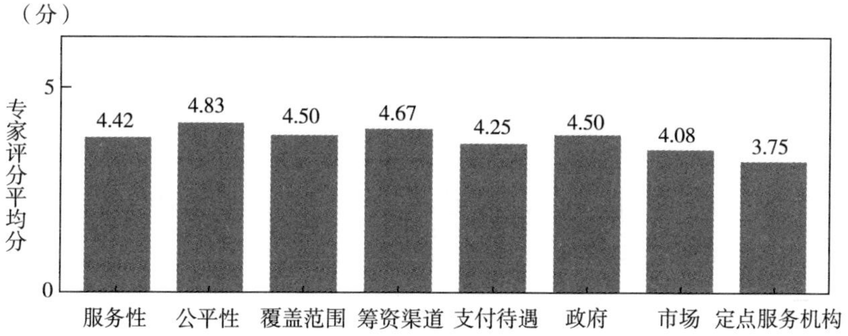

图 4-2　第一轮调查二级指标筛选情况

根据图 4-3 第一轮德尔菲法专家调查问卷结果，长期护理保险可持续发展评价指标体系中的 23 个三级指标得分中，在“公平性”二级指标下的三级指标“支付办法”得分小于 3 分，因此去除此三级指标。在“筹资渠道”二级指标下的三级指标“与其他社会保障制度的依托”得分小于 3 分，因此去除此三级指标。在“支付待遇”二级指标下的三级指标“供给”得分小于 3 分，因此去除此三级指标。

多名专家在反馈意见中指出，建议把“支付待遇”二级指标下的三级指标“供给方式”移动到“公平性”二级指标下，改为“供给方式公平”，因此在进行第二轮德尔菲专家咨询法时，将指标进行修改并提交给专家进行打分。

2. 第二轮德尔菲法调查结果

经过第二轮德尔菲专家咨询法对各位专家进行问卷调查，结果显示专家的意

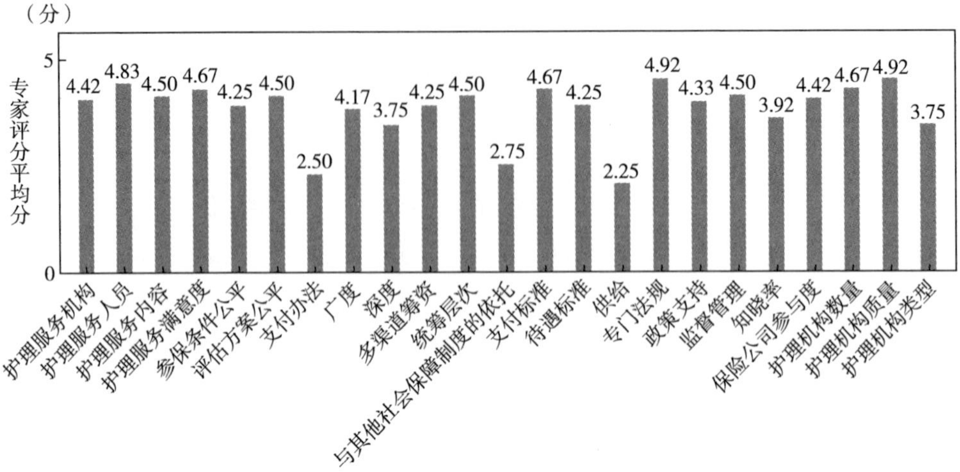

图 4-3 第一轮调查三级指标筛选情况

见达成一致，所有评价指标的专家评分平均分均大于 3 分，在此过程中未出现某位专家极端反对某一个评价指标的情形。最终确定的长期护理保险制度可持续发展的评价指标体系如表 4-3 所示。

表 4-3 长期护理保险制度可持续发展的评价指标体系

一级指标	二级指标	三级指标
社会的可持续性（A_1）	服务性（B_1）	护理服务机构（C_1）
		护理服务人员（C_2）
		护理服务内容（C_3）
		护理服务满意度（C_4）
	公平性（B_2）	参保条件公平（C_5）
		评估方案公平（C_6）
		供给方式公平（C_7）
财务的可持续性（A_2）	覆盖范围（B_3）	广度（C_8）
		深度（C_9）
	筹资渠道（B_4）	多渠道筹资（C_{10}）
		统筹层次（C_{11}）
	支付待遇（B_5）	支付标准（C_{12}）
		待遇标准（C_{13}）

续表

一级指标	二级指标	三级指标
制度的可持续性（A_3）	政府（B_6）	专门法规（C_{14}）
		政策支持（C_{15}）
		监督管理（C_{16}）
	市场（B_7）	知晓率（C_{17}）
		保险公司参与度（C_{18}）
	定点服务机构（B_8）	护理机构数量（C_{19}）
		护理机构质量（C_{20}）
		护理机构类型（C_{21}）

（三）长期护理保险制度可持续发展评价指标重要性赋值

1. 层次分析法的实施

（1）构建两两比较判断矩阵。按照层次结构模型对 12 名专家进行问卷调查，让各位专家对各评价指标重要性进行打分并求出各指标的得分平均值。然后按照两两比较的原则，将两两指标重要性得分的均值相比得出指标权重的对比值，构建如表 4-4 所示的两两比较判断矩阵 $A=a_{ij}(i=1, 2, \cdots, n)$，其中，$a_{ij}$ 是以上一层次要素为准则，对本层次的 n 个要素进行两两对比确定出来的。

表 4-4　层次分析法两两比较判断矩阵

A	C_1	C_2	C_3	…	C_n
C_1	a_{11}	a_{12}	a_{13}	…	a_{1n}
C_2	a_{21}	a_{22}	a_{23}	…	a_{2n}
C_3	a_{31}	a_{32}	a_{33}	…	a_{3n}
…	…	…	…	…	…
C_n	a_{n1}	a_{n2}	a_{n3}	…	a_{nn}

（2）计算单一层次下的指标权重。计算比较判断矩阵中每一列的要素 $L_j=\sum_{i=1}^{n} a_{ij}(j=1, 2, \cdots, n)$，然后将判断矩阵中的各要素除以其所在列的 L_j，得到归一化的矩阵 $\hat{A}$。

计算归一化矩阵每一行的均值 $H_i = \sum_{j=1}^{n} \hat{a}_{ij}/n$，得到 $H=(H_1, H_2, \cdots, H_n)^T$ 为单一层次下的指标权重。

计算各要素层次下的指标权重 $\delta_{max} = \sum_{i=1}^{n} (AH)_i/nH_i$。

如表 4-5 所示，计算各层次相对于目标层的相对合成权重。

表 4-5 层次总排序

层数	B_1	B_2	B_3	…	B_m	C 层权重
	b_1	b_2	b_3	…	b_m	
C_1	c_1^1	c_1^2	c_1^3	…	c_1^m	$C_1 = \sum_{i=1}^{m} b_i c_1^i$
C_2	c_2^1	c_2^2	c_2^3	…	c_2^m	$C_2 = \sum_{i=1}^{m} b_i c_2^i$
C_3	c_3^1	c_3^2	c_3^3	…	c_3^m	$C_3 = \sum_{i=1}^{m} b_i c_3^i$
…	…	…	…	…	…	…
C_n	c_n^1	c_n^2	c_n^3	…	c_n^m	$C_n = \sum_{i=1}^{m} b_i c_n^i$

基于公式 $C_i = \frac{\delta_{max}-n}{n-1}$，$CR = C_i/R_i$，对权重对比值构造的判断矩阵进行一致性检验，如果各指标层次的 CR 值小于等于 0.1，即咨询专家成员对于设定的指标矩阵具有相对一致性，那么计算得出的各指标权重值有效；如果各指标层次的 CR 值大于 0.1，即咨询专家成员对于设定的指标矩阵不具有一致性，那么需要返回进行第二轮修正。

2. 三级指标体系的权重

采用层次分析法（AHP 法），以长期护理保险制度的可持续发展作为目标层，以一级指标作为准则层，二级指标作为中间层，三级指标作为方案层，可构建如图 4-4 所示的层次结构模型。

接下来向各位专家发放如图 4-5 所示的调查问卷，供各位专家依据指标的重要性进行打分。

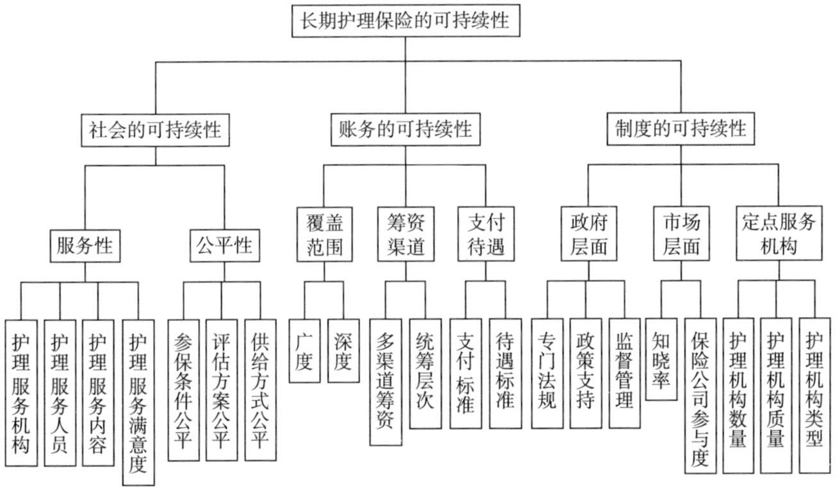

图 4-4　层次结构模型

长期护理保险的持续性									
	1 同样 重要	3 稍微 重要	5 比较 重要	7 非常 重要	9 绝对 重要	1/3 稍微 不重要	1/5 比较 不重要	1/7 非常 不重要	1/9 绝对 不重要
社会的可持续性 账务的可持续性	□	□	□	□	□	□	□	□	□
社会的可持续性 制度的可持续性	□	□	□	□	□	□	□	□	□
账务的可持续性 制度的可持续性	□	□	□	□	□	□	□	□	□
长期护理保险的可持续性—社会的可持续性									
	1 同样 重要	3 稍微 重要	5 比较 重要	7 非常 重要	9 绝对 重要	1/3 稍微 不重要	1/5 比较 不重要	1/7 非常 不重要	1/9 绝对 不重要
服务性 公平性	□	□	□	□	□	□	□	□	□
长期护理保险的可持续性—财务的可持续性									
	1 同样 重要	3 稍微 重要	5 比较 重要	7 非常 重要	9 绝对 重要	1/3 稍微 不重要	1/5 比较 不重要	1/7 非常 不重要	1/9 绝对 不重要
覆盖范围 筹资渠道	□	□	□	□	□	□	□	□	□
覆盖范围 支付待遇	□	□	□	□	□	□	□	□	□
筹资渠道 支付待遇	□	□	□	□	□	□	□	□	□

图 4-5　专家调查问卷

长期护理保险的可持续性—制度的可持续性									
	1 同样 重要	3 稍微 重要	5 比较 重要	7 非常 重要	9 绝对 重要	1/3 稍微 不重要	1/5 比较 不重要	1/7 非常 不重要	1/9 绝对 不重要
政府层面 市场层面	☐	☐	☐	☐	☐	☐	☐	☐	☐
政府层面 定点服务机构	☐	☐	☐	☐	☐	☐	☐	☐	☐
市场层面 定点服务机构	☐	☐	☐	☐	☐	☐	☐	☐	☐
长期护理保险的可持续性—社会的可持续性—服务性									
	1 同样 重要	3 稍微 重要	5 比较 重要	7 非常 重要	9 绝对 重要	1/3 稍微 不重要	1/5 比较 不重要	1/7 非常 不重要	1/9 绝对 不重要
护理服务机构 护理服务人员	☐	☐	☐	☐	☐	☐	☐	☐	☐
护理服务机构 护理服务内容	☐	☐	☐	☐	☐	☐	☐	☐	☐
护理服务机构 护理服务满意度	☐	☐	☐	☐	☐	☐	☐	☐	☐
护理服务人员 护理服务内容	☐	☐	☐	☐	☐	☐	☐	☐	☐
护理服务人员 护理服务满意度	☐	☐	☐	☐	☐	☐	☐	☐	☐
护理服务内容 护理服务满意度	☐	☐	☐	☐	☐	☐	☐	☐	☐
长期护理保险的可持续性—社会的可持续性—公平性									
	1 同样 重要	3 稍微 重要	5 比较 重要	7 非常 重要	9 绝对 重要	1/3 稍微 不重要	1/5 比较 不重要	1/7 非常 不重要	1/9 绝对 不重要
参保条件公平 评估方案公平	☐	☐	☐	☐	☐	☐	☐	☐	☐
参保条件公平 供给方式公平	☐	☐	☐	☐	☐	☐	☐	☐	☐
评估方案公平 供给方式公平	☐	☐	☐	☐	☐	☐	☐	☐	☐
长期护理保险的可持续性—财务的可持续性—覆盖范围									
	1 同样 重要	3 稍微 重要	5 比较 重要	7 非常 重要	9 绝对 重要	1/3 稍微 不重要	1/5 比较 不重要	1/7 非常 不重要	1/9 绝对 不重要
广度 深度	☐	☐	☐	☐	☐	☐	☐	☐	☐
长期护理保险的可持续性—财务的可持续性—筹资渠道									
	1 同样 重要	3 稍微 重要	5 比较 重要	7 非常 重要	9 绝对 重要	1/3 稍微 不重要	1/5 比较 不重要	1/7 非常 不重要	1/9 绝对 不重要
多渠道筹资 统筹层次	☐	☐	☐	☐	☐	☐	☐	☐	☐

图 4-5 专家调查问卷（续图）

长期护理保险的可持续性—财务的可持续性—支付待遇									
	1 同样 重要	3 稍微 重要	5 比较 重要	7 非常 重要	9 绝对 重要	1/3 稍微 不重要	1/5 比较 不重要	1/7 非常 不重要	1/9 绝对 不重要
支付标准 待遇标准	□	□	□	□	□	□	□	□	□

长期护理保险的可持续性—制度的可持续性—政府层面									
	1 同样 重要	3 稍微 重要	5 比较 重要	7 非常 重要	9 绝对 重要	1/3 稍微 不重要	1/5 比较 不重要	1/7 非常 不重要	1/9 绝对 不重要
专门法规 政策支持	□	□	□	□	□	□	□	□	□
专门法规 监督管理	□	□	□	□	□	□	□	□	□
政策支持 监督管理	□	□	□	□	□	□	□	□	□

长期护理保险的可持续性—制度的可持续性—市场层面									
	1 同样 重要	3 稍微 重要	5 比较 重要	7 非常 重要	9 绝对 重要	1/3 稍微 不重要	1/5 比较 不重要	1/7 非常 不重要	1/9 绝对 不重要
知晓率 保险公司参与	□	□	□	□	□	□	□	□	□

长期护理保险的可持续性—制度的可持续性—定点服务机构									
	1 同样 重要	3 稍微 重要	5 比较 重要	7 非常 重要	9 绝对 重要	1/3 稍微 不重要	1/5 比较 不重要	1/7 非常 不重要	1/9 绝对 不重要
数量 质量	□	□	□	□	□	□	□	□	□
数量 类型	□	□	□	□	□	□	□	□	□
质量 类型	□	□	□	□	□	□	□	□	□

图 4-5　专家调查问卷（续图）

最终，根据各专家的打分计算出长期护理保险可持续发展各评价指标的权重大小，结果如表 4-6 所示。

表 4-6　我国长期护理保险可持续发展评价指标体系

一级指标	权重	二级指标	权重	三级指标	权重
社会的可持续性（A_1）	0.54	服务性（B_1）	0.54 （0.2916）	护理服务机构（C_1）	0.25
				护理服务人员（C_2）	0.37
				护理服务内容（C_3）	0.14
				护理服务满意度（C_4）	0.24

续表

一级指标	权重	二级指标	权重	三级指标	权重
社会的可持续性（A_1）	0.54	公平性（B_2）	0.46（0.2484）	参保条件公平（C_5）	0.64
				评估方案公平（C_6）	0.25
				供给方式公平（C_7）	0.11
财务的可持续性（A_2）	0.16	覆盖范围（B_3）	0.24（0.0384）	广度（C_8）	0.75
				深度（C_9）	0.25
		筹资渠道（B_4）	0.21（0.0336）	多渠道筹资（C_{10}）	0.62
				统筹层次（C_{11}）	0.38
		支付待遇（B_5）	0.55（0.088）	支付标准（C_{12}）	0.56
				待遇标准（C_{13}）	0.44
制度的可持续性（A_3）	0.30	政府（B_6）	0.54（0.162）	专门法规（C_{14}）	0.47
				政策支持（C_{15}）	0.29
				监督管理（C_{16}）	0.24
		市场（B_7）	0.16（0.048）	知晓率（C_{17}）	0.60
				保险公司参与（C_{18}）	0.40
		定点服务机构（B_8）	0.30（0.009）	数量（C_{19}）	0.56
				质量（C_{20}）	0.32
				类型（C_{21}）	0.12

专家的调查结果表明，对我国长期护理保险可持续发展影响最大的一级指标首先是社会的可持续性，其次是制度的可持续性和财务的可持续性。对长期护理保险可持续发展影响最大的二级指标是制度的服务性、公平性，接下来是政府层面、支付待遇、市场层面、覆盖范围、筹资渠道和定点服务机构。对长期护理保险可持续发展影响最大的三级指标是参保条件的公平，影响最小的三级指标是定点服务机构的类型。

第三节　评价指标体系的内容

一、社会的可持续性

（一）服务性

1. 护理服务机构

目前提供长期护理服务的服务机构大体可分为三种类型：一是以定点医疗机构和社区卫生护理服务机构为主的医疗机构；二是专业的护理机构；三是专业的养老机构。长期护理服务机构是提供护理服务的主体，其本身的服务水平会直接影响长期护理服务质量的高低，进而影响长期护理保险制度的社会可持续性。因此，对提供长期护理服务的机构进行评价是评估长期护理保险制度可持续发展的重要内容之一。

近年来，随着我国人口老龄化形势愈发严峻，全国至少有数十万家的护理机构，但由于长期护理对护理机构有着特殊的要求，并非所有的相关机构都能承担起长期护理的责任，只有满足特定的资质才能成为长期护理保险制度下的护理服务机构。因此，对护理服务机构进行评价，一方面要评价其是否具有相应的从业资质，是否获得了行业主管部门同意开展相关服务；另一方面还要评价其是否具有提供长期护理需求的软硬件条件。在硬件设施方面，是否配备有必要的充足的护理设备，机构业务用房建筑面积是否达到相应要求，护理机构是否拥有足够的床位数以及床位数与护理人员数是否相匹配；在软件设施方面，服务机构是否配备了宣传栏或宣传资料，标明了长期护理保险政策、理赔所需资料、投诉电话等信息，是否建立有完善的服务管理制度及与长期护理保险管理相适应的内部管理制度，是否配备有符合长期护理保险联网结算要求的计算机管理系统，系统中被保险人信息是否完整，是否配备了专职管理人员。

2. 护理服务人员

护理机构内护理服务人员的水平会对长期护理服务的质量产生重要的影响，一般情况下，护理服务人员包括执业医师、专业护士、康复治疗师、养老护理员、健康管理师、心理咨询师、膳食营养师等。对护理服务人员的评价有两个：一是考察护理服务人员是否有相应的护理资质，是否具有医学专业背景，是否参加过养老护理、健康照护、康复技能等职业培训以及是否持证上岗等。二是要看护理服务人员的数量配置是否科学合理，重点考核专业服务人员与机构床位数之间的占比以及人员配备数量与机构实际服务需求是否相匹配两个方面的情况。

3. 护理服务内容

护理服务内容是评价长期护理保险制度社会可持续性的核心指标之一，主要考察长期护理服务的服务项目和服务标准。在服务项目方面，考察护理服务机构是否严格区分了医疗服务项目与护理服务项目以及具体提供哪些医疗服务、哪些护理服务；对基本生活照料、医疗保健、紧急救援、精神慰藉等是否有明确的护理清单；护理方式是否具有多样性，即是否包括医疗专护、护理院护理、居家医疗护理、社区巡护等。

在护理服务标准方面，重点考察以下三个内容是否符合相应的规范：一是护理服务时间是否充足、分配是否合理。在上午、下午和晚上这三个基础护理服务时间段是否符合护理服务时间标准，如遇特殊情况，能否在基础护理时间基础上根据实际需要作必要的调整。二是护理行为是否规范。护理机构是否就护理服务行为构建了相应的规章制度以及制度是否能贯彻执行，护理机构的护理服务行为是否严格遵循行业规范要求。三是护理服务流程是否规范。护理服务机构是否制定了科学严谨的护理服务流程管理制度，是否绘制了护理服务流程图，是否制定了护理违规处罚制度等来保障护理服务的质量。

4. 护理服务满意度

公众对护理服务的满意度可以定义为公众对护理服务的需求和期望与其实际服务体验之间进行对比后的主观感受，服务效果与自身期望水平越接近，其满意度水平就越高；相反，如果服务实际情况与公众期望值相差较远，那么公众的满意程度就越低。失能人员及其家属对护理服务的满意度也是评价长期护理保险制度社会可持续性的重要指标。

对护理服务的满意度一般取决于服务水平与服务价格水平。其中，护理服务水平包括护理机构所提供的各项服务是否符合行业规范、是否具有良好的服务态度，服务人员是否熟悉自己负责的失能人员的护理重点、治疗要点、饮食和营养状况、身体自理能力等情况，并能够及时与医师沟通，护理级别和参保人员的自理能力是否相符。参保人员或其家属是否了解护理标准及流程，是否有渠道反映护理工作的水平，护理机构是否能根据反馈意见来改进。服务价格水平包括护理费收费标准是否合理，护理费用报销率及个人自负占比是否科学，结算流程是否规范、简单明了，参保人员及其家属对结算制度的知晓度等。

（二）公平性

1. 参保条件公平

长期护理保险制度的参保条件是否公平是影响制度社会可持续性的重要评价指标之一，主要考察所有公民是否能够平等地享有参加长期护理保险的权利，以便在老年失能失智的时候可以从国家和社会获得必要的帮助。这种权利不因性别、民族、职业、区域等的差异而有所差别，所有的公民在参保权利方面应一视同仁。参保条件公平包括：是否所有公民均有参加长期护理保险的机会，不受经济状况、家庭出身等因素的影响。是否所有的公民均能够加入一个国家统一的长期护理保险制度体系中，没有区域和待遇方面的差异。

2. 评估方案公平

长期护理保险制度作为一项特殊的社会保障制度，其评估标准不是收入水平，而是评估参保者的失能程度是否达到了申请长期护理服务的最低标准，目的在于筛选出合理的服务对象。因此，对申请长期护理服务的参保人进行诊断时采用的失能认定评估方案，就成为判定参保人能否享受长期护理服务待遇的标尺，评估方案的公平性将对长期护理保险制度的社会可持续性产生重要的影响。

3. 供给方式公平

目前长期护理保险制度的供给方式主要包括现金给付和服务给付。现金供给是直接为保障对象提供现金补偿的供给方式。这种方式的优势是保障对象可根据自身需求购买物品或服务。现金支付的劣势在于以下两个：一是保障对象可能滥用补助金去购买非必需品；二是由于现金补偿的数额有限，很可能出现现金补偿不足以支付服务对象所需物品或服务的情况。

服务给付是指直接为服务对象提供食物、住房、医疗护理、生活照顾等服务的供给方式。这种方式可更有针对性地满足服务对象的特定需求，弥补了现金供给的部分缺陷。但这种方式也存在两个方面的不足：一是直接提供服务成本较高；二是在提供服务的过程中可能存在着被各个中间环节“截流”和“私吞”的风险。

因此，现金给付和服务给付方式均存在各自的优势与劣势，在评价长期护理保险制度的社会可持续性时，要从服务对象需求角度和供给主体的能力角度出发对长期护理保险服务的供给方式进行社会可持续性评价。

二、财务的可持续性

（一）覆盖范围

1. 覆盖的广度

长期护理保险制度的覆盖范围对其财务的可持续性有着至关重要的影响，在覆盖的广度上是否能做到全覆盖，是否根据公民的户籍和工作性质或其他社会保障制度的参保情况设立了准入门槛。

2. 覆盖的深度

长期护理保险制度的覆盖深度主要是指制度覆盖的年龄限制，部分实施长期护理保险制度的国家对覆盖人员的年龄设立了特别的限制条件。但随着一些疾病日渐呈现年轻化趋势，长期护理保险制度若只覆盖老年群体是远远不够的，相对年龄更低的中年人群也同样需要。因此在可承受范围内尽量将长期护理保险制度覆盖的年龄段扩大，可以体现其普惠性。

（二）筹资渠道

1. 多渠道筹资

长期护理保险的筹资渠道大体可以分为单渠道筹资和多渠道筹资两种类型，单渠道筹资一般是保险资金全部来源于基本医疗保险基金；多渠道筹资是基金来源渠道不止一个，一般包括基本医疗保险基金、政府补贴、企业、个人和社会捐赠等。责任共担的多渠道筹资机制对于长期护理保险制度的财务可持续性至关重要，多元化的筹资渠道能保证基金的平稳运行，如果筹资来源高度依赖于地方政府，一旦地方政府财政紧缩，将对制度运行的持续性造成严重威胁。因此，长期护理保险制度的筹资需要单位、个人和财政各出其力，同时可将社会捐助和福利彩票收益等社会筹资作为适当补充。

2. 统筹层次

近年来，随着我国人口老龄化以及地区间经济发展不平衡的问题逐渐加剧，人口流失地区在大量输出劳动力的情况下，不仅面临着人口老龄化程度更深和经济发展相对滞后的问题，也承受着越来越大的社会保险金支出负担与支付风险。我国的养老保险在建立之初就实行了省级甚至更低层面的统筹，各地方在政策、缴费、财政补贴等各方面都存在较大的差异，导致经济发达地区养老保险的结余较多，而经济落后地区的养老保险基金则出现较大缺口。近年来，为了保证养老保险制度的财务可持续性，政府开始积极推进保险基金的全国统筹。

在吸取养老保险制度经验的基础上，我国长期护理保险应在建立之初就考虑统筹方式与统筹层次的问题，制定全国统一的保险制度、缴费政策、待遇政策、基金预算与经办政策，避免制度的碎片化和结构性矛盾。因此，提升长期护理保险基金的统筹层次，既有利于扩大长期护理保险制度的覆盖面，又能提高保险基金的运行效率，减轻财政负担，降低各地区保险基金支付风险，解决人口流动带来的保险基金代际支付压力失衡，更好地实现区域间经济协调发展。由于基金统筹层次对其财务运行效率的影响很大，所以考察长期护理保险基金的统筹层次也是评价长期护理保险制度财务可持续性的指标之一。

（三）支付待遇

1. 支付标准

长期护理保险制度的支付标准是否合理是评估其财务可持续性的重要指标之一。长期护理保险的支付应不仅包括服务对象的医疗护理费用，还应包括其基本生活照料所需要的费用，但是已经属于其他社会保险或者应由其他社会保险承担的费用不得列入其中。目前主要的支付标准可分为定额支付和按比例支付，其中定额支付就是设定一个固定的具体支付金额标准，可按月计算或按天数计算；按比例支付就是按规定的比例支付服务费用。如果长期护理保险制度的支付标准设立得过低会违背政策目的，那么无法起到保障失能或失智老人生活的作用；如果支付标准设置得过高会出现资源浪费和滥用现象，从而影响长期护理保险制度的财务可持续发展。

2. 待遇标准

长期护理保险制度的待遇应与一般医疗护理知识承认的状况相适应，应促进长期护理目标的实现，应保护失能或失智老人尚存的能力且恢复其失去的能力。长期护理保险制度的待遇还应考虑到失能或失智老人的精神和心理需求，除了保障基本的生存需求以外，还应考虑其社会交往的需求。

对长期护理保险制度待遇标准的评价也是评估其财务可持续性的指标之一，长期护理保险制度是否能根据服务需求者的失能程度划分其能享受的待遇标准，待遇标准是否合理，是否在经济上具有有效性。长期护理保险制度的待遇既不能超过也不能低于必要的标准，应满足服务需求者基本的照料需求，还应根据价格和收入水平的变化及时做出调整。

三、制度的可持续性

（一）政府层面

1. 专门法规

社会保险法是社会保障法律体系中的重要组成部分，目前社会保险法包括养老、医疗、工伤、失业和生育保险五块内容。长期护理险作为一种新兴险种，要纳入社会保险法范畴，就要从法律层面明确长期护理险的法律关系，界定清楚其与医疗保险和养老保险制度的关系。长期护理保险立法，可以加快推进社会保险法治化进程，将宏观层面的社会保障政策性指导落实到具体的法律条文，使其更具有操作性、适用性和可裁判性，从而不断健全和完善社会保障法律体系，依法维护公民参与保险和享受待遇的各种权益。同时，长期护理保险立法有利于促进社会保险法价值的实现。社会保险法的价值目标始终是追求社会公平，而社会保险具有社会财富的再次分配功能，长期护理保险的运作也是国民收入的一种转移，在一定程度上促进社会的公平分配。该法律的制定及实施，能够以法律手段保障公民共享社会发展成果，促进平等与正义价值理念的实现。因此，是否颁布了专门的法律法规来保障长期护理保险制度的顺利运行，对于一国长期护理保险制度的可持续性会产生重要的影响。

2. 政策支持

政策支持往往是实现某项政策目标的保障，因此，针对长期护理保险制度所制定的各项政策，包括：资格评定、待遇给付及护理方式等都需要有明确的政策规定才能按需提供服务；在资金筹集和费用结算等中间环节也需要有明确的政策规定才能有序开展；对服务项目的核验也是保证服务效果、提高服务效率、提升被服务人员满意度的关键环节，因此也需要制定相关的政策；长期护理保险制度与其他社会保障制度是否有相关的衔接政策，各类社会保障制度相互契合也会影响制度的可持续性。因此，长期护理保险制度的整体政策体系是否具有较好的完整性与合理性，会影响制度实施各环节的有效性，是评估制度可持续性的重要指标。

3. 监督管理

政府对于公共制度的监督和管理是现代国家经济社会治理的重要组成部分，是政府行政机构基于公共利益目标，运用多种监管方式，在市场经济体制背景下，依据法律法规制度形成的制约与激励行为。长期护理保险制度作为基本的社会保障制度之一，旨在保障失能人群的长期照护需求，为失能人群提供必要的长期护理服务。因此，为了保证长期护理服务的供给质量，提升长期护理水平和效率，满足被护理人员的长期护理需求，长期服务的质量以及被护理人员的资格评估等各方面内容都需要政府发挥监管的积极作用，进行严格的监管。因此，政府对于长期护理保险制度的监督和管理会影响长期护理服务质量的提升和长期护理保险制度体系的完善，是评估制度可持续性的重要指标。

（二）市场层面

1. 知晓率

由于长期护理保险是为失能失智、半失能失智或缺乏生活自理能力的老人提供支持服务，尽可能持久地维持和增进患者的生理机能，保证其生活质量的一种社会保障制度，属于社会公共品，是我国积极应对老龄化的一项重要的社会公共政策。加之商业长期护理保险属于自愿参保，而社会长期护理保险对于部分公众来说也属于自愿参保，所以社会群体对长期护理保险意识不强，会减少老年群体对长期护理保险的需求水平。只有使长期护理保险的潜在需求得以释放，才能更好地发挥长期护理保险的制度优势。因此，长期护理保险制度的知晓率对于其参保率有着至关重要的影响，进而会影响长期护理保险制度的可持续发展，是评估制度可持续性的重要指标。

2. 保险公司参与

长期护理保险制度的建设强调政府在其中的作用，一方面是因为政府有更好的统筹协调能力，能在较短的时间内集中力量扩大覆盖面和影响范围；另一方面由于其将目标人群定位为大规模的团体，可以比较好地解决逆选择的问题，而这些都有利于发挥长期护理保险制度在解决失能人员长期护理保障问题、保障失能人员基本生活权益方面的作用。但政府的职能和权力是有限的，长期护理保险制度的建设和实施离不开商业保险公司的参与。商业保险公司的参与，不仅可以提高长期护理保险制度成本的管控能力，从而以一种较高的效率实现资源的配置；还可以避免给予少数特权者获得超额收入的机会，有利于维护长期护理保险制度的稳定、公平运转。

政府在长期护理保险制度建设中处于主导地位，对整个制度的实施进行宏观上的监督和控制；商业保险公司充分发挥其专业技术和管理优势，具体负责经办工作。因此，保险公司的参与对降低长期护理保险制度的运营成本、提高资源使用效率和减轻政府相关部门的压力均有较大的影响，是评估制度可持续性的重要指标之一。

（三）定点服务机构层面

1. 定点服务机构的数量

长期护理保险的定点机构作为长期护理保险护理服务主要直接提供者，是制度发展中的关键主体。要构建可持续发展的长期护理保险制度，必须建设数量充足的定点服务机构以保障长期护理服务的供给。数量充足的长期护理保险定点服务机构不但可以为失能人员提供更优质更专业的护理服务，同时也能为我国健康养老服务产业良性发展、优化养老服务供需匹配提供强大助力。因此，定点服务机构的数量是评估长期护理保险制度可持续发展的重要指标之一。

2. 定点服务机构的质量

长期护理服务不同于一般的养老护理服务，对服务机构的服务质量要求更高，因为长期护理针对的主要是失能失智的人群，这类人群的健康状态是通过医疗技术很难实现逆向转移的，其长期护理服务的需求一旦产生直至生命末期，医疗技术无效或低效的老年人才是长期护理服务需求的主要群体。这意味着长期护理服务可能是老人持续多年的护理需求。加之带病生存是一项综合性的社会协作过程，需要医生、护士、护理人员、药师、营养师、社会工作者等各方人员的协作以及适老化环境改善与工程建设等。只有高质量的长期护理服务供给才符合长期护理保险制度的初衷和制度本质。因此，定点服务机构的质量也是评估长期护理保险制度可持续发展的重要指标之一。

3. 定点服务机构的类型

长期护理保险制度的定点服务机构的主要类型包括定点服务机构和定点医疗机构，其中定点服务机构主要有老年公寓、养老院、护理院、养护院等机构；定点医疗机构主要有卫生院、康复院、卫生服务中心等机构。专业的定点服务机构可以为失能老年人提供专业、便捷、安全的长期护理服务。多样化的服务机构可以为不同程度、不同需求的失能老人提供多样化和差异化的长期护理服务，能更好地满足长期护理保险制度参保人的护理需求。因此，定点服务机构的类型也是评估长期护理保险制度可持续发展的重要指标之一。

第五章　我国长期护理保险制度的可持续发展评估

在第四章构建的长期护理保险制度可持续发展评价指标体系的基础上，本章借鉴李克特五级量表对实际情况进行赋值打分，分为“完全符合”“大部分符合”“部分符合”“不太符合”和“完全不符合”五类情形，分别计为5分、4分、3分、2分和1分。

第一节　我国长期护理保险制度的社会可持续性分析

一、服务性

（一）护理服务机构

在20世纪80年代以前，我国养老机构主要是由政府投资兴办并由政府组织和运营，其目的是为没有扶养人的老年人和残疾人提供集中供养服务，当时的养老机构属于社会公益性机构，其服务属于公共救济，因此，其服务对象要受身份限制，覆盖面很窄。改革开放以后，在社会福利社会化的推动下，原有的身份限制被打破，城市福利院和农村敬老院转变为允许一般老人在自己缴纳费用的前提下可利用的养老机构，部分公办养老机构也开始转制，除了向特殊群体的“托底”服务外，逐渐向市场化方向转换。随后伴随着我国人口老龄化的加速、失能老年人数的增加和家庭照护功能的弱化，老年人对机构养老的需求大幅度增加，客观上要求建设能够面向所有老年人的养老机构。因此，2000年民政部联合十一部委发布《关于加快实现社会福利社会化的意见》，民间资本开始大量涌入机构养老服务行业，社会力量逐渐成为养老服务机构建设的主体。

2021 年 12 月国务院印发了《“十四五”国家老龄事业发展和养老服务体系规划》，指出要坚持党委领导、政府主导、社会参与、全民行动，实施积极应对人口老龄化国家战略，以加快完善社会保障、养老服务、健康支撑体系为重点，把积极老龄观、健康老龄化理念融入经济社会发展全过程，尽力而为、量力而行，深化改革、综合施策，加大制度创新、政策供给、财政投入力度，推动老龄事业和产业协同发展，在老有所养、老有所医、老有所为、老有所学、老有所乐上不断取得新进展，让老年人共享改革发展成果、安享幸福晚年。以“系统谋划、整体推进；以人为本、顺应趋势；兜好底线、广泛普惠；改革创新、扩大供给和多方参与，共建共享”为原则，完成国家老龄事业发展和养老服务体系主要指标（见表 5-1）。在“十四五”时期建立积极应对人口老龄化的国家战略制度框架，使老龄事业和产业有效协同、高质量发展，加快健全居家社区机构相协调、医养康养相结合的养老服务体系和健康支撑体系，初步形成全社会积极应对人口老龄化格局，显著提升老年人获得感、幸福感、安全感。

表 5-1　国家老龄事业发展和养老服务体系主要指标

指标	2025 年目标值
1. 养老服务床位总量	达到 900 万张以上
2. 特殊困难老年人月探访率	达到 100%
3. 新建城区、新建居住区配套建设养老服务设施达标率	达到 100%
4. 养老机构护理型床位占比	达到 55%
5. 设立老年医学科的二级及以上综合性医院占比	达到 60%以上
6. 本科高校、职业院校养老服务相关专业招生规模	明显增长
7. 每千名老年人配备社会工作者人数	保持 1 人以上
8. 老年大学覆盖面	每个县（市、区、旗）至少 1 所
9. “敬老月”活动覆盖面	每个县（市、区、旗）每年开展 1 次

《“十四五”国家老龄事业发展和养老服务体系规划》同时还指出要稳步建立长期护理保险制度。为适应我国经济社会发展水平和老龄化发展趋势，构建长期护理保险制度政策框架，协同促进长期照护服务体系建设。从职工基本医疗保险参保人群起步，重点解决重度失能人员基本护理保障需求。探索建立互助共

济、责任共担的多渠道筹资机制，参加长期护理保险的职工筹资以单位和个人缴费为主，形成与经济社会发展和保障水平相适应的筹资动态调整机制。建立公平适度的待遇保障机制，合理确定待遇保障范围和基金支付水平。制定全国统一的长期护理保险失能等级评估标准，建立并完善长期护理保险需求认定、等级评定等标准体系和管理办法，明确长期护理保险基本保障项目。做好与经济困难的高龄、失能老年人补贴及重度残疾人护理补贴等政策的衔接。健全长期护理保险经办服务体系。

《民政事业发展统计公报》的数据显示，截至 2021 年底，全国共有各类养老机构和设施 35.8 万个，养老床位合计 815.9 万张。如表 5-2 所示，全国共有注册登记的养老机构约 4 万个，比上年增长 4.7%；床位 503.6 万张，比上年增长 3.1%。

表 5-2　2021 年提供住宿的养老机构情况

指标	机构（个）	床位（万张）
社会福利院	1521	38.1
特殊人员救助供养机构	17292	178.8
其他各类养老机构	21148	286.7
合计：养老机构	39961	503.6

近年来，随着我国人口老龄化进程的加快，老年人养老服务需求不断增加，各类养老机构作为满足老年人照护服务需求的重要载体，进入了快速发展时期。2012 年我国又出台了一系列促进养老服务业发展的政策文件，使国内外大量资本纷纷涌入养老服务业市场，促进了各种类型的养老机构迅速发展，在基础设施、人员队伍、服务内容、服务标准、服务质量等方面都取得了专业化、规模化、规范化的发展，养老政策体系更加完善，监督管理体系逐渐规范，养老机构的市场化发展不断加快。

不过，虽然我国养老机构的建设和发展取得了一些成效，但目前还是滞后于老年人口增长的速度和服务的需求，在服务内容和服务质量方面也有待改善和提高。为此《"十四五"国家老龄事业发展和养老服务体系规划》提出以下三项措施：一是要强化公办养老机构兜底保障作用。新建和升级改造市级公办养老机构。县级、乡镇级重点支持特困人员供养服务设施建设，改造升级护理型床位，开辟失能老年人照护单元，到 2025 年，县级特殊人员供养服务设施建有率达到 100%。二是要加快补齐农村养老服务短板。乡镇级特困人员供养服务设施增加养老服务指导功能，将专业养老服务延伸至村级邻里互助点、农村幸福院和居家老年人。对于特殊人员供养服务设施原地改造升级项目，不需要调整规划用途，不额外占用建设指标。三是要支持社区养老服务机构建设和运营家庭养老床位，将服务延伸至家庭。支持物业企业发挥贴近住户的优势，与社区养老服务机构合作提供居家养老服务。在乡镇（街道）层面，建设具备全日托养、日间照料、上门服务、供需对接、资源统筹等功能的区域养老服务中心。到 2025 年，乡镇（街道）层面区域养老服务中心建有率达到 60%，与社区养老服务机构功能互补，共同构建“一刻钟”居家养老服务圈。

目前我国的长期护理服务机构正处于高速发展之中，中国保险行业协会与瑞士再保险瑞再研究院发布的《中国商业护理保险发展机遇——中国城镇地区长期护理服务保障研究》报告显示，从供给层面来看，目前市场整体还较弱，供需失衡问题使我国目前存在较大的长期护理服务保障缺口。中国老龄科学研究中心发布《中国养老机构发展研究报告》指出，机构养老服务有效需求不足，在现有的养老机构中，护理型床位数量占比偏低，远不能满足实际需求。在此情形下，绝大多数失能、半失能老人只能依靠自己或家庭成员照护，既无法保障生活质量，也给家庭成员增加了沉重负担，这种局面亟待改变。因此，在长期护理保险制度可持续性的一级指标“社会可持续性”下的二级指标“服务性”下的三级指标“护理服务机构”属于“部分符合”，得分为 3 分。

（二）护理服务人员

随着护理机构的大规模增加，同时需要增加大批量的专业护理人员。但是目前关于养老服务机构的护理人员配比问题，各地的规定存在一定的差异。如上海市地方标准《养老机构设施与服务要求》对养老机构护理服务人员与老年人的配备比例做出了明确规定：护理服务人员与重度失能老人的人数比为 1∶8 至 1∶16；护理服务人员与中度失能老人的人数比为 1∶20 至 1∶40；护理服务人员与轻度失能和正常老人的人数比为 1∶40 至 1∶80。杭州市制定的《杭州市医养结合护理型养老机构认定及运行管理办法》规定，护理服务人员与服务对象的人数比为 1∶3 至 1∶6。郑州市制定的《郑州市社会办养老服务机构管理暂行办法》规定，护理人员与服务对象的人数比例为：若服务对象生活能自理，人数比例不低于 1∶10；若服务对象需要半护理，则人数比例不能低于 1∶5；若服务对象需要全护理，则人数比例不能低于 1∶3。长期护理保险作为一项特殊的社会保障机制，无论是直接给付服务还是给付资金购买服务，最终给付的都是服务，都需要有足够的服务人员，若服务人员数量不足，那么最终只能出现有制度而没有服务的结果。

因而要构建和推进我国的长期护理保险制度，应大力培养多种类型和不同层次的护理人员。《“十四五”国家老龄事业发展和养老服务体系规划》提出要推进人才队伍建设行动，扩容养老服务人才队伍。第一，积极增设养老服务相关本科专业，支持有条件的普通高校增设老年学、养老服务管理等专业。动态调整养老服务领域职业教育专业目录，支持有条件的职业院校开设养老服务相关专业，扩大养老服务技术技能人才培养规模。第二，培养老年医学人才。对全国二级及以上综合性医院老年医学科和医养结合机构的 1 万名骨干医护人员、国家安宁疗护试点市从事安宁疗护工作的 5000 名骨干医护人员，开展诊疗知识和技能培训。加强临床医学硕士专业学位老年医学领域研究生临床能力培养。在基层医疗卫生人员招聘、使用和培养等方面向医养结合机构倾斜，鼓励医养结合机构为有关院校提供学生实习岗位。将老年医学、护理、康复等医学人才纳入卫生健康紧缺人才培养计划。开展相关人才培训，提升医养结合服务能力，依托现有资源设立一批医养结合培训基地。第三，为养老服务人才队伍提质。在一流本科专业建设中加大对养老服务相关专业的支持力度，引领带动养老服务相关专业建设水平和人才培养质量整体提升。完善和发布一批养老服务相关专业教学标准。加强养老服务领域职业教育教学资源建设，遴选一批优秀课程和教材，持续推动职业院校深化养老服务领域教师、教材、教法改革。积极稳妥推进“1+X”证书制度，推进老年照护等职业技能等级培训及考核工作。

目前，我国护理服务行业还处于发展初期阶段，面临着护理人员短缺、年龄结构不合理、护理队伍专业性不强、缺少统一的行业标准等较为突出的问题。统计数据显示，截至 2022 年底，我国 60 周岁及以上人口达 2.8 亿人，占人口总数 19.8%[①]；截至 2021 年底，我国患有慢性病的老年人已超 1.9 亿，失能和半失能老年人约 4000 万人[②]。如果按国际上失能老人与护理员 3∶1 的配置标准推算，

① 资料来源：国家统计局。

② 国家卫生健康委员会《2022 年我国卫生健康事业发展统计公报》。

至少需要护理员1300万人；按民政部5：1的标准[①]，也至少需要护理员800万人。然而，根据国家医疗保障局统计，截至2021年，长期护理保险定点护理服务机构6819个，护理服务人员30.2万人；另据民政部统计，我国现有的50余万名养老护理员，远不能满足养老服务需求。因此，在长期护理保险制度可持续性的一级指标“社会可持续性”下的二级指标“服务性”下的三级指标“护理服务人员”属于“不太符合”，得分为2分。

（三）护理服务内容

长期护理保险的服务内容主要包括以下七个：①护理服务，提供在家庭、养老机构、医疗机构等场所的护理服务，包括生活照料、健康监测、康复训练等。②医疗服务，提供老年人和残障人群的健康保健和医疗服务，包括定期体检、常规药品配送等。③社会支持服务，提供老年人和残障人群的社会支持和心理支持，包括个人、家庭及社会层面的支持和服务。④家庭支持服务，提供老年人和残障人群的家庭支持和照顾，包括日常生活照料、家务劳动、照顾儿孙等。⑤康复及训练服务提供康复治疗和训练服务，帮助老年人及残障人群恢复身体功能，提高生活质量。⑥建设适老化环境，提供改造服务，帮助老年人及残障人群改造家居及公共场所，以提高生活品质。⑦管理与服务支持，提供信息管理及服务支持，包括提供信息、咨询、社区保健协调、危机管理等服务。

目前我国各试点城市都明确规定了长期护理保险服务的基本内容，主要包括基本生活照料和与基本生活密切相关的医疗护理服务，可以大体分为居家护理、养老机构护理和医疗护理三种形式。其中，青岛市的长期护理服务最为全面，除了三种护理方式以外，增加了巡护方式，并且按照护理时间和时段不同，将护理服务进一步划分为长期照护、日间照护和短期照护三种。2018年起还增加了对失智人员的服务内容，根据失智人员多样化照护需求，可以选择由开设失智专区的护理服务机构提供长期照护服务；或选择由开设失智专区的护理服务机构提供日间托管照护服务和短期托管照护服务。大部分长期护理保险试点城市的基本护理服务包含生活照料、医疗护理、预防性护理、康复护理和心理疏导等服务内容，积极响应《试点意见》对长期护理保险制度构建的整体要求。表5-3列举了部分试点城市的长期护理服务内容。

① 民政部《关于加快推进护理型养老床位发展与监测工作的通知》（2020年）。

表 5-3　部分试点城市长期护理服务内容比较

试点城市	长期护理服务形式	长期护理服务内容
上海	医疗机构护理、养老机构护理、居家护理	基本生活照料和常用临床护理 42 项，包括预防性护理和康复护理内容
南通	医疗机构护理、养老机构护理、居家护理	安康护理套餐 6 个，包括 10 项生活护理，2 项医疗护理
苏州	医疗机构护理、养老机构护理、居家护理	清洁照料、饮食照料等 13 项生活护理，2 项医疗护理，2 项预防性护理，1 项康复护理
宁波	医疗机构护理、养老机构护理	清洁照料、饮食照料等 14 项生活护理和基本医疗护理
广州	养老机构护理、居家护理	七类 31 项生活照护护理包，19 项医疗护理项目，2 项预防性护理，1 项康复护理，1 项心理疏导
荆门	医疗机构护理、养老机构护理、居家护理	14 项生活护理，13 项医疗护理，1 项康复护理，1 项心理疏导
上饶	居家护理、养老机构护理、上门护理	25 项基本生活照料，17 项常用临床护理
青岛	医疗机构护理、养老机构护理、居家护理、上门护理	急性期后的健康管理和维持性治疗、长期护理、生活照料、功能维护、安宁疗护临终关怀、精神慰藉 6 项生活护理，14 项医疗护理，1 项心理疏导
齐齐哈尔	医疗机构护理、养老机构护理、居家护理	清洁护理、饮食护理等 14 项生活护理，10 项医疗护理
长春	医疗机构护理、养老机构护理	七大类 17 项护理服务项目
承德	医疗机构护理、养老机构护理、居家护理	洗脸、洗头、口腔清洁、如厕等 22 项护理服务
重庆	养老机构护理、居家护理	饮食照料、排泄照料、行走护理服务项目
成都	养老机构护理、居家护理	四大类 31 项，包括生活照料、护理照料、风险防范功能维护
石河子	养老机构护理、上门护理、居家护理	定期巡诊，根据护理等级进行的基础护理、专科护理，特殊护理、一般专项护理等 7 方面，包括 6 项生活护理，13 项医疗护理，1 项心理疏导

资料来源：各试点地区政策文件。

根据各试点城市提供的长期护理服务内容比较可以发现，上海市、广州市和成都市的长期护理服务内容最广，青岛市的护理服务形式最为丰富。但仍然存在一些试点城市涵盖的护理服务项目较为有限，无法给失能失智老人提供全面的服务。因此，在长期护理保险制度可持续性的一级指标“社会可持续性”下的二级指标“服务性”下的三级指标“护理服务内容”属于“大部分符合”，得分为 4 分。

（四）护理服务满意度

对于需要接受长期护理服务的失能失智老年人来说，长期护理服务的需求与一般健康的老年人有很大的不同，主要体现在以下两个方面：一是所需的服务项目种类更多，包括日常照料、医疗护理、康复指导和心理疏导等。二是所需的服务更加专业，需要护理机构有完善配套的设施、专业的护理人员和更高的护理服务标准。

多项调研数据显示①②③，在试点城市中正在接受护理服务的老年人对于长期护理服务的满意度较低，原因在于以下四个方面：一是目前长期护理人员的专业水平较低，不具备医疗专业技能。这对于选择居家护理的参保者来说，只能享受到更衣、喂食、身体清洁、帮助床上移动等基本的生活照料，无法享受临床护理的医疗类服务项目。这就导致了参保人员及其家属对于护理服务的满意程度不高。二是目前我国社区长期护理保险服务机构的数量明显不足，符合条件并通过申请的机构难以满足实际需要社区护理服务需求的人数。另外，社区服务机构只能提供一些基础服务，如检测血压、血糖和肌肉注射等，难以提供需要设备或专业技术的项目，致使长期护理保险服务的实际效果并未达到预期目标，参保者对服务给付的实际使用感受和当初的心理预期不符。三是参保人员对于长期护理服务时间也并不满意，大部分试点城市目前能提供的上门服务次数非常有限，并且一次上门服务的时间为 1 小时，时间较短，在实际服务过程中还有参保人员反映存在服务时间不足的问题。四是有调查发现不同的机构性质也会导致满意度的差异较大，部分老年人表示民营的养老机构存在价格较高、医疗设备不足以及部分护工态度不好等问题。因此，在长期护理保险制度可持续性的一级指标“社会可持续性”下的二级指标“服务性”下的三级指标“护理服务满意度”属于“部分符合”，得分为 3 分。

二、公平性

（一）参保条件公平

在试点阶段，长期护理保险制度原则上主要覆盖职工基本医疗保险参保人

① 胡蕊，华小果，江启成．安庆市长期护理保险满意度及其影响因素分析［J］．南京医科大学学报（社会科学版），2020，20（5）：453-458.

② 李苏阳．广州市试点长期护理保险制度居民满意度调查研究［D］．广东财经大学硕士学位论文，2019.

③ 姚佳伟，杨露．基于多因素二项 Logistic 模型的上海长期护理保险满意度分析［J］．经济研究导刊，2022（4）：60-62.

群。试点地区可根据自身实际，随制度探索完善，综合平衡资金筹集和保障需要等因素，合理确定参保范围并逐步扩大。从《指导意见》的要求来看，试点先从职工基本医疗保险参保人群开始，暂未覆盖城乡居民。表 5-4 列举了部分试点城市的参保条件。

表 5-4　部分长期护理保险制度试点城市的参保条件

城市	参保条件
承德	参加本市职工基本医疗保险的人员
长春	参加本市职工基本医疗保险的人员和参加城乡居民医疗保险人员
齐齐哈尔	参加本市职工基本医疗保险的人员
苏州	参加本市职工基本医疗保险的人员和参加城乡居民医疗保险人员
安庆	参加本市职工基本医疗保险的人员
上饶	参加本市职工基本医疗保险的人员和参加城乡居民医疗保险人员
上海	参加本市职工基本医疗保险的人员和参加本市城乡居民基本医疗保险的 60 周岁及以上的人员
荆门	参加本市职工基本医疗保险的人员和参加城乡居民医疗保险人员
南通	市区（崇川区、经济技术开发区）范围内的职工基本医疗保险和居民基本医疗保险的参保人员
广州	参加本市职工基本医疗保险的人员和参加城乡居民医疗保险人员

资料来源：各试点地区政策文件。

《指导意见》中要求长期护理保险参保对象要以参加职工医疗保险为条件，青岛、长春、南通及上海的护理保险不仅适用于职工医疗保险参与者，而且扩展到居民医疗保险参保人员。但有些试点城市，如承德市、齐齐哈尔市和宁波市等地的长期护理保险制度其保障对象仅包括城镇职工，并不包括城乡居民。因此，在长期护理保险制度可持续性的一级指标“社会可持续性”下的二级指标“公平性”下的三级指标“参保条件公平”属于“部分符合”，得分为 3 分。

（二）评估方案公平

大部分长期护理保险制度的试点城市将失能等级评估作为筛选给付对象的主要机制规定，因年老、疾病、伤残等导致的失能，经过不少于 6 个月的治疗经日常生活能力评估或综合评估符合失能标准，生活不能自理且需要长期护理的参保人员才能享受长期护理保险给付；然而，如表 5-5 所示，各地在失能评估标准的设定、失能评估管理工作开展方面存在较大差异。

表 5-5 部分长期护理保险制度试点城市的评估方案

城市	评估工具	评估领域	等级划分
上海	上海市老年照护统一需求评估调查表	生活自理程度、疾病状况、照护情况	1~6 级
南通	Barthel 指数 ADL 量表	生活自理程度、疾病状况	中度、重度
青岛	Barthel 指数 ADL 量表	生命体征、生活状况、心理社会评估等 7 个方面的综合评估	轻度、中度、重度
长春	Barthel 指数 ADL 量表、《综合医院分级护理指导原则》、卡式评分 KPS	生活自理程度、疾病状况	无
承德	Barthel 指数 ADL 量表	生活自理程度、疾病状况	无

资料来源：各试点地区政策文件。

失能等级评估是长期护理保险制度开展的重要基础工作，由于《指导意见》中并未明确规定长期护理保险的失能等级评估标准，所以大部分试点城市都结合本地的实际情况，探索了各自的失能等级评估标准。在不同的失能等级评估方案下，长期护理保险给付对象在失能评估工具、失能评估领域和失能等级划分等方面存在明显的地区差异。当前我国长期护理保险制度的试点城市中，对老年人失能的评估标准多采用 Barthel 指数评定量表，未能对老年人在沟通能力、认知能力及对环境和主要照顾者负担等指标进行评价，无法全面反映老年人的失能状态，影响评估结果的全面性，且该量表等级划分较为粗略，对待遇给付对象失能状态的变化不够敏感，难以区分相近程度的失能老人之间的差异，进而影响长期照护服务供给的精准度。因此，在长期护理保险制度可持续性的一级指标“社会可持续性”下的二级指标“公平性”下的三级指标“评估方案公平”属于“不太符合”，得分为 2 分。

（三）供给方式公平

长期护理保险的供给方式主要包括医疗机构护理、养老机构护理和居家护理三种。如表 5-6 所示，部分试点地区的供给方式更为丰富，如青岛市包括社区巡护，上海市包括社区日间照护，重庆市包括精神护理服务等。

表 5-6 部分长期护理保险制度试点城市的供给方式比较

试点城市	供给方式
上海	居家上门照护、社区日间照护、养老机构照护

续表

试点城市	供给方式
苏州	机构护理服务、居家护理服务
宁波	机构护理服务、居家护理服务
广州	生活照料服务、与生活照料服务密切相关的医疗护理服务、设备使用服务
荆门	居家护理、养老机构护理、医院护理
上饶	自主照料、上门护理、机构护理
青岛	居家照护、机构照护、日间照护、社区巡护
齐齐哈尔	医养护理服务机构护理、养老机构护理、居家护理
长春	居家照护、养老机构护理、医院护理
承德	入住护理服务、居家基础护理服务、居家补充护理服务
重庆	居家个人护理、居家上门护理、机构集中护理
成都	机构护理、居家护理
石河子	机构护理、居家自行护理、机构上门护理

由于我国目前处于长期护理保险制度的试点阶段，各试点城市的政策有所不同，长期护理保险的供给方式也存在差异。因此，在长期护理保险制度可持续性的一级指标“社会可持续性”下的二级指标“公平性”下的三级指标“供给方式公平”属于“不太符合”，得分为 2 分。

第二节 我国长期护理保险制度的财务可持续性分析

一、覆盖范围

（一）覆盖的广度

2016 年人力资源社会保障部办公厅在颁布的《关于开展长期护理保险制度试点的指导意见》中指出“长期护理保险制度以长期处于失能状态的参保人群为保障对象，重点解决重度失能人员基本生活照料和与基本生活密切相关的医疗护理等所需费用。试点地区可根据基金承受能力，确定重点保障人群和具体保障内容，并随经济发展逐步调整保障范围和保障水平”。如表 5-7 所示，大部分试点城市都将重度失能人员作为优先保障的对象，部分城市在试点中将给付对象扩大到中度失能人员，一些地区逐步将失智人员也纳入长期护理保险给付对象。

表 5-7　部分长期护理保险制度试点城市的保障范围比较

试点城市	保障范围
上海	照护需求评估（2~6）级
南通	中度、重度日常生活活动（ADL）失能人员
苏州	中度、重度综合评估失能、失智人员
宁波	重度失能、失智人员
广州	中度、重度失能、失智人员
荆门	重度 ADL 失能人员
上饶	重度失能、失智人员
青岛	失能、失智人员
齐齐哈尔	重度 ADL 失能人员
长春	重度 ADL 失能人员
承德	重度 ADL 失能人员
重庆	重度 ADL 失能人员
成都	重度失能、失智人员（1~3 级）
石河子	重度 ADL 失能人员

资料来源：各试点地区政策文件。

综合分析发现，重度失能人员是所有试点城市的重点保障对象，除成都市、广州市、青岛市、上海市和上饶市将部分失智老人列入长期护理保险的保障范围以外，其他试点城市均没有考虑失智老人的长期护理问题。在目前试点阶段，受各种条件限制，要做到保障所有失能、失智人员是不现实的，各地经济发展程度不同，导致各地的保障范围差距也较大。因此，在长期护理保险制度可持续性的一级指标“财务可持续性”下的二级指标“保障范围”下的三级指标“广度”属于“不太符合”，得分为 2 分。

（二）*覆盖的深度*

从长期护理保险的保障深度来看，在《指导意见》“保基本”的基本原则指导下，大部分试点地区的保障范围都强调了“长期”失能人员的概念，而“长期”在界定过程中普遍被认定为：经医疗、康复机构认定，存在六个月以上失能的情况。除此之外，上海市还限定了失能人员必须年满 60 周岁以上才能享受护理服务，这使长期护理保险的保障范围更加局限。而广州市在保障失能人员的基础上还延伸保障了两种群体：一是延续护理人员，是指在医疗机构住院治疗病情稳定，经延续护理评估出院后有医疗护理需求的参保人员；二是设备使用人员，是指未入住护理服务机构、需使用设备的失能人员和延续护理人员。这种做法实质上是扩大了长期护理保险制度的保障深度。近年来，随着一些疾病逐渐呈现年轻化的趋势，长期护理保险制度如果仅覆盖 60 岁以上的老年群体是远远不够的，很多中年人也同样可能产生长期护理服务的需要，如日本的长期护理保险就将年龄限制在了 40 岁。作为参考，我国在可承受范围内尽可能将覆盖的年龄段扩大，能体现长期护理保险的普惠性；但保障范围的深度界定关乎保险基金的支付，为了使我国长期护理保险制度健康可持续运行，划定统一的保障深度还需要在试点时期进行深入的分析。因此，在长期护理保险制度可持续性的一级指标“财务可持续性”下的二级指标“保障范围”下的三级指标“深度”属于“部分符合”，得分为 3 分。

二、筹资统筹

（一）多渠道筹资

《指导意见》中指出，在试点阶段，可通过优化职工医保统账结构、划转职工医保统筹基金结余、调剂职工医保费率等途径筹集资金，并逐步探索建立互助共济、责任共担的长期护理保险多渠道筹资机制。筹资标准根据当地经济发展水平、护理需求、护理服务成本及保障范围和水平等因素，按照以收定支、收支平衡略有结余的原则合理确定。建立与经济社会发展和保障水平相适应的动态筹资机制。《指导意见》倾向于从医保基金中划拨护理保险支付所需费用，至于划拨多少比例暂未有统一规定，各地根据自己的基金结余情况确定。

为了迅速扩大长期护理保险的覆盖面，部分试点城市采取了以医疗保险基金为主要筹资渠道，从医疗保险统筹基金中直接划拨，个人和单位无须另外缴费，筹资渠道比较单一。还有一些试点城市建立了多元化的筹资渠道，包括个人缴费、用人单位缴费、医疗保险统筹账户和个人账户划转、医疗保险统筹账户结余划转、政府财政补贴、社会捐助、福利彩票等，强化个人、用人单位、政府和社会的筹资责任，以提高制度的可持续性。表 5-8 列举了部分试点城市的筹资渠道对比。

表 5-8 部分长期护理保险制度试点城市的筹资渠道

城市	筹资渠道
上海	个人+单位+医保基金
南通	个人+医保基金+政府+社会捐助+福利彩票
苏州	个人+医保基金+政府
宁波	医保基金
广州	医保基金
荆门	个人+医保基金+政府
上饶	个人+单位+医保基金+政府
青岛	个人+医保基金+政府+社会捐助
齐齐哈尔	个人+医保基金+社会捐助
长春	医保基金+政府
承德	个人+医保基金+政府+社会捐助
重庆	个人+医保基金+政府+社会捐助
成都	个人+单位+医保基金+政府+社会捐助
石河子	个人+医保基金+政府+社会捐助+福利彩票

资料来源：各试点地区政策文件。

除宁波和广州等城市是单一筹资渠道之外，多元筹资渠道试点的城市中，明确政府财政筹资责任的城市主要包括承德市、长春市、南通市、苏州市、青岛市、荆门市、重庆市、成都市、石河子市，明确规定用人单位筹资责任的城市主要包括上海市、上饶市、成都市，划转福利彩票资金，充实长期护理保险基金的城市主要包括南通市、石河子市。因此，在长期护理保险制度可持续性的一级指标“财务可持续性”下的二级指标“筹资统筹”下的三级指标“多渠道筹资”属于“大部分符合”，得分为 4 分。

（二）统筹层次

目前我国的长期护理保险制度仍处于试点阶段，截至 2022 年 3 月，全国 49 个试点城市已有 1.45 亿人参加了长期护理保险，累计享受待遇人数达 172 万①。但从实践来看，各试点城市的参保范围、筹资渠道、筹资标准和支付标准都存在较大的差异，导致各地的保险收支水平差距也很大。在试点阶段还未建立起省级

① 资料来源：国家医疗保障局。

层面的统筹，国家级层面的资金统筹更是还有很长的路要走。因此，在长期护理保险制度可持续性的一级指标“财务可持续性”下的二级指标“筹资统筹”下的三级指标“统筹层次”属于“完全不符合”，得分为1分。

三、支付待遇

（一）支付标准

《指导意见》规定，长期护理保险制度以长期处于失能状态的参保人群为保障对象，重点解决重度失能人员基本生活照料和与基本生活密切相关的医疗护理等所需费用。具体待遇享受条件和支付比例，由试点地区确定。

为了合理控制长期护理保险费用支出，各试点城市对长期护理保险给的支付标准都做出了明确规定，主要包括日限额、周限额和月限额，具体内容如表5-9所示。

表5-9　部分长期护理保险制度试点城市的保险支付标准

城市	支付标准	
	居家护理	机构护理
上海	二级、三级失能：3次/周 四级失能：5次/周 五级、六级失能：7次/周	二级、三级失能：20元/天 四级、五级失能：25元/天 六级失能：30元/天
南通	重度失能15元/天 中度失能8元/天	养老机构：重度失能50元/天；中度失能30元/天 医疗机构：重度失能70元/天；中度失能30元/天
苏州	重度失能30元/天 中度失能25元/天	重度失能26元/天，中度失能20元/天
宁波	—	40元/天，1200元/月
广州	不高于115元/天	不高于120元/天
荆门	全日100元/天 非全日40元/天	100元/天
上饶	机构上门900元/月；自主照料450元/月	1200元/月
齐齐哈尔	20元/天	养老机构：25元/天 医疗机构：30元/天
长春	—	107元/天
重庆	40元/天	协议机构50元/天，非协议机构30元/天或40元/天

续表

城市	支付标准	
	居家护理	机构护理
成都	中度失能二级：288 元/月 中度失能三级：574 元/月 重度失能一级：862 元/月 重度失能二级：1150 元/月 重度失能三级：1437 元/月	中度失能二级：660 元/月 中度失能三级：1118 元/月 重度失能一级：1577 元/月 重度失能二级：2237 元/月 重度失能三级：2796 元/月
石河子	25 元/天，限额 750 元/月	协议机构：750 元/月 非协议机构：25 元/天，750 元/月

资料来源：各试点地区政策文件。

综合来看，各试点城市的支付标准比较符合《指导意见》的规定，与本地区的经济发展水平、收入水平和物价水平高度相关。因此，在长期护理保险制度可持续性的一级指标“财务可持续性”下的二级指标“支付待遇”下的三级指标“支付标准”属于“完全符合”，得分为 5 分。

（二）待遇标准

长期护理保险的给付待遇包括基本生活照料和必要的医疗护理，但重点是生活的照护。从各主要长期护理保险制度的试点城市的护理保险待遇水平来看，参保职工产生的符合规定的基本生活照料和与基本生活密切相关的医疗护理费用的报销比例在 50%到 85%不等。具体的待遇标准如表 5-10 所示。

表 5-10　部分长期护理保险制度试点城市的保险待遇标准

城市	待遇标准
上海	养老机构照护的服务费用：基金支付 85%
南通	床位费、照护服务费、护理设备使用费护理耗材等照护费用 医疗机构：基金支付 60%；养老机构：基金支付 50%
苏州	床位费、护理服务费、护理设备使用费、护理耗材费 养老机构：基金支付 70%；医疗机构：基金支付 80%
宁波	医疗护理服务费：基金支付 80%
广州	床位费、鉴定评估费及服务项目范围内的基本生活照料费、医疗护理费 基金支付 75%
荆门	床位费、护理服务费、护理设备使用费、护理耗材费 养老机构：基金支付 75%；医疗机构：基金支付 70%

续表

城市	待遇标准
上饶	评估费用、自主照料补助、居家上门护理项目费用、居家上门产品（辅具）租赁费用、机构内照护服务费、设备使用费、耗材费、第三方委托经办管理考核费 基金支付70%
齐齐哈尔	医疗护理服务费 养老机构：基金支付55%；医疗机构：基金支付60%
长春	床位费、护工劳务费用、护理设备使用费、护理日用品、舒缓治疗费用 职工养老保险参保人员：基金支付90% 城乡居民养老保险参保人员：基金支付80%
重庆	基本生活护理服务费 基金支付70%
成都	与基本生活照料服务相关的基础护理、专业护理等费用 基金支付比例为70%
石河子	医疗护理服务费 基金支付70%

各试点城市的待遇标准比较符合《指导意见》的规定，长期护理保险制度提供的服务待遇与参保人员的失能等级相匹配，并综合考虑了当地的社会经济水平。因此，在长期护理保险制度可持续性的一级指标“财务可持续性”下的二级指标“支付待遇”下的三级指标“待遇标准”属于“完全符合”，得分为5分。

第三节　我国长期护理保险的制度分析

一、政府层面

（一）专门法规

1. 总体的立法现状

2006年，国务院办公厅出台的《人口发展“十一五”和2020年规划》中提出，要建立照顾储蓄、长期护理保险等多种社会服务制度的试点目标；2016年，人力资源和社会保障部出台了《关于开展长期护理保险制度试点的指导意见》，明确了我国长期护理保险制度是以社会互助共济方式筹集资金的社会保险制度，基本确定了我国长期护理保险的社会保险模式。自此，我国开始正式推进长期护理保险制度的试点工作，各试点地区纷纷制定出台相关实施细则。2020年，国家医疗保障局、财政部出台了《关于扩大长期护理保险制度试点的指导意见》，力争在“十四五”期间，基本形成适应中国经济发展水平和老龄化发展趋势的长期护理保险制度政策框架，推动建立健全满足群众多元需求的多层次长期护理保障制度。

目前，我国的长期护理保险制度经历了2016年的启动试点工作和2020年进一步扩大试点范围这两次重要的时间节点，但依然没有出台相关的法律法规。长期护理保险在立法方面处于空白，没有法律规定长期护理保险的具体制度框架。从法律层面分析，我国立法之中鼓励发展长期护理保险的，仅有《中华人民共和国基本医疗卫生与健康促进法》，但并没有从法律上明确长期护理保险的保险模式、筹资方式、保障范围、待遇支付等详细内容。

2. 试点地区的立法现状

在我国启动的长期护理保险制度的试点地区中，大多数地区都制定了地方长期护理保险实施办法、失能等级评定管理办法，遴选护理服务机构的措施等，迅速推进了长期护理保险制度的落地和发展。

（1）上海市。2021年12月，上海市人民政府办公厅发布了《关于印发〈上海市长期护理保险试点办法〉的通知》，从适用对象、部门责任、登记缴费、资金筹集、基金管理、评估认定、服务形式、待遇享受等多个方面对上海市长期护理保险制度进行了有关规定。

该试点办法明确显示长期护理保险制度以社会互助共济的方式筹集资金，其筹资水平按照“以收定支、收支平衡、略有结余”的原则确定。将适用长期护理保险的对象分为两大类，其中第一类系参加上海市职工基本医疗保险的人员，按照用人单位缴纳职工医保缴费基数0.5%的比例，从职工医疗保险统筹基金中按季调剂资金；第二类系参加上海市城乡居民基本医疗保险的60周岁及以上的人员，根据60周岁以上居民医疗保险的参保人员人数，并按照略低于第一类人员的人均筹资水平，从居民医疗保险统筹基金中按季调剂资金。服务形式为居家上门照护、社区日间照护和养老机构照护三类。服务内容分为基本生活照料和常用临床护理。同时，将长期护理保险的待遇享受条件暂定为60周岁及以上、经评估失能程度达到评估等级2~6级且在评估有效期内的参保人员。强调依据所评定的等级享受相应等级的护理服务。

（2）成都市。2020 年 5 月，成都市人民政府颁布了《关于深化长期照护保险制度试点的实施意见》。该意见从指导思想、基本原则、工作目标、参保范围、筹资渠道、筹资标准等多个方面对成都市长期护理保险制度进行了规范。随后，成都市医疗保障局、成都市财政局、成都市人力资源和社会保障局、国家税务总局成都市税务局颁布的《成都市城乡居民长期照护保险实施细则》《成都市城镇职工长期照护保险实施细则》，规定参加成都市城乡居民基本医疗保险的参保人员，应当同步参加长期护理保险。

《成都市城乡居民长期照护保险实施细则》规定：个人缴费标准为每人每年 25 元，城乡居民长期护理保险财政补助分设两档：60 周岁以下的参保人员，财政补助标准为每人每年 13 元；已满 60 周岁的参保人员，财政补助标准为每人每年 20 元。照护服务方式分为三类：机构照护、机构提供的居家上门照护和居家照护。《成都市城镇职工长期照护保险实施细则》规定：成都市城镇职工长期护理保险筹资方式以社会统筹与个人账户相结合的方式，统筹基金划转标准为单位参保人员每人每月按 0.2%的费率从单位为其缴纳的基本医疗保险基金中划拨，个人参保人员每人每月按 0.2%的费率从其缴纳的基本医疗保险基金中划拨，已经按照国家工伤保险政策享受生活护理费的工伤职工不再参加长期护理保险。参保人员申请保险待遇时，须参保人员因年老、疾病、伤残等导致失能，丧失生活自理能力持续 6 个月以上，失能程度评定为重度失能、中度失能或轻度失能，且应已连续参加长期护理保险满 2 年，累计缴费满 15 年。

（3）苏州市。2017 年 6 月，苏州市人民政府印发了《关于开展长期护理保险试点的实施意见》；随后在 2020 年 1 月，颁布了《关于开展长期护理保险试点第二阶段工作的实施意见》。从指导思想和原则、目标任务、主要内容、工作要求等多个方面对苏州市长期护理保险进行了规定。

该实施意见明确：长期护理保险基金按照以收定支、收支平衡、略有结余的原则筹集。参保对象为苏州市职工基本医疗保险和城乡居民基本医疗保险参保人员。服务形式包括医疗机构住院护理、养老机构护理、社区居家护理三种。缴费方式分为两个阶段：2017~2019 年为第一阶段，个人缴费部分暂免征缴，政府每年按 50 元/人补助；2020 年至国家正式出台长期护理保险制度之前为第二阶段，待遇水平有所提高，暂免财政补助，个人缴费暂免征缴。探索建立以个人缴费、政府补助和医保统筹基金结余划转相结合的多渠道资金筹集机制。

在中央层面出台实行长期护理保险试点及扩大长期护理保险的相关政策后，试点城市积极响应并出台了适合本区域的相关试点文件。各试点地区出台的长期护理保险实施办法、细则和方案等政策性文件都是依据国家发布的指导意见制定的。试点文件中阐明了试点的目的与依据、长期护理保险制度的概念、基本原则及部门分工等。试点地区规范性文件的出台不但有利于落实中央层面关于进行长护险试点的要求，更加有利于为试点城市进行长期护理保险保障工作提供基本遵循，保持长期护理保险制度的稳定性与相对公平性。但是，试点地区实施的属于地方政策性文件，参差不齐、标准不一，在实践过程中缺乏法律支撑。因此，在长期护理保险制度可持续性的一级指标“制度可持续性”下的二级指标“政府层面”下的三级指标“专门法规”属于“完全不符合”，得分为1分。

（二）政策支持

在相关政策方面，如表5-11所示，从2006年起“长期护理保险”在我国政府发布的政策文件中开始出现，政策文件数量呈现波动上升趋势，在2016年到达顶峰，后又呈现下降趋势，我国长期护理保险政策经历了从初步探索到开展试点再到扩大试点的发展过程。

表5-11　我国政府出台的有关长期护理保险的政策文件

文件名称	时间	发文机关	主要内容
《人口发展“十一五”和2020年规划》	2006年12月	国务院办公厅	初步探索建立长期护理保险等社会化服务制度
《关于加快发展养老服务业的若干意见》	2013年9月	国务院	关注“三无”（无劳动能力、无生活来源、无赡养人和抚养人）老人、低收入老人、经济困难的失能半失能老人，鼓励老年人投保长期护理保险
《关于促进健康服务业发展的若干意见》	2013年9月	国务院	鼓励发展康复护理、老年护理、家庭护理等护理服务
《关于加快推进健康与养老服务工程建设的通知》	2014年9月	国家发展和改革委员会　民政部	重点建设为失能半失能老人提供健康护理服务的老年养护院等专业养老服务设施
《关于印发全国医疗卫生服务体系规划纲要（2015—2020年）的通知》	2015年3月	国务院办公厅	研究制定老年康复、护理服务体系专项规划
《关于印发中医药健康服务发展规划（2015—2020年）的通知》	2015年5月	国务院办公厅	支持养老机构开展融合中医特色健康管理的老年人养生保健、医疗、康复、护理服务

续表

文件名称	时间	发文机关	主要内容
《中共中央关于制定国民经济和社会发展第十三个五年规划的建议》	2015年11月	中国共产党中央委员会	探索建立长期护理保险制度，长期护理保险将是未来五年我国社会保障建设的重点之一
《关于开展长期护理保险制度试点的指导意见》	2016年6月	人力资源社会保障部办公厅	国家层面第一个对长期护理保险发展具有明确指导作用的专项政策，为各地方出台长期护理保险政策文件奠定了基础
《国家残疾预防行动计划（2016—2020年）》	2016年9月	国务院办公厅	将残疾人健康管理和社区康复纳入国家基本公共服务清单
《关于扩大长期护理保险制度试点的指导意见》	2020年9月	国家医疗保障局财政部	国家层面第二个对长期护理保险发展具有明确指导作用的专项独立性政策，首次提出扩大长期护理保险试点范围
《关于规范保险公司参与长期护理保险制度试点服务的通知》	2021年5月	银行保险监督管理委员会	推动保险业做好长期护理保险制度试点服务工作，规范保险公司经营服务行为，推动行业发挥专业优势参与社会治理，履行社会责任

如表5-12所示，我国长期护理保险制度的关注重点对象从“三无”老人、低收入老人、经济困难的失能半失能老人，再到残疾人和重度失能人员，政策对象越来越精准，范围也越来越大。这些政策文件的出台体现了政府对长期护理保险的认知和重视程度逐步深化，对出台专门性长期护理保险政策起到了重要的推动作用。在人力资源和社会保障部办公厅出台了《指导意见》之后，各试点城市积极响应人力资源和社会保障部的号召，相继出台了如表5-12所示的地方长期护理保险政策文件。

表5-12　主要试点城市地方政府出台的有关长期护理保险的政策文件

试点城市	时间	政策文件
上海	2021年12月	《上海市长期护理保险结算办法（试行）》
	2021年12月	《上海市长期护理保险试点办法》
	2022年5月	《上海市老年照护统一需求评估办理流程和协议管理实施细则（试行）》
	2022年12月	《上海市养老服务机构护理员入职补贴实施办法》
	2022年12月	《上海市老年照护统一需求评估及服务管理办法》
	2023年2月	《上海市长期护理保险定点护理服务机构管理办法（试行）》

续表

试点城市	时间	政策文件
南通	2015 年 10 月	《〈关于建立基本照护保险制度的意见（试行）》
	2016 年 1 月	《南通市基本照护保险实施细则（试行）》
	2016 年 9 月	《南通市区基本照护保险定点照护服务机构协议管理试行办法》
	2017 年 1 月	《南通市基本照护保险实施细则》
	2017 年 1 月	《关于医疗保险和照护保险服务标准化管理的通知》
	2017 年 9 月	《南通市基本照护保险居家上门照护服务意见》
	2017 年 11 月	《南通市基本照护保险定点照护服务机构考核暂行办法》
	2017 年 12 月	《关于调整市区医疗保险、照护保险有关政策的通知》
	2018 年 5 月	《关于做好全市照护保险工作的通知》
	2018 年 6 月	《关于开展基本照护保险辅助器具服务的意见（试行）》
	2018 年 12 月	《关于建立全市统一基本照护保险制度的意见》
	2018 年 12 月	《关于将部分辅助器具服务纳入照护保险基金支付的通知》
	2022 年 6 月	《关于实施国家长期护理失能等级评估标准完善长期照护保险有关政策的通知》
苏州	2017 年 6 月	《关于开展长期护理保险试点的实施意见》
	2017 年 9 月	《苏州市区长期护理保险经办规程（试行）》
	2017 年 9 月	《苏州市长期护理保险生活照料服务项目和标准（试行）》
	2017 年 12 月	《关于开展苏州市区 2017 年度护理院申请纳入医疗保险及长期护理保险协议管理工作的通知》
	2018 年 5 月	《关于明确苏州市长期护理保险居家护理服务机构和服务人员条件的通知（试行）》
	2018 年 6 月	《关于开展苏州市区居家护理机构申请纳入长期护理保险协议管理工作的通知》
	2018 年 10 月	《关于苏州市范围内试行开展异地享受长期护理保险待遇工作的通知》
	2020 年 12 月	《关于明确苏州市长期护理保险居家护理服务项目内容的通知（试行）》
	2020 年 1 月	《关于开展长期护理保险试点第二阶段工作的实施意见》
	2022 年 10 月	《关于进一步推进长期护理保险试点工作的实施意见》
	2023 年 2 月	《苏州市长期护理保险失能等级评估管理办法（试行）》
	2023 年 2 月	《苏州市长期护理保险定点护理服务机构管理办法（试行）》
宁波	2017 年 10 月	《宁波市长期护理保险制度试行方案》
	2017 年 12 月	《宁波市长期护理保险试点实施细则》
	2017 年 12 月	《宁波市长期护理保险失能评估试点办法》
	2019 年 1 月	《宁波市老年人生活能力评估办法》
	2022 年 9 月	《宁波市人民政府办公厅关于深化长期护理保险制度试点工作的意见》

续表

试点城市	时间	政策文件
广州	2017 年 7 月	《广州市人民政府办公厅关于开展长期护理保险制度试点工作的意见》
	2017 年 10 月	《广州市长期护理保险鉴定评估费用使用和管理规程》
	2018 年 8 月	《广州市人民政府办公厅关于印发〈深入组织实施老年人照顾服务项目工作方案〉的通知》
	2019 年 7 月	《广州市长期护理保险协议定点服务机构管理办法》
	2020 年 12 月	《广州市长期护理保险试行办法》
荆门	2016 年 11 月	《荆门市长期护理保险办法（试行）》
	2017 年 2 月	《市人民政府办公室关于加强长期护理服务从业人员队伍建设的意见》
	2019 年 9 月	《荆门市长期护理保险经办服务规程（试行）》
上饶	2016 年 12 月	《上饶市人民政府办公厅关于印发〈开展长期护理保险试点工作实施方案〉的通知》
	2017 年 7 月	《上饶市长期护理保险制度试点经办规程（试行）》
	2019 年 7 月	《上饶市人民政府印发〈关于全面开展长期护理保险制度试点实施方案〉的通知》
	2020 年 7 月	《上饶市长期护理保险定点护理服务机构管理规定》
	2020 年 7 月	《上饶市长期护理保险定点评估机构管理规定》
齐齐哈尔	2017 年 9 月	《齐齐哈尔市长期护理保险定点护理服务机构协议管理办法（试行）》
	2017 年 9 月	《齐齐哈尔市长期护理保险失能人员生活活动能力等级评定管理办法（试行》
	2017 年 9 月	《齐齐哈尔市长期护理保险实施细则（试行）》
	2021 年 2 月	《齐齐哈尔市深化长期护理保险制度试点实施方案（试行）》
长春	2015 年 2 月	《长春市人民政府办公厅关于建立失能人员医疗照护保险制度的意见》
	2015 年 3 月	《长春市失能人员医疗照护保险实施办法（试行）》
	2021 年 12 月	《关于扩大失能人员医疗照护保险制度试点工作的通知》
	2021 年 11 月	《长春市家庭养老床位照护服务实施办法（试行）》
	2021 年 8 月	《长春市失能人员医疗照护保险居家照护服务实施意见（试行）》
成都	2017 年 3 月	《成都市人民政府关于印发〈成都市长期照护保险制度试点方案〉的通知》
	2017 年 4 月	《成都市长期照护保险实施细则（试行）》
	2018 年 10 月	《成都市医疗保险管理局关于印发〈成都市长期照护保险失能照护服务项目和标准（失智）〉和〈成都市长期照护保险协议照护服务机构标准（失智）〉的通知》
	2018 年 11 月	《成都市医疗保险管理局关于〈长期照护保险失能照护服务项目及待遇标准〉的通知》
	2020 年 5 月	《成都市人民政府关于深化长期照护保险制度试点的实施意见》
	2020 年 5 月	《成都市城镇职工长期照护保险实施细则》

自2016年《指导意见》出台以来，各试点城市根据自身的社会经济发展状况和特点都相继出台了地方的各项政策细则，不断完善长期护理保险制度的财务筹资机制、覆盖范围、评估标准和待遇标准等，以满足失能老人对长期护理服务的基本需要。因此，在长期护理保险制度可持续性的一级指标“制度可持续性”下的二级指标“政府层面”下的三级指标“政策支持”属于“完全符合”，得分为5分。

（三）监督管理

目前我国在长期护理保险试点过程中，还未形成明确的监督管理路径，监管主体的定位模糊，出现了多头管理、混乱管理的局面。各试点城市设置的监督管理机构的具体责任也并不明晰，管理规定也过于笼统。青岛市人力资源社会保障厅既要负责行政管理工作，又要制定管理规范和基本流程，还要负责调整筹集保费的标准，很难做到多任务之间的统筹兼顾。长春市的定点医疗照护机构与上海市的定点护理服务机构作为服务的提供方，也承担了过多的管理责任，不利于保障服务的质量。

在我国目前的长期护理保险制度试点城市中，由于缺乏第三方专业监管部门，所以制度的监管职责主要由政府承担。但是政府对经办机构、服务机构、失能鉴定机构等利益相关机构的监管制度规定的内容非常少，加之社保经办部门人力与经验的缺乏，监管能力十分有限，暴露出政府对该项制度的创设和运行过程中存在监督不到位和监管效率低下的问题。因此，在长期护理保险制度可持续性的一级指标“制度可持续性”下的二级指标“政府层面”下的三级指标“监督管理”属于“完全不符合”，得分为1分。

二、市场层面

（一）知晓率

《指导意见》选择上海等14个省份的15个城市作为国家首批长期护理险试点城市以来，截至2022年3月底，试点城市数量已扩大到49个。但在试点过程中发现，长期护理保险制度的知晓率低还仍然是一个亟待解决的问题，长期护理保险制度的知晓，不仅是指调查对象中知道长期护理保险制度的比例，调查对象还要基本了解长期护理保险的规定和流程。在一项专门针对长期护理保险制度知晓情况进行的调研结果显示，即使在长期护理保险制度的试点城市中，也仅有一半的被调查人了解长期护理保险，且了解的途径主要是通过医院和养老院的宣传。造成这种现象的原因可能包括以下三个：①目前许多试点城市长期护理保险缴费的方式是直接在职工医保中扣除，不需要另外缴费。②保险经办机构和政府本身的宣传力度不够。③部分被调查对象将长期护理保险与一些已有政策相混淆。

调查结果进一步显示，在我国，商业长期护理保险的知晓率更低，我国自2005年国泰人寿推出首个商业长期护理保险以来，截至2020年底，商业长期护理保险的产品规模约为123亿元，仅占健康保险保费的1.5%①，并且保费规模较小，发展较慢。因此，在长期护理保险制度可持续性的一级指标“制度可持续性”下的二级指标“市场层面”下的三级指标“知晓率”属于“部分符合”，得分为3分。

（二）保险公司参与度

自《指导意见》颁布以来，我国大部分长期护理保险制度试点城市在试点方案中都突出了社商合作的理念。目前我国试点城市的社商合作模式大体可分为政府购买服务、政府委托代理和政府补贴+商业保险公司运营三种类型。

1. 政府购买服务

在此模式下商业保险公司是服务的供给者，政府与其签订购买服务合同，商业保险公司负责提供经办工作服务并收取服务费。这种类型的社商合作模式中，政府的主导性强、权限大，可通过公开招标寻找商业保险公司，授予其管理基础经办业务及失能评定审核的权限。相比之下，商业保险公司的灵活性小、盈利较低，只是完成服务供给的任务，对推动长期护理保险制度长期发展的动力略显不足。

2. 政府委托代理

在此模式下，政府将基金收缴领域的更多权限交给商业保险公司，因此，商业保险公司具备了基金管理的职能，可扮演代理人的角色，营利性超过政府购买服务的模式，其积极性有所提高。但在这种模式下，商业保险公司通常会以盈利为目标，可能会在产品设计和理赔方面存在一定的利润追求，影响参保人的利益。

3. 政府补贴+商业保险公司运营

在此模式下，商业保险公司负责包括基金的投资运营管理与制度的设计与修

① 中国保险行业协会与瑞士再保险瑞再研究院2022年联合发布的《中国商业护理保险发展机遇——中国城镇地区长期护理服务保障研究》。

正等几乎所有的长期保险业务，发挥核心作用。而政府只对商业保险和护理设施进行初步审查和日常监控，并根据相应的比例向不同年龄的参与者提供补贴。该模式类似于一种商业保险，由商业保险公司承担所有职能，可以显著提高商业保险公司参与长期护理保险管理的意愿和积极性，政府也能极大程度上减轻行政压力与降低腐败可能性。

我国目前试点实施的长期护理保险制度普遍采用了多种形式的社商合作模式，将政府部分权限给予商业保险公司，激发了商业保险公司参与长期护理保险制度的积极性与活力，有利于提升长期护理保险体系办事效率与服务质量，避免贪污腐败的发生。因此，在长期护理保险制度可持续性的一级指标“制度可持续性”下的二级指标“市场层面”下的三级指标“保险公司参与度”属于“完全符合”，得分为 5 分。

三、定点服务机构层面

（一）定点服务机构数量

2022 年末国家卫生健康委员会公布的数据显示，我国长期护理保险制度试点城市的定点服务机构数量已达到 7600 家，是 2016 年制度试点初期的 4 倍。各主要试点城市定点服务机构数量如表 5-13 所示。

表 5-13　主要试点城市定点服务机构数量

试点城市	数据统计日期	定点护理机构数量
上海	2023 年 9 月	768
南通	2022 年 10 月	356
苏州	2023 年 3 月	66
宁波	2022 年 8 月	29
广州	2022 年 8 月	329
安庆	2023 年 9 月	95
荆门	2022 年 10 月	171
上饶	2023 年 6 月	58
齐齐哈尔	2022 年 5 月	44
长春	2022 年 7 月	101
成都	2023 年 5 月	97

资料来源：根据各市医疗保障局公开数据整理。

目前我国长期护理保险制度试点城市的定点服务机构数量呈逐渐上升的趋势，为了推动长期护理保险服务的发展，各试点城市开始将准入条件放得比较低，只要具备从事长期护理服务基本条件和能力的社会机构，都有资格申请成为长期护理保险的定点服务机构。联合国发布的《世界人口展望2022》预测，到2050年，我国将进入重度老龄化社会，60岁及以上老年人口将超过5亿人。同时，根据全国老龄工作委员会办公室调查统计结果，我国失能老人约占同期老年人口的18.3%①，老年人的长期护理服务需求巨大。以目前试点城市的定点服务机构数量来看，未来还将会存在较大的供需缺口，因此在长期护理保险制度可持续性的一级指标“制度可持续性”下的二级指标“定点服务机构层面”下的三级指标“定点服务机构数量”属于“部分符合”，得分为3分。

（二）定点服务机构质量

《指导意见》出台以后，我国长期护理保险制度试点城市的人社部门均发布了本地区长期护理保险制度实施细则与管理方案，规定只有具有一定医疗和养老服务资质的医疗机构、护理机构、养老服务机构等，才可以向长期护理保险经办部门提交定点机构申请。经办部门对申请方的专业技术人员、设备等条件进行资格评估，在经办机构审核确认申请机构服务资质后，双方签订护理服务协议明确权利与义务、约定服务范围、颁发相应资格证书和标牌，直到经办机构对定点机构的人员设施等实行备案管理后，定点机构才可以依据服务协议在有效期限内提供护理服务。

青岛市和邢台市等试点城市还在与定点机构签订护理服务协议中建立了服务质量保证金制度，也就是政府会留存定点服务机构一定比例的服务费用，在年末结算时通过定期审查、随机抽查寻访、满意度调查等多种方式对定点机构护理的服务质量进行综合考核，依据考核得分和等级来决定服务质量保证金最终拨付的比例，以及其他奖惩内容。上海、苏州等试点城市的定点服务机构还建立了护理服务评价机制，定点机构会进行定期电话回访或上门回访，围绕护理人员的服务态度、业务能力、服务质量等进行考察，然后定点服务机构会依据参保人对护理服务和护理服务人员的评价采取措施，及时改进低质量服务。大部分试点城市的定点服务机构还将本机构的护理服务信息，如护理人员的从业资质、服务收费标准、服务规范、考核情况等向社会公布，接受社会监督。因此，在长期护理保险

① 全国老龄工作委员会第四次中国城乡老年人生活状况抽样调查成果。

制度可持续性的一级指标“制度可持续性”下的二级指标“定点服务机构层面”下的三级指标“定点服务机构质量”属于“完全符合”，得分为 5 分。

（三）定点服务机构类型

目前我国长期护理保险制度试点城市的定点服务机构大体可分为四种类型：①上门护理定点服务机构，是对居家护理的参保人员提供上门护理服务的机构；②养老定点服务机构，是对入住养老机构护理的参保人员，提供生活护理服务的机构；③医疗定点服务机构，是对在医疗机构住院护理的参保人员，提供生活护理和医疗护理的机构；④辅助器具租赁定点服务机构，是对居家护理的参保人员，提供租赁护理辅具的机构。具体来说，如表 5-14 所示，各试点城市中，只要具备资质的护理院、护理站、护理中心、社区卫生服务中心、乡镇卫生院等医疗卫生机构，以及具备提供长期照护服务能力的社区日间照料中心、乡镇敬老院等养老机构都可以申请成为长期护理保险的定点服务机构。

表 5-14　主要试点城市长期护理服务定点机构类型比较

试点城市	长期护理服务定点机构类型
上海	养老机构、社区养老服务机构及医疗机构
南通	医院、护理院、社区卫生服务中心、养老服务机构
苏州	医院、护理院、社区卫生服务中心、养老服务机构、提供居家护理服务的其他服务机构
宁波	有条件为重度失能人员提供护理服务和生活照料的机构
广州	医疗机构、养老机构、家庭服务机构、社区居家养老服务机构
荆门	一级以上医疗机构、养老院、福利院、护理院、社区卫生服务中心、乡镇卫生院、村卫生室
上饶	医疗机构、护理机构、社区卫生服务机构、符合长期护理保险定点机构准入条件的专业养老机构
青岛	专业护理服务机构、社区定点医疗机构和二级及以上住院定点医疗机构
齐齐哈尔	医养护理服务机构、养老护理服务机构
长春	医疗服务机构、养老和护理机构
承德	医疗机构、护理院、老年公寓
重庆	具有护理资质的医疗机构、养老机构和有护理经营范围的法人主体
成都	养老服务机构、医院、护理院、社区卫生服务中心、乡镇卫生院
石河子	养老服务机构、护理院、其他商业护理服务机构、老年护理机构

资料来源：各试点地区政策文件。

综合来看，目前各试点城市都根据自身的社会经济发展条件探索了适合本地区的长期护理保险定点服务机构，由于试点城市长期护理服务的市场化程度不一，各地的定点服务机构类型也各异。因此，在长期护理保险制度可持续性的一级指标“制度可持续性”下的二级指标“定点服务机构层面”下的三级指标“定点服务类型”属于“完全符合”，得分为 5 分。

第四节　我国长期护理保险制度的可持续性评估

一、评价指标的权重与得分

基于第四章构建的长期护理保险可持续发展评价指标体系和本章前三节分析的我国长期护理保险制度在社会层面、财务层面和制度层面的可持续性评分，可得出如表 5-15 所示的我国长期护理保险可持续发展指标的权重与得分。

表 5-15　我国长期护理保险可持续发展指标的权重与得分

一级指标	权重	二级指标	权重	三级指标	权重	得分
社会的可持续性（A_1）	0.54	服务性（B_1）	0.54	护理服务机构（C_1）	0.25	3
				护理服务人员（C_2）	0.37	2
				护理服务内容（C_3）	0.14	4
				护理服务满意度（C_4）	0.24	3
		公平性（B_2）	0.46	参保条件公平（C_5）	0.64	3
				评估方案公平（C_6）	0.25	2
				供给方式公平（C_7）	0.11	2
财务的可持续性（A_2）	0.16	覆盖范围（B_3）	0.24	覆盖范围广度（C_8）	0.75	2
				覆盖范围深度（C_9）	0.25	3
		筹资渠道（B_4）	0.21	多渠道筹资（C_{10}）	0.62	4
				统筹层次（C_{11}）	0.38	1
		支付待遇（B_5）	0.55	支付标准（C_{12}）	0.56	5
				待遇标准（C_{13}）	0.44	5

续表

一级指标	权重	二级指标	权重	三级指标	权重	得分
制度的可持续性（A_3）	0.30	政府层面（B_6）	0.54	专门法规（C_{14}）	0.47	1
				政策支持（C_{15}）	0.29	5
				监督管理（C_{16}）	0.24	1
		市场层面（B_7）	0.16	知晓率（C_{17}）	0.60	3
				保险公司参与度（C_{18}）	0.40	5
		定点服务机构层面（B_8）	0.30	定点服务机构数量（C_{19}）	0.56	3
				定点服务机构质量（C_{20}）	0.32	5
				定点服务机构类型（C_{21}）	0.12	5

二、制度可持续性的评估结果

将长期护理保险制度可持续发展评价指标体系中的三级指标的得分百分制化，经计算可得到如表 5-16 所示的我国长期护理保险可持续发展指标的最终得分为 52.9 分。其中一级指标中：社会的可持续性得分为 22.8 分，财务的可持续性得分为 12.5 分，制度的可持续性得分为 17.6 分；二级指标中：服务性得分为 29.9 分，公平性得分为 12.3 分，覆盖范围得分为 10.8 分，筹资渠道得分为 12.0 分，支付待遇得分为 55 分，政府层面得分为 23.3 分，市场层面得分为 12.2 分，定点服务机构层面得分为 23.3 分。三级指标中：护理服务机构得分为 15 分，护理服务人员得分为 14.8 分，护理服务内容得分为 11.2 分，护理服务满意度得分为 14.4 分，参保条件公平得分为 12.4 分，评估方案公平得分为 10 分，供给方式公平得分为 4.4 分，覆盖范围广度得分为 30 分，覆盖范围深度得分为 15 分，多渠道筹资得分为 49.6 分，统筹层次得分为 7.6 分，支付标准得分为 56 分，待遇标准得分为 44 分，专门法规得分为 9.4 分，政策支持得分为 29 分，监督管理得分为 4.8 分，知晓率得分为 36 分，保险公司参与度得分为 40 分，定点服务机构数量得分为 33.6 分，定点服务机构质量得分为 32 分，定点服务机构类型得分为 12 分。

表 5-16　我国长期护理保险可持续发展指标得分

一级指标	得分	二级指标	得分	三级指标	得分
社会的可持续性（A_1）	22.8	服务性（B_1）	29.9	护理服务机构（C_1）	15
				护理服务人员（C_2）	14.8
				护理服务内容（C_3）	11.2
				护理服务满意度（C_4）	14.4
		公平性（B_2）	12.3	参保条件公平（C_5）	12.4
				评估方案公平（C_6）	10
				供给方式公平（C_7）	4.4
财务的可持续性（A_2）	12.5	覆盖范围（B_3）	10.8	覆盖范围广度（C_8）	30
				覆盖范围深度（C_9）	15
		筹资渠道（B_4）	12.0	多渠道筹资（C_{10}）	49.6
				统筹层次（C_{11}）	7.6
		支付待遇（B_5）	55.0	支付标准（C_{12}）	56
				待遇标准（C_{13}）	44
制度的可持续性（A_3）	17.6	政府层面（B_6）	23.3	专门法规（C_{14}）	9.4
				政策支持（C_{15}）	29
				监督管理（C_{16}）	4.8
		市场层面（B_7）	12.2	知晓率（C_{17}）	36
				保险公司参与度（C_{18}）	40
		定点服务机构层面（B_8）	23.3	定点服务机构数量（C_{19}）	33.6
				定点服务机构质量（C_{20}）	32
				定点服务机构类型（C_{21}）	12

三、制度可持续性的评估小结

（一）在服务性层面

我国从 2016 年开始试点实施长期护理保险至今，经过多年的探索实践，长期护理保险制度的落地实施为试点地区缓解失能老人家庭照料压力、社会医疗资源压力、提高老年人生活质量等提供了可行方案。截至 2022 年底，长期护理保险试点已扩大到 49 个城市，试点地区服务机构总数达 7600 家，护理人员数从原来的 3 万多人增加到 33 万人[①]。但目前我国长期护理保险仍然面临较为严峻的供需矛盾，在服务的优质化、个性化方面还存在很多亟待解决的问题。在未来的长期护理保险发展和完善中应拓宽多种合作模式，开发出更丰富的护理形式和服务内容，从而在真正意义上满足不同参保人的护理服务需求。

（二）在公平性层面

目前我国大部分试点城市将长期护理保险制度的覆盖范围仅限于城镇职工，并没有将农村居民纳入长期护理保险的参保范围内。但是从现实的需求来看，农村地区的很多老年人没有稳定的退休金收入，一旦身体失能，他们的长期护理问题更为迫切。因此，将农村居民排除在长期护理保险参保对象之外的做法，部分违背了社会公平的原则。另外，在统一的全国性政策中，没有关于失能等级的评估标准和具体实施办法的明确说明，各试点城市的执行标准不一，也引起了公平性的问题。

（三）在覆盖范围层面

我国长期护理保险制度各试点城市规定，在进行失能评定时，申请对象须有连续 6 个月以上的治疗时间，这会在一定程度上提升申请对象的住院需求。在试点初期，这种安排具有一定的合理性，但从长远来看，受益对象受限违背了制度公平的设计初衷，评估标准过严导致绝大多数有照护需求的失能者无法获得待遇资格。

（四）筹资渠道

长期护理保险的筹资模式决定着长期护理保险资金的来源，只有持续稳定的资金来源才能保证制度的长久运行。根据筹资渠道的不同，可以将长期护理保险制度分为单主体筹资渠道和多主体筹资渠道。单主体筹资渠道是指长期护理保险金的主要来源为基本医疗保险统筹基金，个人不需要另外支付。单主体筹资渠道模式较为单一，基本医疗保险统筹基金压力大，出现收不抵支的情况可能性增加，不利于长期护理保险制度的发展。而多主体筹资渠道是指长期护理保险资金不仅来源于基本医疗保险统筹基金，还通过用人单位缴费、政府财政支持、社会捐助及福利公益金等形式进行资金筹集，避免了单一筹资模式的弊端。我国目前实施多渠道筹资的试点城市中，依靠“基本医疗保险统筹基金+个人账户的划转+政府补助”是最为普遍的筹资方式，如成都市采取“医

① 资料来源：国家医疗保障局。

疗保险统筹基金+个人缴纳+单位缴费+政府财政补助”四主体的筹资模式，石河子市则引入了福利彩票公益金，将其作为长期护理保险的资金来源，扩大了筹资渠道。

（五）支付待遇

长期护理保险的资金筹集水平影响着实际待遇水平，目前我国各试点城市长期护理保险资金的筹集均与财政情况、医保基金结余、经济社会发展水平相一致，因而在试点经验中，各城市、地区之间的实际支付待遇差别较大。

（六）在政府层面

长期护理保险作为一项重要的社会保障制度，因此需要政府制定一套成熟的制度体系来维持。但是当前我国政府制定的社会保障制度体系相较于长期护理保险的现实发展进程来说是相对滞后的，所以存在制度保障内容与现实需要脱轨的现象。随着长期护理保险制度的迅速发展和内容的不断深化，早期的相关政策制度已经不能适应现实的发展和变化需求，需要政府对制度供给做出及时的调整。另外，由于长期护理保险制度的涉及范围很广，不仅包括长期护理保险领域的内容，还包括其他领域的支持性内容，所以需要政府各部门之间协同合作。但目前还存在各职责部门之间信息无法共享、沟通不畅等问题，没有充分调动和整合各类资源。各政府部门的协同能力不足可能会导致制度运行的效率低，不利于长期护理保险的可持续发展。

（七）在市场层面

我国的长期护理保险制度虽然已经在试点城市运行了一段时间并也取得了一定的成效，但市场规模有限、基础薄弱的问题依然十分突出，能参与长期护理保险市场的商业保险公司数量极少。目前存在大型商业保险公司垄断市场，并造成服务水平质量低和资源浪费的问题。

（八）定点服务机构层面

在我国的定点护理服务机构方面，现状是服务机构数量不足和护理人员短缺，长期护理服务机构还是以公办为主；同时在一些地区服务机构的空间分布不合理，服务的可及性差。营利性的服务机构较少、较难进入长期护理保险市场，导致社会的护理服务供给不足、质量不高、类型单一。

第五节　我国长期护理保险制度的可持续性发展存在的问题

一、长期护理服务的体系不健全

（一）供需矛盾突出

近年来，随着我国人口老龄化加速，失能人口规模的持续扩大，长期护理风险显著上升。增龄是老年慢性病患病率增高最重要的独立危险因素，研究表明：老年人年龄每增加5岁，其日常生活自理功能下降的危险性将增加1.12倍，各种疾病特别是慢性病患病率都将大幅度上升，常见病、多发病迅速增加，且持续天数长、康复慢，因此对健康保障服务的需求也是一般群体的3~5倍[①]。一般来说，护理需求高发于老年人群，中国保险行业协会与中国社会科学院人口与劳动经济研究所联合发布的《2018~2019中国长期护理调研报告》表明：失能问题首次出现的年龄通常在65岁左右，因为老年人常发疾病，如心脑血管疾病、阿尔茨海默症和帕金森症等，与失能状态的关联度十分显著，失能后需要不同程度的协助和照护，尤其是失能状态发展到中度和重度后更是如此；并且失能程度越严重，经历失能的时间也越长。在老龄人口加速扩大的背景下，加之出生率下降、城市化进程持续、女性劳动参与率不断上升和家庭结构小型化等结构性趋势，将大幅度加速我国失能老人在护理保障方面的需求增长。

但从养老服务机构的供给方面来看，我国的护理服务内容和服务提供者存在供需失衡的情况，护理服务行业还处于发展初期阶段，面临着护理人员短缺、年龄结构不合理、护理队伍专业性不强、缺少统一的行业标准等较为突出的问题。在“十三五”规划时期，国家要求健全以居家为基础、社区为依托、机构为补充、医养相结合的养老服务体系。2012~2021年，中央财政累计投入359亿元支持养老服务设施建设，社区养老服务基本覆盖城市社区和半数以上农村社区，居

① 资料来源：国家卫生健康委员会2023年10月发布的《2022年我国卫生健康事业发展统计公报》。

家社区机构相协调、医养康养相结合的养老服务体系持续健全[①]。其中，居家及社区养老设施是重点投入对象。民政部数据显示，截至2020年底，中国共有各类养老机构和设施32.9万个，其中包括养老机构3.8万个，社区设施29.1万个；全国养老床位合计821万张，相当于每千名老人拥有31.1张床位。这一数字虽然逐年提升，但与经济合作与发展组织国家每千名老人拥有41.6张床位的标准仍有差距。根据国家医疗保障局统计，截至2021年，我国长期护理保险定点护理服务机构6819个，护理服务人员30.2万人，50余万名养老护理员。然而，目前我国失能人员超4000万，如果按民政部失能人员与服务人员5∶1的配置标准[②]，也至少需要护理员800万。同时，如果按照收住老年人与床位的对比，养老机构的入住率仅在50%左右；这一方面说明大部分老人还是倾向于选择居家养老护理，另一方面显示出目前国内养老机构的服务供给还不能满足老年人的实际需求。中国老龄科学研究中心发布的《中国养老机构发展研究报告》指出，机构养老服务有效需求不足，处于市场两端的豪华型养老机构和设施简陋的养老机构较多，真正符合大多数老年人需求的中档养老机构所占份额较低，无法满足普遍中等收入家庭老年人的需求。

（二）多元服务供给主体合作不畅

1. 有效供给不足

（1）在家庭供给主体方面，由于家庭结构小型化、女性的劳动参与率的不断上升等客观因素的变化，使家庭作为提供长期护理服务最重要的主体，承担长期护理服务的能力被逐渐削弱，难以保证居家长期护理服务的水平和质量。

（2）在定点机构供给主体方面，由于失能老人比正常老人的身体健康状况差，需要投入更多的人力和物力，使养老服务的经济成本更高。因此，定点长期护理服务机构作为经营实体，如果降低收费标准，会增加机构的生存压力，投入产出比较低导致其难以盈利。但是如果提高收费标准，可能会增加失能老人及家庭的经济压力，从而降低其对机构护理服务的需求。因此，定点服务机构为失能老人提供长期护理服务的主观性不强。

（3）在社区供给主体方面，由于目前社区难以脱离其他主体独立提供长期

① 资料来源：中央纪委国家监委（https：//www.ccdi.gov.cn/toutiaon/202209/t20220922_219432.html）。

② 资料来源：民政部办公厅2020年发布的《关于加快推进护理型养老床位发展与监测工作的通知》。

护理服务，必须依靠政府等其他主体的支持与帮助，必然会导致供给量不足，滋生腐化和僵化行为，难以满足长期护理服务的需求。

（4）在商业服务机构供给方面，商业性长期护理机构逐利性倾向严重，为压缩成本往往以牺牲服务质量为路径。商业性长期护理服务机构往往需要投入非常庞大的成本，既包括初始投资成本还包括日常运营成本。这些成本的投入会进一步激发商业长期护理机构的逐利倾向，一旦出现无利可图的情况，部分商业长期护理机构就会退出市场或为压缩成本而牺牲服务质量，导致消费者和雇员权益受损。

2. 多元主体权责不明

对长期护理服务的多元主体进行清晰、准确的权责定位，是多元主体提供高质量长期护理服务的前提，也是多元主体合作供给的前提条件。明确的职责定位有利于各主体发挥自身的作用与优势，提供长期护理服务的供给质量与供给效率。但现阶段，我国长期护理服务的各供给主体在合作过程中缺乏明晰的职责划分。

（1）由于政府对社区在居家长期护理服务中承担的职责要求不明晰，也缺乏对社区开展长期护理服务活动的硬性规定。目前社区在整个长期护理服务中只负责接收申请与公示评估结果并接受监督，但是其本身却无法对评估及服务过程进行监督，只是扮演了平台的角色。社区作为基层自治组织，与居民关系最为密切，对辖区内老年群体的情况更为了解，开展服务监管更具优势。但目前的评估工作并未邀请社区的加入，这一缺位忽略了社区的便利与责任。因此，在多元主体合作供给长期护理服务的过程中，社区的贡献力明显不足。

（2）养老机构是为失能老人提供长期护理服务的市场主体，由于这类主体以盈利为目的，因此在与其他主体合作供给服务的过程中，存在定位不清的情况。首先，养老机构会挑选服务对象，它们往往更倾向于选择失能程度较低的老年人作为服务对象，导致部分长期护理服务资源错配，造成资源的浪费。其次，由于部分养老机构缺乏公益性定位，单纯地追求经济利益，忽视了作为市场主体应承担的提供长期护理服务社会公益的功能。结果是定价过高，使得收入较低的失能老人和家庭无法享受到机构护理服务，不利于化解社会养老危机。最后，部分养老机构提供的服务内容更多地从自身经济成本投入的角度考虑，而不是从失能老年人群的需求考虑，导致其提供的服务难以满足不同群体的养老需求。

3. 多元主体之间合作不畅

目前，我国长期护理保险的评估、机构照护、社区居家照护、基金给付、服务转接等不同活动隶属于不同的管理部门，加之各主体在合作与资源整合方面缺乏有效的沟通机制，因此无法实现多主体之间的有效合作。在评估阶段，由医疗保障局负责制定评估标准与日常管理，由第三方评估机构具体操作。根据长期护理保险服务流程，符合条件的老人需要到社区居家养老服务中心、社区事务受理中心等线下机构，或者通过电话与网络进行咨询与申请。接受申请后，由专业的第三方机构上门进行“背靠背”评估，评估结果将会通知老人。整个过程复杂，加之不同主体之间的沟通不畅，导致失能评估困难。

除评估系统外，不同层级之间的服务衔接也存在不足。一方面，除少量养老机构或卫生服务中心外，多数具有长护险服务资质的机构因为缺乏相关的执业医师与执业护士，无法开展相关医疗护理服务。另一方面，上门护理服务中执行简单的医疗护理本是长期护理保险缓解医疗系统压力的重要组成，但是在实际操作过程中，由于家庭环境不洁、护理服务实施难度大，可能会增加护理过程中的医疗风险。从服务提供机构的角度看，护理服务大多选择将有限的资源投入风险更低、经济回报更高的生活照料方向。专业的社区卫生服务机构则因为无法与护理机构达成合作而导致其使用率较低，原规划中的生活照料与医疗护理相衔接也因主体之间的沟通不畅而无法完全实现。

二、长期护理保险制度的筹资渠道不合理

关于长期护理保险制度筹资渠道方面，我国并没有从国家层面做出明确的规定，各试点地区根据实际情况进行探索，但目前存在一些共性的问题。

1. 过度依赖医疗保险基金

虽然多数试点城市在政策中均提出建立多渠道筹资机制，长期护理保险基金由个人缴费、单位缴费和财政补助等部分共同构成，但在实际操作中，单位和个人的缴费部分依然是从医保统筹基金或医保个人账户中直接进行划拨。如齐齐哈尔、南通、安庆等城市医保划转金额的占比在30%~60%；上海、广州、承德等城市甚至将医疗保险资金作为长期护理保险的唯一资金来源。这种做法会对医保基金的支付产生巨大的压力。在我国医疗保险基金存在结余的情况下，长期护理保险对医疗保险的依赖尚不会产生明显问题。但近年来随着老龄化的加剧，我国医疗保险的支出不断增加，支出增长幅度超出收入增长幅度。这时若医疗保险基

金依然作为长期护理保险资金的来源主要渠道，会加速试点城市职工医疗保险赤字的产生，增加城乡居民医疗保险赤字。

另外，医疗保险基金作为长期护理保险资金的来源主要渠道会混淆两种保险的保障目标。医疗保险的主要目标是补偿患者疾病治疗的费用开销，其中虽然包含了一定的护理费用，但仅用于治疗疾病、照顾短期陷入不能自理困难的患者，帮助患者战胜疾病、恢复健康的辅助性手段。但长期护理保险是专门用于重度失能老年人日常护理的需要，以维持现有生理功能为目标，具有长期性，所需资金巨大。医疗保险资金用于长期护理保险，还可能产生过度用于单个失能个体，摊薄医疗保险费用，影响患者正常医疗保险待遇，进而造成医疗保险资金使用不公等问题。因此，长期护理保险基金主要依赖医疗保险基金的划拨是不可持续的，也是不合理的。

2. 单位的筹资责任缺失

参保人和用人单位共同缴费是社会保障制度互助性和共济性的体现，因此用人单位也应承担一部分筹资责任。用人单位的筹资责任体现在两个方面：一是在长期护理费用由医疗保险基金划拨的情况下，用人单位缴纳的基本医疗保险费；二是在缴纳基本医疗保险费之外，另行承担的筹资责任。但在目前长期护理保险制度的试点城市中，只有上海和上饶等极少数城市要求用人单位独立承担缴费责任。上海市对于第一类人员，用人单位缴纳职工医疗保险缴费基数的1%①；上饶市单位承担的缴纳金额仅为个人缴费数额的1/10②。在这样的制度安排下，单位的筹资责任虽然不是缺位状态，但也仅具象征意义。单位筹资责任的缺失将使长期护理保险丧失一个重要的资金来源，并带来筹资责任失衡的问题。

3. 地方政府的筹资责任不清晰

作为社会保险性质的长期护理保险制度，其资金来源应包括地方政府筹资，但各试点城市关于地方政府筹资的责任、方式和程度等要求均不明确，并且差距较大。如长春和苏州规定，地方政府以最终付款人身份对长期护理保险资金进行补充，承担兜底责任，仅在长期护理保险基金无力承担时，由财政提供资金维持其运转。地方财政情况较好的城市拨款较多，如南通市的财政拨款达到

① 资料来源：上海市人民政府办公厅2021年12月发布的《上海市长期护理保险试点办法》。
② 上饶市人民政府办公厅2019年7月发布的《全面开展长期护理保险制度试点实施方案》。

40 元/人·年[①]；财政情况较紧张的城市拨款则较少，如上饶市只有 5 元/人·年[②]。在老龄化问题日益严峻、长期护理需求不断增加的背景下，若筹资责任不明确，很难保证基金运行的公平性和可持续性。

三、长期护理保险制度筹资政策的地区差异性大

筹资政策是长期护理保险制度试点的基础工作和重点工作之一，在我国社会保险缴费率过高，各地区都在调低社会保险整体缴费水平的背景下，各长期护理保险制度试点城市在筹资渠道、筹资方式和筹资标准方面都存在着明显的政策差异。

（一）筹资渠道差异

目前，我国的长春市、广州市、宁波市等试点城市，为了迅速扩大长期护理保险的覆盖面，以医疗保险基金为主要的筹资渠道，从基本医疗保险统筹基金划拨资金进行筹资，个人和单位无须另外缴费，筹资渠道比较单一。另外部分试点城市建立了多元化的筹资渠道，包括个人缴费、用人单位缴费、医疗保险统筹账户和个人账户划转、医疗保险统筹账户结余划转、政府财政补贴、社会捐助、福利彩票等。其中，明确了政府财政筹资责任的城市包括：苏州市、南通市、青岛市、荆门市、重庆市、成都市、承德市、长春市和石河子市。明确了用人单位筹资责任的城市包括：上海市、上饶市、成都市、石河子市。明确了划转福利彩票资金的城市包括：南通市、石河子市。

（二）筹资方式差异

目前，我国长期护理保险制度试点城市的基金筹资方式可以分为定额筹资、比例筹资和混合筹资三大类。

1. 定额筹资

定额筹资是规定参保人在一定周期内缴纳一定数额保费的筹资方式，每人的筹资标准统一。目前，采用定额筹资方式的主要试点城市包括齐齐哈尔市、南通市、苏州市、安庆市、上饶市、广州市、重庆市等。试点城市规定筹资标准，并按照医疗保险统筹基金、个人账户、财政补助等不同筹资渠道分别按规定数额进行筹资，筹资标准差距大，从每人每年 24 元至每人每年 240 元不等。定额筹资

① 资料来源：南通市医疗保障局 2019 年 8 月发布的《关于完善长期照护保险相关规定的通知》。
② 上饶市人民政府办公厅 2019 年 7 月发布的《全面开展长期护理保险制度试点实施方案》。

方式简单、易于精算，但是由于缴费数额固定，当制度面临人口老龄化、疾病、灾害、经济动荡等风险压力时，增加缴费很困难。

2. 比例筹资

比例筹资是以社会平均工资、居民可支配收入或人均纯收入等特定的收入标准为基数，按照规定的比例收取保险费用的筹资方式。目前，采用比例筹资方式的主要试点城市包括承德市、上海市、宁波市、荆门市和成都市等。上述城市由医疗保险统筹基金、个人账户、财政补助等不同筹资渠道分别按规定比例进行筹资。比例筹资的筹资水平可分为三大类：一是承德、荆门、湘潭等试点城市的筹资水平主要以本市上一年度人均可支配收入、在岗职工平均工资水平来决定，二是上海和成都等试点城市以社会医疗保险缴费基数为基数，三是长春和宁波等试点城市以医疗保险基金累计结余状况为依据确定筹资标准。比例筹资方式能够伴随经济社会水平的变化而调整，更为灵活，但是由于长期护理风险不确定性、个人工资收入等基数不一，确定筹资比例的难度较高。

3. 混合筹资

长春市、青岛市和石河子市等地区采用了定额筹资和比例筹资相混合的筹资方式。如呼和浩特市将职工与城乡居民筹资分开，职工采取定比筹资的方式进行筹资，市本级财政每人每年补助 10 元；而城乡居民则采取定额筹资的方式，筹资标准为每人每年 70 元。

（三）筹资标准差异

由于我国长期护理保险制度试点城市的筹资方式和筹资水平不同，因此各地的筹资标准差异也较大。

1. 采取定额筹资方式的试点城市

采取定额筹资方式的试点城市中，因为地区间经济发展水平和老龄化的程度不同，所以筹资标准从每人每年 30 元到 150 元不等。其中，安庆市为每人每年 30 元[①]，齐齐哈尔市为每人每年 60 元[②]，广州市为每人每年 130 元[③]。老龄化程

---

① 资料来源：安庆市人民政府 2020 年 1 月发布的《安庆市城镇职工长期护理保险实施办法》。

② 资料来源：齐齐哈尔市人力资源和社会保障局 2017 年 9 月发布的《齐齐哈尔市长期护理保险实施细则（试行）》。

③ 资料来源：广州市医疗保障局、广州市财政局、广州市民政局、广州市卫生健康委员会 2020 年 12 月发布的《广州市长期护理保险试行办法》。

度较高的重庆市的筹资标准为每人每年 150 元[①]，苏州市为每人每年 120 元[②]，南通市为每人每年 100 元[③]。

2. 采取比例筹资方式的试点城市

采取比例筹资方式的试点城市中，筹资标准以城镇职工上年度工资总额、基本医疗保险缴费基数或上年度居民人均可支配收入为缴费基数，筹资比例在 0.3%~0.5%。其中，上海市为医保缴费基数的 1%[④]，宁波市为医保缴费基数的 0.3%[⑤]，荆门市为上年度居民人均可支配收入的 0.4%[⑥]，承德市的筹资标准为个人上年度工资总额的 0.4%[⑦]。

3. 采取混合筹资方式的试点城市

采取混合筹资方式的试点城市中，长春市的筹资标准为：城镇职工的缴费标准是医保缴费基数的 0.5%，城镇居民的缴费标准是每人每年 30 元[⑧]。青岛市的筹资标准为：城镇职工的缴费标准是医保缴费基数的 0.7%，城镇居民的缴费标准是每人每年 30 元[⑨]。

四、长期护理保险制度的保障水平有限

从参保对象覆盖范围的角度来看，大多数试点城市长期护理保险制度的参保对象仅为城镇职工与城镇居民，大量的城乡居民尤其是农村居民未被纳入制度中。在首批 15 个长期护理保险试点城市中，有 4 个试点地区仅覆盖了城镇职工医保人群，2 个试点地区覆盖了职工医保和居民医保人群，9 个试点地区覆盖了城乡居民医保人群。在第二批 14 个长期护理保险试点城市中，有 11 个试点地区仅覆盖了城镇职工医保人群，仅 3 个试点地区覆盖了城乡居民。城镇居民和农村

---

① 资料来源：重庆市医疗保障局、重庆市财政局 2021 年 11 月发布的《关于扩大长期护理保险制度试点的实施意见》。

② 资料来源：苏州市人民政府 2022 年 10 月发布的《关于进一步推进长期护理保险试点工作的实施意见》。

③ 资料来源：南通市人民政府 2015 年 10 月发布的《关于建立基本照护保险制度的意见（试行）》。

④ 资料来源：上海市人民政府办公厅 2021 年 12 月发布的《上海市长期护理保险试点办法》。

⑤ 资料来源：宁波市人民政府 2022 年 8 月发布的《宁波市人民政府办公厅关于深化长期护理保险制度试点的指导意见》。

⑥ 资料来源：荆门市人民政府 2016 年 11 月发布的《荆门市长期护理保险办法（试行）》。

⑦ 资料来源：承德市医疗保障局 2021 年 6 月发布的《承德市城镇职工长期护理保险管理办法》。

⑧ 资料来源：长春市医疗保障局 2021 年 12 月发布的《关于扩大失能人员医疗照护保险制度试点工作的通知》。

⑨ 资料来源：青岛市人民政府 2021 年 3 月发布的《青岛市长期护理保险办法》。

居民并未被全部纳入长期护理保险保障对象中，不利于推进长期护理保险城乡统筹发展和基本养老服务均等化。目标人群定位模糊势必会剥夺一部分长期护理保险制度需要者的权利，增加被剥夺者个人或家庭财务负担。

在失能程度的约束条件方面，试点地区形成了两种不同的做法：一种是赔付目标人群仅针对重度失能者，如南通市、承德市、上饶市、成都市等都规定赔付的对象为“参保人因疾病、伤残等原因常年卧床达到或预期达到 6 个月以上，生活完全不能自理，病情基本稳定”。另一种是赔付对象包括中度失能者和重度失能者，如上海市规定“暂定为 60 周岁及以上、经评估失能程度达到评估等级二级至六级且在评估有效期内的参保人员，可以享受长期护理保险待遇”。

在年龄的约束条件方面，试点地区也存在两种做法：一种是以上海市为典型代表，赔付的目标人群是老年人，只有 60 周岁及以上参加长期护理保险的老年人才有资获得护理保险待遇支付，主要目的是减轻失能风险发生概率较大的老年人的财务负担。另一种是赔付的目标人群为所有参保者，即参加长期护理保险制度的参保者只要发生长期护理风险损失就可以获得待遇支付，目前试点地区基本上把所有参保者作为待遇支付的目标人群，没有年龄限制条件。

从给付范围的角度来看，多数试点城市仅覆盖基本生活照料服务和相关医疗护理服务、符合规定的护理机构费用和符合规定的护理人员服务费用，并且对给付范围有明确规定的城市只占一小部分。目前各城市关于待遇给付范围是医疗护理支出还是日常照护支出还存在争议，一些试点城市仅支付与医疗直接相关的护理费用，而预防性照护、康复保健和心理疏导等方面的支出不包含在给付范围内，因此长期护理保险的待遇给付范围仍有待进一步明确。从待遇水平的角度看，各试点城市确定的待遇水平不高，居家护理的日包干额度一般未超过 50 元；机构护理的日包干额度稍高，但大部分也未超过 100 元。此保障水平很难满足参保人的实际长期护理需求。

五、长期护理保险制度支付待遇的地区差异性大

（一）支付范围

目前，我国长期护理保险制度各试点城市的保险支付一般都包括基本的护理费用，既包括基本医疗护理费用，又包括基本生活照料费用，但是已经属于其他社会保险或者应由其他社会保险承担的费用就不再列入其中。如表 5-17 所示，各试点城市在具体细则上有所区别。

表 5-17　主要试点城市的长期护理保险支付范围

试点城市	支付范围
重庆	基本生活护理服务费
安庆、承德、宁波、齐齐哈尔、青岛、上海、石河子	医疗护理服务费
成都	基本照护服务费、耗材费、设备使用费
广州	床位费、鉴定评估费，以及服务项目范围内的基本生活照料费、医疗护理费
长春	床位费（医疗机构除外）、护工劳务费用、护理设备使用费、护理日用品、舒缓治疗费
荆门、南通、苏州	床位费、护理服务费、护理设备使用费、护理耗材费
上饶	评估费用、自主照料补助、居家上门护理项目费用、居家上门产品（辅助器具）租赁费用、机构内照护服务费、设备使用费、耗材费、第三方委托经办管理考核费

资料来源：各试点地区政策文件。

在试点城市中，长春市仅支付机构护理费用，可能会导致居家护理费用不享受报销，所以失能人员选择“社会性入院”的道德风险。因此，长期护理保险支付要体现“有所为”“有所不为”。

（二）支付标准

1. 支付待遇标准的发展趋势

（1）待遇支付标准与失能等级挂钩。第一批试点城市在待遇给付时，仅有南通市和苏州市根据失能程度的不同进行了区分，两地区对重度失能人员的支付水平高于中度失能人员。而第二批试点城市中，盘锦、南宁、呼和浩特等城市已明确将待遇支付与失能等级挂钩。

（2）待遇支付标准与参保年限挂钩。成都、湘潭、晋城、昆明、甘南藏族自治州、石河子等城市均在缴费年限方面作出了相关安排。如成都市规定，参保人员已连续参保缴费 2 年以上并累计缴费满 15 年。申请待遇时未缴足 15 年的，可按标准一次性补足缴费年限后享受相关待遇①。

2. 支付待遇标准的差异

我国长期护理保险制度试点城市的保险支付方式主要分为定额给付和按比例

① 成都市人民政府 2020 年 5 月发布的《成都市人民政府关于深化长期照护保险制度试点的实施意见》。

给付。如表 5-18 所示，定额给付的给付标准是一个固定的具体数值，大部分试点城市设定的标准额度是 30~50 元/人·天；按比例给付就是给付标准按规定的比例支付，大部分试点城市给付比例大于或等于 70%。因为长期护理保险制度的资金筹集水平直接影响着实际的支付范围和支付待遇水平，各试点城市长期护理保险资金的筹集均以财政情况、医保基金结余、经济社会发展水平相一致，所以在试点经验中，各城市之间的实际待遇差别较大。

表 5-18　主要试点城市的长期护理保险支付标准

试点城市	医疗机构	养老机构	居家护理
重庆	50 元/人·天		
承德	60 元/人·天	50 元/人·天	40 元/人·天
安庆	基金支付 60%+基本医疗保险住院待遇	基金支付 50%	居家上门护理：分服务项目按标准支付：750 元/月 居家接受非协议护理服务机构护理：15/天
宁波	40 元/天+基本医疗保险住院待遇	40 元/天	
齐齐哈尔	30 元/人·天（基金支付 60%）	25 元/人·天（基金支付 55%）	20 元/人·天（基金支付 50%）
青岛	职工医疗保险参保人：基金支付 90% 城乡居民医疗保险参保人：一档 80%，二档 70%		
上海	参照医保支付待遇	一级的基金支付 85%；二、三级的 20 元/天；四级的 25 元/天；五、六级的 30 元/天	一级的基金支付 90%；二、三级的 3 小时/周；四级的 5 小时/周；五、六级的 7 小时/周
石河子	基金支付 70%，750 元/月		基金按 25 元/天标准支付
成都	基金支付 70%		基金支付 75%
广州	75%（基本生活照料费用不高于 120 元/人·天，床位费不高于 35 元/人/天）		95%（基本生活照料费用不高于 115 元/人·天）
长春	职工医保为 90%，居民医保为 80%		
荆门	150 元/人·天（基金支付 70%，个人支付 30%）	100 元/人·天（基金支付 75%，个人支付 25%）	全日居家护理：100 元/人·天（基金支付 80%，个人支付 20%） 非全日居家护理 40 元/人·天（基金支付）
南通	60%+基本医疗保险住院待遇	50%	

续表

试点城市	医疗机构	养老机构	居家护理
苏州	基金支付 60%+基本医疗保险住院待遇	基金支付 60%	每月限额支付
上饶	1200 元/人·月		居家自主：450 元/人·月 居家上门：900 元/人·月

资料来源：各试点地区政策文件。

另外，如荆门、上海、成都、苏州、广州、呼和浩特、甘南藏族自治州、盘锦、乌鲁木齐等试点城市规定，机构护理的支付水平高于居家护理。我国养老服务体系的发展方向是以居家和社区服务为主体的，用待遇支付标准作为杠杆引导失能老年人接受社区和居家护理是必然的导向。

六、政府政策支持与监督管理薄弱

（一）政策目标定位不清

目前我国长期护理保险制度的目标定位不清晰，部分试点城市的政策目标定位与制度初衷存在偏差。把长期护理保险制度的目标定位为财务损失的赔付和护理服务的供给，既强调对失能者提供财务损失的赔付，也强调护理服务的供给。这种双重定位使得长期护理保险制度承担着护理损失赔付和护理服务供给的双重责任，但目前试点城市的长期护理服务业还不成熟，护理服务数量、质量、结构不能满足失能者的基本需求。在目前护理服务市场还不成熟时，护理服务供给的渠道更多的是依靠政府直接或间接对市场干预，目前还没有形成护理服务市场的良性发展，但是已经挤占了长期护理保险的大量资源。

双重目标功能是中国长期护理保险制度发展初期的一种客观要求，是基于中国护理服务业不成熟时，建立与长期护理保险制度相配套工程的需要，但一旦护理服务市场成熟，长期护理保险制度的目标功能就要回归。目前，由于护理服务市场的不成熟，几乎所有试点地区都存在目标功能双重定位、目标功能输送渠道错位问题。

（二）配套政策衔接不足

在政策衔接方面，政府需考虑长期护理保险政策与其他社会保险制度的政策衔接程度，还有和不同政府部门间的政策衔接程度。

1. 与其他社会保险制度的政策衔接

随着我国各类社会保障制度的发展，长期护理保险政策应进一步加强完善与其他社会保障措施的衔接，尽量做到与各类社会保障制度相契合。目前，由于长期护理保险的特殊性，经常容易与医疗保险、工伤保险等其他社会保险项目混淆，造成重复负担的问题。

2. 不同政府部门间的政策衔接

长期护理保险主要是由我国人力资源和社会保障部门、民政部门、卫生健康部门和财政部门等政府部门共同参与运行。因此需要发挥各部门的基本职责，将其在长期护理保险制度中需要承担的职责与长期护理保险制度实施中的具体情况一一对应起来，包括政策的制定、实施、管理与监督等。目前，由于各部门在工作开展期间存在交叉地带，因此存在部门摩擦和管理效率较低下的问题。各部门之间需要进行有效沟通和分工，制定统一的管理规范和要求，按照各自职责，协同做好具体工作。

（三）多重保障层次不完备

目前我国长期护理保险制度的制度定位是社会保险，政府需要对社会保险进行财政支持，如缴费补助、管理成本、兜底责任等。长期护理保险的资金来源大部分是直接从医保基金中进行划拨，这就意味着国家的财政压力很大，且暂时没有明确设置财政补贴的机制。从长期来看，这种做法会导致资金风险增加。因此，我国长期护理保险制度的发展必须多条腿走路，充分发挥更多层次的保障资金支持，以维持其可持续发展。除此之外，从试点城市的经验来看，居家上门护理、社区护理及养老机构护理等，仍存在着不同程度的基金浪费现象，亟须健全多重保障的长期护理保险制度，以实现制度的可持续运行。

（四）政府监管不足

1. 监管法律不完善

法律是保障长期护理保险制度运行的基础，长期护理保险服务的提供需要依靠法律加以规范。目前，我国长期护理保险的具体服务内容缺乏相应独立的监管法律法规。有些相关法律法规中虽然包含政府监管的相应内容，但具体责任内容的规定较为笼统，未明确具体监管方式和手段。监管内容不清晰会导致具体开展监督工作时缺乏明确的标准细则，监管工作难以进行。

2. 监管方式单一

政府对长期护理保险制度的监管方式主要包括行政化核查监管和协议监管两

种。其中，行政化核查监管是最为常见的一种监管方式，是监管主体对定点护理服务机构、定点评估机构等监管对象以行政手段进行的监督管理，多采用定期核查复验等形式，对于核查复验过程中出现的不符合规定的机构给予一定的行政处罚。例如，南通市由市照护保险经办机构对失能失智预防工作及预防费用的使用情况进行全程监督，对违规机构视情节给予相应处罚。协议监管的方式是将长期护理保险与市场机制相结合，以建立协议的方式对被监管方的行为进行约束，协议双方在共同协商的前提下将行为规范条款纳入服务协议中，并且在服务协议中对违约行为规定相应的惩戒措施。

相对协议监管而言，行政化的监管方式过于死板，形式相对固定，在监管过程中可能出现监管对象不配合的情况，对监管效率的提升存在一定影响。与行政化监管强调单方面监管与被监管的形式不同，协议管理是在双方共同协商的情况下拟定的，这种监管方式有助于提高监管对象的积极性，但是协议监管缺乏行政手段的强制性，对于监管过程中出现的问题，监管对象或存在侥幸心理，无法做到及时整改。单一的监管方式不利于服务效率的提升，需要将不同的监管方式相结合，取长补短。采取多元化的监管方式对长期护理服务行为加以监管，相较于单一监管而言更为全面具体，可促进监管水平的进一步提高。

目前，我国大部分长期护理保险制度试点城市的政府监管方式较为单一，如广州、上海、苏州等城市；少数地区如青岛、南通、南宁等城市采取两种方式相结合的监管模式。单一的监管方式本身存在一定缺陷，所涉及的监管内容有限，无法对长期护理保险服务做到全面系统的监管。

3. 监管主体之间缺乏联动

监管主体协同是保障长期护理保险制度顺利运行的关键，监管主体应在职责范围内开展护理服务的监督管理，能有效监督长期护理服务的运行，为失能人群提供更加及时有效的护理。但目前，我国长期护理保险各行政监管主体之间并未建立有效的沟通机制，监管主体功能的定位不明，缺乏联动性。这会导致监管内容存在空白，政策协同性较差，造成监管过程中出现的问题难以得到及时处理，对长期护理的服务保障产生一定影响。

在行政监管主体责任不明的情况下，各主体联动不足也可能导致各部门监管内容重复。在监管责任主体未建立有效的沟通机制的前提下，重复监管将会导致资源整合度不高，使得监管工作效率低下，服务供给水平较低。此外，长期护理需求人员在接受服务的过程中，患者信息需要在多个部门系统录入，如评估机构、定点服务机构及医保支付机构等，不同的职能部门相互独立，信息难以实现统一流转，使监管过程的工作内容繁杂。而且，信息对比一旦存在差异，监管实施工作将难以开展，重新核对信息也会拖延监管时间，耽误监管工作进程。

根据《指导意见》，各地医疗保障部门负责长期护理保险服务的指导和统领工作，是长期护理保险的主要监管部门；财政部门、民政部门及卫生健康部门等相关部门作为辅助机构，共同负责长期护理保险的监督管理工作。多部门联合监管形成长期护理保险政府监管主体的多元化相较于单一部门负责长期护理服务的监管，多部门联合能够优化单一部门在开展监管工作时存在的效率低下问题，更有利于护理服务监管工作的有效开展，多方位监管也有助于长期护理保险服务质量的提升，使失能人群享受到的服务待遇保障更加完善。但当前我国长期护理制度多部门监管还未建立起长效沟通机制，部门主体间联动性不足，监管内容出现重复或真空地带，不同部门间职责边界模糊，服务监管体系建设难以完善，不利于长期护理服务的高效供给。

七、市场化程度较低

（一）商业长期护理保险规模较小

商业长期护理保险作为社保长期护理保险的重要补充，目前在我国的市场规模依然较小，长期护理保险市场发展相对缓慢。现阶段在我国仅有极少数保险公司经营商业长期护理保险，且这些公司的策略或业务情况的变化会导致护理保险的市场占比和保费增速发生较大波动。同时，目前护理险产品形态比较单一，在定价、核保、理赔和风控方面能力仍显薄弱，多数产品也缺乏配套服务。

商业长期护理保险在我国发展缓慢的原因主要有四个：①消费者对护理风险的认知普遍较低，护理保障意识不足；②不同失能程度的老年人对护理服务的需求复杂多样，保险公司缺乏经验数据，导致定价困难；③由于承保人群的年龄大，逆选择的风险较高；④护理服务缺乏统一标准，导致理赔难度较大等。

（二）长期护理保险的知晓度和满意度有待提升

对我国长期护理保险制度的知晓度调研结果显示：在试点城市的参保人中仅有一半的参保人了解长期护理保险，且了解的途径主要是医院、养老院的宣传。导致这种情况的原因有两个：①目前大部分试点城市的长期护理保险缴费方式是直接在职工医保中扣除，参保人对此并不敏感；②老年人对政策的接受能力差，宣传工作难度大，缺乏公共层面的广泛宣传，单靠机构自身力量难以做到全面宣传。

对我国长期护理保险制度的满意度调研结果显示：对于现行的长期护理保险制度，参保人的满意度不是很高。对其满意度影响最大的因素为参保人的身体状况和对长期护理保险制度的了解情况，相比身体状况健康的参保人来说，基本能够自理、部分能够自理和完全不能自理的参保人对长期护理保险满意度相对较高，原因可能是长期护理保险对于满足待遇条件的参保人可以给予现金补贴、护理服务提供等补偿方式，所以部分身体状况较差的参保人已经享受到了政策待遇，故这类人群的满意度较高。参保人关于长期护理保险制度的知晓情况对满意度的影响说明了知晓程度越高，满意度越高。政策的认知是进行政策评价的必要前提，只有在全面了解政策内涵的条件下才能对现行的政策作出科学合理的评价。另外，失能评估标准不科学、养老院护工短缺及服务质量堪忧、养老院与医院信息不通、护工费用过高等都是长期护理保险受益人在享受待遇中发现的问题，在很大程度上影响了参保人的政策感受即满意度。究其原因，主要是长期护理保险在保险市场还属于新兴险种，根基脆弱，相关配套制度及设施还未健全。政府应该加快完善失能评估体系，加大对护理机构的财力、物力和人力投入，提高保险业务经办能力和加强信息化水平等配套制度和设施建设，不断提高参保人的政策获得感和满意度。

八、定点服务机构面临发展困境

（一）资金收支压力大

一般来说，养老机构和护理机构的床位周转率较低，成本回收期较长，因此相比以开展医疗业务为主的医疗机构，长期护理的定点服务机构面临着收支压力。尽管有长期护理保险制度的补助资金支持，但由于补助经费偏低和收入不高，一些机构存在收不抵支的情况，仅靠长期护理保险收入是远远不够的。很多养老机构都面临来自房租、设施成本、员工工资等方面的资金压力。

（二）服务人员供给不足

目前，我国护理服务行业还处于发展初期阶段，面临着护理人员短缺、年龄结构不合理、护理队伍专业性不强、缺少统一的行业标准等较为突出的问题。

因此，很多长期护理保险制度的定点服务机构内部都存在着服务人员供给不足的问题，既包括医护人员的数量不足，也包括其服务水平和专业水平不高。由于我国人口老龄化速度快、失能率较高等，导致当前的长期护理市场需求巨大，加之很多享受医疗专护待遇的老年人病情比较复杂，护理难度较大，对医护人员的技术能力的要求也越来越高。但同时由于护理服务人员的工作量大、薪资待遇水平不高、社会认可度低、照护工作模式特殊等诸多因素，导致医护人员招聘困难，人员流动较大，很多定点服务机构都出现了人员短缺的情况。即使部分试点地区内定点服务机构护理人员数量不短缺，也存在缺乏专业基础知识的问题，服务水平有待提高。

（三）设施条件有限

长期护理保险制度试点城市对定点服务机构的硬件设施配备都提出了相应的要求，但部分养老机构和护理机构的规模较小，随着入住老年人数量的增多，病床、仪器等医疗护理设施紧张。同时，部分机构因经营年限较长，房屋设施等基础硬件条件较为简陋和陈旧。此外，除了各地统一的医保结算系统，多数定点机构使用的信息管理系统不同且较不成熟，有些数据需要人工生成，效率低下。

（四）服务提供存在障碍

长期护理保险定点机构在提供服务过程中常常会面临一些障碍。第一，在居家护理模式中，由于路程较远或患者住址分布较分散等原因，医护人员的往返时间很长，且多数机构并未统一配备交通工具，导致安全性和便利性较低。第二，由于多数定点服务机构的服务规范和流程不够细化，导致服务质量的差异较大，老年人的满意度不高。第三，定点服务机构在与其他医疗机构建立合作关系时存在管理模式、服务提供模式等方面的协调问题。

第六章　我国长期护理保险可持续发展的政策建议

第一节　构建多元长期护理服务供给体系

目前，我国长期护理服务供给的主体主要包括失能老人的家庭成员、定点护理服务机构、社区护理服务机构和商业长期护理服务机构，但是各主体之间的合作效率不足。失能老人长期护理服务多元主体合作的目的是提高服务水平和服务效能，满足失能老人的养老需求。这既要求各单一主体充分发挥其优势，又要求多元主体之间互相协作配合，发挥最大的总体效能。

一、加强多元主体合作，提高有效供给

（一）以居家护理服务为基础

所谓的居家养老，是指以家庭护理为核心，为居住在家且行动不便的老年人提供生活上的照料、专业的医疗护理及精神上的慰藉等综合性服务。立足当下我国社会加速老年化和养老设施相对滞后的现状，以及根深蒂固的家庭养老传统，应建立符合我国实际国情的居家养老模式。以老年人在家居住的服务需求为导向，坚持自愿选择、就近便利、安全优质、价格合理的原则，其服务的内容包括用餐、医疗卫生、家政、精神慰藉等多个方面。为避免改变失能失智老年人原有的生活环境和居家习惯，在其本人自愿的情况下，尽可能在原有的生活环境中对

其提供基本生活照料和专业医疗护理。

（二）强化社区护理服务

在为失能失智老年人提供长期护理服务方面，应以上门服务为主，社区托老服务为辅，建立社区专业护理人员储备库，将系统学习长期护理保险基本照护服务和专业护理知识的本社区人员纳入社区服务机构进行管理，通过专业照护服务培训后掌握一定的照护知识和技能。切实做好失能失智老年人长期护理服务，在提升失能失智老年人生活质量的同时，提高对失能失智老年人护理服务的水平，让失能失智老年人继续在自己所熟悉的环境中得到专业化的照护。社区照护模式的选择，有助于失能家庭、政府和社会减轻各方面压力的同时，促进人口老龄化背景下养老服务行业的发展，有效改善居家养老专业护理人员上门服务不足的问题，为失能失智老年人在熟悉的环境中提供基本生活照料和专业医疗护理，在减轻子女照护压力的同时，满足失能失智老年人的心理慰藉。社区照护避免了失能失智老年人适应新环境的需要，在熟悉的社区保持原有的日常生活模式，更有利于失能失智老年人的身心健康，且社区照护模式一定程度上达到原居安老的目的。

（三）专业化机构护理服务

建立与长期护理保险制度相匹配的专业护理机构的管理机制，以保证长期护理机构专业化、护理人员专业化及护理服务专业化，以促进社会化长期护理服务市场的发展。目前，护理人员的不足，是发展长期护理保险制度面临的难题之一。我国护理人员不仅在数量上严重不足，质量水平也不高。很多护理机构现有的护理人员并未经过专业的培训，未取得相应的职业资格便上岗，无法为失能失智老年人提供高质量的护理服务。政府可以将专业化护理机构的管理融入长期护理保险制度之中，对进入长期护理服务行业的从业人员，实行持证上岗和定期资格审查制度。政府还可以委托培训机构对从业人员进行培训，经过理论与技能专业培训，通过考试考核，并获得专业资格证书以后才可以上岗工作，以提高长期护理服务的标准化和规范化程度。此外，政府还应定期对已经获得资格证书的从业人员进行复查，及时清退不合格的长期护理服务从业人员。

同时，政府还应鼓励高校开设长期护理服务类专业，相关高校也可以通过与社区和机构达成长期合作。通过理论与实践相结合，打造专业型人才，建立专业化机构，提升长期护理保险制度的服务质量。

二、划分多元主体的责任边界

（一）家庭主体

家庭作为长期护理服务的主体是指由家庭成员为失能老人提供护理服务，家庭在长期护理服务的供给中承担着基础性的责任。家庭护理服务有以下特点：一般由家庭成员、近亲、朋友或邻居提供护理服务，护理人员未经过专业培训，但在某些情况下接受过一定程度的特殊培训；护理人员没有签订关于护理职责的合约；护理人员没有因提供服务而拥有固定收入，虽然其越来越多地享有一定程度的经济支持；护理人员承担广泛的照护任务，包括情感支持和日常生活帮助；护理人员提供护理服务的时间较为灵活，没有固定上下班时间；护理人员不享受所谓的“社会权利”。然而，随着国家对家庭护理人员的重视程度增加，家庭护理人员也可以享受一定程度的福利给付及社会权利。

目前，我国由于家庭人口结构的变化和女性劳动参与率的上升，家庭护理的重要性有所削弱，但家庭依然承担着对失能老人进行长期护理的基础责任。

（二）社区主体

社区护理主要包括访视护理、家庭病床及日托护理中心等。家庭病床把熟悉的家庭环境作为医疗护理场所，将家庭医疗护理、保健预防、健康教育融为一体，更加有利于资源的优化。2016 年民政部提出，日间照料中心可为社区内的自理、半自理老人提供饮食服务、个人照护、养生保健、康复服务、心理慰藉等日间托养服务，是社区养老的重要组成部分，老人白天入托、晚上回家享受家庭的温馨，是一种新型的长期护理模式。社区在长期护理服务的供给中承担着重点责任。社区护理打破了原有的居家—养老机构—医院之间的壁垒，为失能群体打造了可持续、可支援的长期护理服务链条。

（三）服务机构主体

机构护理主要是通过养老机构及各级医疗单位，为患者提供全天候的住院服务，包括医疗护理服务及个人的生活照料等，主要适用于病情危急或缺乏有效的家庭照护或社区照护的老年人，机构照护具备较强的专业性。我国长期照护机构可分为公办及民营两种照护机构。服务机构在长期护理服务的供给中承担着补充性的责任。

目前，在微观层面，由于缺少资金的支持和长期护理市场的发展不充分等问题，我国的长期护理服务机构面临着较大的经营发展压力，所提供的长期护理服务缺少针对性，难以满足失能老人多样化的养老需求。在宏观层面，失能老人长期护理服务领域存在严重的供需不平衡现象。公立养老机构的供给量不足，商业养老机构的发展也不充分，导致市场缺口较大。

三、建立多元主体高效合作机制

建立健全多元长期护理服务供给主体的合作机制是保障我国长期护理保险制度稳定发展的必然要求和基本保证。高效的合作机制可以从根本上促进多元主体在长期护理服务供给过程中的协同合作和互利共赢。

首先，政府作为长期护理服务体系的主导者和推动者，需要创造有利于多元主体合作供给的发展环境；积极鼓励和吸纳更多服务主体加入长期护理服务事业，激发社会公众和社会组织对失能老人的社会责任感；引导多元主体对合作路径进行改革创新，将家庭主体、社会主体和市场主体的协同合力发挥至最大。其次，还应建立一个长期护理服务的综合性信息化平台，以加强多元主体之间的信息交流。目前大数据、区块链及互联网技术的迅速发展与应用也为建设多元主体信息共享平台提供了技术基础。信息化平台可以将社区掌握的失能老人相关信息、商业机构掌握的长期护理服务信息和政府掌握的宏观数据信息进行资源整合，以保障每个主体都能通过信息化平台实现信息和数据的上传、查询和应用，保障信息的时效性和共享性，消除多元主体之间的沟通障碍。长期护理服务信息化平台的搭建，可以为各级政府之间、政府各部门之间、各服务主体之间的沟通交流提供便利，提升多元主体合作供给的效率，进而提高长期护理服务的质量。

第二节　推进长期护理保险制度的“社商协作”模式

我国商业性长期护理保险起步晚且发展缓慢，商业长期护理保险产品较为匮乏，虽然市场潜力大但业务量不足，难以积累丰富的经验和相关风险数据，从而缺乏定价和保险精算依据，不利于进行风险分散和风险控制，从而致使商业保险公司的经验不足、经营成本较高，给商业保险公司承办长期护理保险业务造成了一些困难。另外，单一的社会性长期护理保险发挥着广覆盖、保基本的作用，可以为社会成员的基本生存需要给予帮助。但是，保障水平普遍较低、护理等级和护理水平缺乏统一的标准，并且护理服务质量难以保证，对一些具有高层次护理服务需求的投保人来说，单一的社会性长期护理保险难以满足其需求。因此，我国有必要积极探索社商协作模式，借助商业保险公司的长期护理保险管理经验，减轻政府实际管理困难，促进长期护理服务市场多元供给机制的改革与完善，激发多元主体的活力，缓解长期护理服务市场供需矛盾。

一、明确角色定位

随着我国长期护理保险制度的深入实施，将会不断涌现出新的问题和责任，多头管理、协调不当、权责不清的现象会严重威胁长期护理保险制度平稳运行和社商协作的协调性，为了保证长期护理保险制度和社商协作运行的有效性，保证制度平稳、高效运行，必须明确各部门权限，完善社商协作关系。我国长期护理保险的社商协作还处于探索阶段，各方必须明确职能分工和角色定位，政府应当处理好与经办的商业保险公司和护理服务提供机构之间的关系，做好政策制定者和监管者，同时政府作为引导者应当建立各部门之间的利益协调机制，听取各方意见，解决实际运行中的问题；经办的商业保险公司之间应当协同配合，资源共享，优势互补，明确经办业务内容和权限，共同做好经办组织工作；护理服务供给机构做好供给者工作，培养专业护理人才，提高护理服务工作质量和工作效率。各方各司其职，协同配合，共同促进长期护理保险机制顺畅运行。

二、进行深度融合

政府应该进一步厘清社会长期护理保险和商业长期护理保险的关系，明确社会长期护理保险的保障范围，及时引入商业长期护理保险来补充社会长期护理保险无法提供保障的部分。同时，政府和商业保险公司可以进一步推动数据的互联互通。政府可以将基本的医疗数据与保险公司的相关数据做一个有效对接，一旦政府和商业保险公司实现数据的共享，商业保险公司就可以利用庞大的信息管理平台，建立老年人失能状况和待遇支付实时更新的数据库，为进一步制定更加科学合理的筹资标准和支付水平奠定基础，政府也可以根据这一信息管理平台的实时数据，进一步确定未来长期护理保险的发展方向。

保险公司在经营保险业务的过程中积累了大量的经验，在核保理赔、咨询服务等方面有着精准、快速、高效的优势，所以商业保险公司如果能够利用这些优势，参与到社会长期护理保险的运营中去，就可以在很大程度上提高整个制度的运行效率。比如，商业保险公司可以直接设立一整套失能等级评估标准，对老年人失能状况进行评估，省去老年人多次评估的时间成本和费用支出。商业保险公司也可以和医疗机构合作，定期为失能老人提供免费体检、健康监测、营养咨询、术后康复等专业化的针对性护理服务。在运营管理的过程中，商业保险公司可以及时了解失能老年人的实际护理需求，并且及时调整保障的水平和方式，真正将商业长期护理保险与社会长期护理保险深度融合、无缝对接。

三、实施优惠政策

长期护理保险普遍存在服务成本高、周期长的特点，为了维护长期护理保险制度的发展，在推行社商协作、扩大长护险保障对象和范围的同时，也应当积极鼓励有条件的个人购买商业性长期护理保险，以保障未来由于失能失智导致的经济损失风险。各国实践经验表明，财政政策的合理运用，对促进长期护理保险制度的健康发展是非常有效的，当前我国经济处于新常态，大力发展商业长期护理保险对长期护理保险制度的实施起着支撑作用，同时也不会给国家财政造成太大压力，有利于长期护理保险制度长期平稳运行。政府可以对保险公司的长期护理保险业务给予补贴，对居民个人可以采用适当税收减免和补贴方式调动积极性，鼓励个人投保商业长期护理保险。

四、加强商业长期护理保险和其他险种的结合

社会长期护理保险的保障水平比较低，其普惠性原则注定了社会长期护理保险无法满足不同层次人群的保险需求，而商业长期护理保险和其他险种的结合可以让不同人群享受到个性化、多样化、高水平、有弹性的服务。当前，商业长期护理保险由个人自行购买，并且普遍保费较高，如果商业长期护理保险能和其他险种相结合，可以在一定程度上缓解因保费高而导致的投保率低的问题。现阶段，很多保险公司都在探索将房产的价值与长期护理保险的保费相挂钩的做法，为长期护理保险融资提供了一条新的思路。商业长期护理保险还可以和养老保险产品相挂钩，以提升保险产品的多样性和功能性。

第三节　建立财务供给多元主体融合机制

目前，我国单一的长期护理财务供给主体中，个人和家庭的长期护理财务供给能力取决于个人或家庭的可支配收入与消费之差，即收入剩余。根据有关数据研究测算，2020~2050 年城镇居民人均长期护理费用占人均收入剩余比的范围在 1.720~2.172①。如果按 2021 年我国居民家庭平均每户家庭人口数为 2.62 人计算②，其人均照护费用占家庭收入剩余比也达到了 59.3%~74.9%。假如一个家庭有一位失能老人，其家庭收入剩余的大部分要用于失能老人的长期照护花销。然而农村地区的情况更加不容乐观，农村地区失能老人人均照护费用占人均剩余金额将近 4 倍，农村家庭收入剩余按 2020 年农村居民平均每户常住人口数为 4 人计算，失能老人的人均照护费用占家庭收入剩余也接近 100%，也就是说，在农村地区如果一个家庭不幸有一位失能老人，则全部家庭收入剩余都要用来负担其照护费用。由此可以得出，仅依靠个人或家庭是无法负担如此沉重的长期照护财务压力的。

政府财政对长期照护财务供给的负担能力，通常情况下采用长期照护财务需求与政府财政收入占比来进行衡量。有关数据测算结果显示③，我国长期护理财务总需求占财政收入的比重总体呈现增加趋势，由 2020 年的 2.04%将会上升到 2050 年的 4.21%，其中 2040 年达到峰值 4.45%④。但是我国整个社会保障支出中不但包括了长期护理保险支出，还包括养老保险、医疗保险、失业保险、工伤保险等社会保险支出，还有贫困救助、灾害救助、教育救助、医疗救助、住房救助等社会救助支出，以及老年人、儿童、军人社会福利等一系列支出。如果仅一项长期照护保险财务支出就达到如此高的比例，显然超出了政府财政的支付能力，并且支出结构也不够合理。

①④　曹信邦．中国失能老人长期照护多元主体融合研究：基于财务供给的视角［M］．北京：社会科学文献出版社，2020.

②　国家统计局《第七次全国人口普查公报》。

③　李佳．中国长期护理保险制度财政负担可持续性研究——基于 17 种试点方案测算［J］．社会保障评论，2020，4（4）：53-71.

政府可以通过强制性手段建立失能老人长期护理保险制度，把失能老人长期照护的财务风险由个人或家庭负担变为由所有的参保人共担的保险机制。有关数据测算结果显示，假设我国长期护理保险制度采取现收现付制，且不考虑政府的财政补贴和保险机构的投资运营收益，那么，我国的长期护理保险总缴费率将呈现出不断上升的趋势。如果参保者的个人自付比例为10%，剩下的费用由个人和单位分摊，那么在2030年前，总缴费率不会超过2%，但2030年之后总缴费率会超过2%①。根据发达国家的经验，2%的缴费率是长期护理保险投保人愿意承担的心理界限，缴费率如果超过2%，会打击公众的投保积极性，导致参保率降低②。同时，由于我国社会保险的总缴费率已经超过40%③，处于较高水平，个人和单位的财务负担已经很重，如果继续提高总缴费率，也会引起公众的不满，进而降低参保率。

在老龄化比较严重的发达国家，为了缓解老龄化社会中失能老人长期照护财务负担较重的问题，相继建立了针对失能老人长期照护的财务供给制度，运用制度化方式化解失能老人长期照护的个人财务风险或家庭财务风险，为我国长期护理保险制度的财务供给制度提供了经验。

一、建立多元财务供给主体融合模式

目前，我国多元财务供给主体之间缺乏共识。政府、家庭、市场和社会组织对失能老人长期护理财务供给的重要性缺乏共识，政府已经充分认识到未来失能老人长期护理的财务风险，但是家庭、市场和社会组织的认知程度存在差异。首先，家庭对未来风险没有一个合理的预期，没有采取措施防范未来失能风险，存在对未来风险的侥幸心理。其次，长期护理财务供给的市场还不发达，商业保险公司还没有认识到长期护理保险市场的广阔前景，加上参保者的逆向选择行为，使得商业保险普及率低、覆盖面较窄，长期护理商业保险还不能成为长期护理的主要财务来源。失能老人还未享有竞争性市场的福利，市场还不能通过竞争性市场价格间接为失能老人长期护理提供财务支持。最后，中国社会组织尚不发达，社会组织自身建设能力弱，公众对社会组织认同程度

① 张盈华．长期护理保险制度的保障适度、财务平衡与筹资率［J］．保险研究，2023（9）：71-81.

② 薛惠元，吴欣芸．现收现付制下长期护理保险缴费水平测算分析［J］．中国医疗保险，2023（11）：56-65.

③ 资料来源：人力资源和社会保障部2019年5月发布的《降低社会保险费率综合方案》。

低，社会组织资金来源不足，社会组织参与失能老人长期护理财务供给的认知也不足。

另外，在失能老人长期护理财务供给方面还存在责任主体不明确，政府、家庭、市场、社会组织等主体在长期照护财务供给中的角色定位不够清晰的问题。是应该以家庭为主导还是以政府为主导？政府、家庭、市场、社会组织的责任边界在哪儿？这些问题导致目前社会针对失能老人长期护理财务供给有着不同的认识和做法，部分试点地区的地方政府建立了以政府为主导的制度，部分地区还是依靠个人或家庭力量来维持失能老人长期护理的财务需求。

（一）以政府为主导

在我国，由于家庭、市场和社会组织对政府对信任度和依赖度都较高，因此政府在组织实施长期护理财务供给方面具有天然的优势。政府能够凭借其政治权利规范其他主体的责任，通过法律制度固化各主体的权利和义务，规范各主体的行为。同时，政府可以凭借政治权力通过财政补贴等形式，直接提供财务支持和公共服务。相比较而言，家庭、市场和社会组织的财务供给能力和资源配置能力都较弱，无法成为我国长期护理财务供给的引导者和组织者。因此，我国的长期护理财务供给主体的多元融合需要政府发挥主导作用，以保障多元主体深度融合的实现。

政府建立社会长期护理保险制度，强制个人和单位共同缴费，将失能老人长期护理的财务风险由个人和家庭独自负担，转化为所有参保人共同分担。对于没有能力或由于其他原因不参加长期护理保险的失能老人，其财务风险由个人、家庭负担，或由政府的社会救助制度负担。通过长期护理保险制度的构建，政府对自身、家庭、市场和社会组织的角色进行了界定，明确了各主体在长期护理财务供给中的责任边界，以保证各主体各尽其责、深度融合。市场的责任是通过商业长期护理保险搭建市场化的筹资渠道，通过护理服务市场的竞争，改善长期护理服务的质量并降低服务价格，既刺激了个人和家庭参与长期护理保险的意愿，也增强了失能老人对长期护理服务的需求，能够提升失能老人的生活品质和财务补偿的水平。社会组织的责任是为失能老人提供公益性的护理服务，或通过社会组织的筹资渠道为失能老人购买护理服务。

（二）其他主体相互融合

目前家庭是失能老人长期照护财务供给被动的责任主体，这表明欠缺相应的制度来规范政府应有的责任，政府有时是在失能老人处于生活贫困时才会给予救助，而市场和社会组织的自觉行动也有待市场和社会组织进一步发育成熟，家庭、市场、社会组织财务供给的动力不足。

因此，需要在政府的主导下，各财务供给主体之间进行不断融合，产生利益和行动的一致性。政府通过政策手段、资源手段向家庭、市场和社会组织渗透，以引导家庭、市场和社会组织为失能老人提供长期护理财务供给。个人和家庭可以通过向市场购买私人护理保险、护理服务，参保社会长期照护保险，接受社会组织的资金或服务，而渗透到政府、市场和社会组织之中。市场可以通过提供私人护理服务、商业护理保险渗透到政府、个人、家庭和社会组织之中。社会组织通过政府购买社会组织提供的公共服务，为个人或家庭提供经济援助和护理服务等，从而渗透到政府、个人、家庭和市场之中。

失能老人可以根据不同的失能程度和个人需求，选择居家、社区护理或机构护理，由于选择不同，失能老人长期护理财务供给或是单一的个人和家庭承担，或是单一的市场承担，或是单一的政府承担，或是家庭、市场、政府、社会组织共同承担失能老人财务风险。

二、加大多元财务供给主体资源整合的力度

长期护理保险多元财务供给主体之间对失能老人长期护理财务供给可能会出现重复供给、多头供给、供给不足和供给缺失等问题，导致资源的利用效率低下。因此，需要以政府、家庭、市场和社会组织之间的责任划分为依据，对多元财务供给主体之间的财务供给进行整合，使主体之间的财务供给能够得到高效利用。

（一）明确多元财务供给主体的责任定位

在对失能老人长期护理的财务供给中，政府、家庭、市场、社会组织各自发挥了积极作用，但是，如果靠这些财务供给主体单独供给，其供给能力与失能老人长期护理的财务需求之间都存在一定缺口，难以保障可持续供给。政府自身存在的理性与结构缺陷、市场追求效益最大化的行为目标、家庭和社会组织资源短缺和供给能力有限等，主体失灵是普遍存在的现象。因此，需要政府、市场、家庭、社会组织充分发挥各自的优势，相互融合、科学定位、合理规划，这样才能使长期护理保险的财务供给主体融合达到最优效果。

1. 家庭

家庭是传统的对失能老人提供长期护理财务供给的首要责任主体，一直承担

着为家庭成员提供物质生活、安全和照料的功能。在传统社会中，由于家庭人口结构合理，老年人比重较低，人口的平均寿命较短，老年人失能的时间也较短，家庭为失能老人提供长期照护的服务时间短、财务负担较轻，因此家庭的功能能够得到较好发挥；然而，到了现代社会，由于人口寿命延长、家庭人口结构小型化，家庭的长期护理能力越来越弱，家庭的角色从完全的责任主体，演变为居于基础地位的责任主体。老年人失能后，家庭率先提供长期护理的服务和财务支持，但是在家庭无力提供支持时，政府和社会组织也要体现其作用，与家庭相配合。

家庭主体在失能老人长期护理财务供给多元主体融合中承担着基础性责任。家庭是失能老人长期照护的最天然、最稳固、最安全、最基本的财务供给主体，但是，随着家庭规模的小型化，失能老人长期照护时间加长、成本增高，家庭财务供给面临着巨大的挑战。目前，家庭主体与其他主体相融合，通过购买政府提供的社会长期护理保险、市场提供的商业长期护理保险来进行财务供给，提升家庭照护财务供给的能力。

2. 政府

政府在失能老人长期护理财务供给中居于主导地位。这表现在：首先，政府是失能老人长期护理财务供给的政策制定主体，为了应对失能老人长期护理财务需求不断增长的风险，政府必须制定长期护理财务供给的相关政策，包括政策设计、政策目标和实施步骤等，对政府自身的财务供给责任加以规范和约束，合理划分政府自身与家庭、市场、社会组织之间财务供给的责任边界，为长期护理财务供给多元主体融合创造宏观政策环境和政策依据。其次，政府也是失能老人长期护理财务的直接供给主体之一，对部分低收入长期失能老人提供直接的财政救助。最后，政府也是失能老人长期护理财务供给多元主体融合的监督主体，政府需要监督各主体与长期护理财务需求者是否自觉履行各方应尽的责任和义务，平等享有各方的权利；还要监督长期照护财务供给制度实施，协调多元主体融合中的矛盾与冲突。政府在失能老人长期照护财务供给中处于主导地位，是长期照护财务供给的核心主体。

政府主体在失能老人长期护理财务供给多元主体融合中承担着兜底性责任。政府的责任既包括构建社会长期护理保险制度、支持长期护理产业的发展，也包括建立失能老人数据库，为市场化长期护理服务提供基础；同时政府要为失能老人中低收入群体提供救助，以满足这些群体最基本的护理服务需求。

3. 市场

在失能老人长期护理财务供给中，市场主体的目标是追求效益的最大化，在竞争中通过不断降低成本、提高产品的质量，赢得更多的客户，实现其目标。失能老人长期护理的财务供给中逐步引入市场的力量，一方面可以通过竞争，优化长期护理服务资源的配置，降低长期护理服务的价格，间接为失能老人长期照护服务提供经济支持；另一方面市场提供的商业性长期护理保险，也成为失能老人长期护理财务的直接供给者之一。因此，在长期护理财务的多元供给中，既要发挥市场优势，又要规避市场失灵，因为追求市场效益最大化是市场最基本的特征。既要让市场在长期护理服务中获得效益，又要降低失能老人的长期护理成本、提高服务质量。

市场主体在失能老人长期护理财务供给多元主体融合中承担着竞争性供给责任。通过建立竞争性市场，降低长期护理服务的价格，提升长期护理服务的质量，调节长期护理服务需求和供给之间的结构平衡和总量平衡。最终目标是，为失能老人长期护理提供结构合理、质量优质、价格适中的长期护理服务。通过商业性长期护理保险，可以将失能老人长期护理的财务风险由个体和家庭承担转化为全体投保人共担，降低社会风险。

4. 社会组织

社会组织在失能老人长期护理财务供给中属于补充主体。社会组织的自治性、非营利性、自愿性特征，决定了社会组织是失能老人长期护理财务供给中的重要补充。第一，社会组织可以充当失能老人的代言人，政府作为长期护理财务供给的主导者，面对社会众多的公共需求，可能会忽略失能老人这一特定群体的需求，而社会组织可以长期关注失能老人长期护理的有效需求，为失能老人提出诉求。第二，社会组织可以充当失能老人长期护理财务供给的补充者，政府统一的政策可能会导致一部分特殊群体被排斥在受益者之外，而社会组织可以利用自身的自治优势和信息优势，对这部分群体提供财务上的补偿。

社会组织主体在失能老人长期护理财务供给多元主体融合中承担着补充责任。社会组织更加了解社会底层人群，熟悉失能老人长期照护需求心理；同时社会组织可利用其养老机构或慈善组织直接或间接为失能老人长期照护提供财务支持，弥补其他主体责任缺位或财务供给不足导致的失能老人长期照护服务需求不能得到满足的缺陷。

（二）搭建多元财务供给主体的信息共享平台

信息共享平台是各财务供给主体相互融合的技术基础，有效的信息共享平台在多元财务供给主体融合中发挥着重要的作用。充分且有效的信息可以为多元财务供给主体之间的协调提供渠道。信息共享平台可以为长期护理财务供给的主体之间、供给主体和需求主体之间搭建互通的信息平台，使多元主体互动信息畅通，以达到科学配置长期护理财务资源的目的。

多元财务供给主体融合的信息平台主要目的是：利用现代信息技术及时了解失能老人长期护理财务需求状况、个人和家庭的财务供给能力，市场和社会组织对失能老人长期照护的财务供给状况，为各方信息交流提供平台，为各方的融合提供便利，为各主体决策提供依据。信息平台可以为政府内部提供信息沟通的渠道，因为失能老人长期护理财务供给在政府内部也涉及多个部门，包括残疾人管理部门、社会保障部门、民政部门等，这就在客观上要求打破行政层级对信息传递的约束，使财务供给信息在政府内部之间的传递及时、充分、透明，只有这样才能提高资金使用效率。此外，信息平台还可以促进政府主体与非政府主体之间信息沟通。

（三）制定对多元财务供给主体的激励政策

为了深化多元财务供给主体的融合，需要建立相应的激励政策，以鼓励多元主体与政府共担长期护理财务供给的责任。对于家庭和个人主体，政府可以建立税收优惠扶持政策，在个人所得税政策中可以对个人或家庭未来长期照护积累部分储蓄，对已经失能的老人长期照护财务支出给予税前扣除，以激励更多的个人或家庭通过自身的努力消除长期照护的财务风险。对于市场主体，政府可以对其提供的长期护理财务供给产品给予税收优惠以降低产品价格，惠及产品的购买者，激励社会资本进入长期护理服务市场，形成竞争性的护理服务市场，降低长期护理服务的价格，提升护理服务的质量，实现护理服务供需的数量均衡和结构均衡。对社会组织主体，政府可以鼓励慈善组织积极参与长期照护服务的财务支持，在土地供给、公共服务设施配套、人才培养等方面给予扶持。

第四节　建立健全相关法律规章制度

目前，我国的长期护理保险制度经历了从2016年的启动试点工作到2020年进一步扩大试点范围这两次重要的时间节点，但依然没有出台相关的法律法规。长期护理保险制度在立法方面仍处于空白，缺乏法律规定长期护理保险的具体制度框架。因此，我国需要加快建立健全有关长期护理保险制度的法律法规。

一、构建我国长期护理保险制度的立法原则

（一）基本保障原则

我国的社会保障制度是以保障公民基本生活和需要为主，应该遵循保基本的原则。长期护理保险制度作为我国未来的基本社会保险制度之一，也应以基本保障为原则，结合国家的经济发展水平和各财务供给主体的承受能力，确定合适的缴费水平、保障比例和支付待遇，满足失能老人在长期护理方面的基本需求。

（二）责任共担原则

我国的长期护理保险作为社会性质的保险制度，在资金筹集过程中应该坚持互助、互济、共担原则。要明确国家、用人单位和个人三方共同供款责任，根据权责对等的原则，对不同主体合理划分筹资责任、保障责任。国家的责任体现在保障特殊、弱势人群的基本生活，增进社会福利，通过法律的强制力保障保险资金的筹集，监管保险基金的运行。用人单位的责任体现在维护劳动者在退出劳动岗位且丧失生活自理能力的情况下仍能够维持基本生活需要。个人要履行缴纳保险费的义务，确保在满足享受待遇条件时，能依法享受保险待遇。

（三）动态调整原则

我国的长期护理保险立法应根据国家的经济发展水平、年龄结构和制度发展等状况进行动态调整。一方面是动态调整筹资机制，通过保险精算测算出合理的筹资比例范围，结合长期护理保险的统筹层次，设置动态筹资管理机制。另一方面是动态调整失能评估结果和护理需求认定。失能评估结果和护理需求认定并不是终身不变的，在失能人员身体状况、疾病状况发生改变时，委托经办机构要定期或不定期对享受长期护理保险待遇人员的生存状况及失能情况进行动态评定。

（四）独立运行与统筹协调相结合原则

长期护理保险制度作为一种独立的社会保险制度类型，要坚持独立运行，着眼于建立独立险种，独立设计、独立推进。但同时也要做好与基本医疗保险、其他社会保障制度、其他社会保险及社会福利制度的统筹衔接，共同推进医养服务、养老健康产业的发展。

二、确立我国长期护理保险制度的立法内容

（一）明确参保范围

在立法中，首先要确定长期护理保险的参保对象，进而才能确定保险资金来源和给付待遇等。目前我国长期护理保险制度的各试点地区均没有达到全民参保，覆盖面最窄的只包括职工医保参保人群，大部分试点城市都采取从职工医保参保人员起步，逐步推广至城乡医保人群。覆盖面最广的是青岛市①、南通市②等，已包含城乡医保参保人员。另外，上海市③、广州市等还出现了用年龄界定参保者，分别要求城乡居民医保参保人年满 18 周岁、60 周岁才能成为长期护理保险参保人。尽管长期护理保险针对的失能失智状况大多出现在老年阶段，但以年龄界定参保者的做法，无疑将一些年幼的失能者排除在长期护理保险范围之外，生活中因先天残疾、身体心理疾病等原因导致年幼失能失智者并不在少数，而这部分人群更需要社会来分担家庭的照料、康复及护理等责任。因此，以年龄界定参保对象的做法并不可取。我国应该构建覆盖全民的长期护理保险制度，这符合我国社会保险的基本原则，既体现了普遍性，也兼具互助性。平等是法律的基本价值，长期护理保险应该贯彻平等原则，平等地向社会提供保障，无论是城镇职工、城镇居民还是农村居民，无论是年老居民年幼居民都能够平等地享受待遇。

考虑到我国的实际国情，我国长期护理保险起步阶段的保障范围为重度失能人员，将来再逐步扩大到中重度的失能失智人员和需要预防护理的人群，加强对预防事业的投入，规避失能情况或将失能情况推后。

① 青岛市人民政府 2021 年 3 月发布的《青岛市长期护理保险办法》。

② 南通市人民政府办公室 2015 年 10 月发布的《市政府印发〈关于建立基本照护保险制度的意见（试行）〉的通知》。

③ 上海市人民政府办公厅 2021 年 12 月发布的《上海市长期护理保险试点办法》。

（二）构建多元筹资渠道

要保障长期护理保险制度的可持续发展，构建多元化、多层次的筹资渠道是非常重要的。长期护理保险的筹资渠道主要包括国家、用人单位和个人三方面，结合目前试点城市来看，为了不增加企业和个人的负担，单位缴费和个人缴费分别从职工医保统筹基金、个人医保账户中按比例划转，可见长期护理保险筹资主要依赖基本医疗保险基金。因此，我国的长期护理保险不能称为独立的保险制度，只能说是基本医疗保险的扩展。然而很多失能者所患慢性疾病、退行性疾病难以通过医疗达到康复状态，他们所需要的长期护理服务是医疗保险覆盖不到的；而且长期依附医疗保险势必造成挤占医疗保险资金、医疗保险运行负担繁重、医疗资源浪费和长期护理保险难以持续运行等问题。我国长期护理保险应当着眼于建立独立险种，从医疗保险中分离出来，独立筹资。

在总结试点经验的基础上，我国的长期护理保险制度应合理明确不同参保群体的筹资模式，以参保人员个人缴纳参保费用为主，国家和单位为辅，实现筹资机制法治化。

第一，老年群体可采用个人缴费与财政补贴相结合的筹资机制。老年人在享受长期护理保险待遇的同时，也对保险费用的缴纳负有一定的义务。由于老年人没有固定的工作收入，可以考虑从其养老保险基金中划转长期护理保险费，剩余的部分由国家财政予以补充。

第二，城镇职工群体可采用单位缴费与个人缴费相结合的筹资机制。目前大部分试点城市的做法是：长期护理保险单位缴费部分从现有医疗保险基金中划转，个人缴费部分从个人医疗保险基金中划转，对医疗保险基金依赖过大。为了保障长期护理保险的可持续发展，应逐步实行单位缴费和参保人个人缴费相结合的筹资方式，为长期护理保险单独筹资。

第三，除政府、单位和个人外，长期护理保险的筹资机制还可充分发挥社会组织的力量，鼓励社会捐赠，从而更好地促进长期护理保险制度的顺利发展。

（三）统一给付的条件、方式和标准

长期护理保险立法需要确定统一给付的条件、方式和标准，只有建立起科学的、统一的标准才能实现长期护理保险制度的公平和有效运转。

1. 给付条件

从长期护理保险制度的试点地区和其他国家的经验来看，多数地区均以失能等级为给付条件。2021 年 7 月我国颁布了《长期护理失能等级评估标准（试行）》，通过对评估对象的日常生活活动能力、认知能力、感知觉与沟通能力，对评估对象的能力丧失程度进行分级，将失能划分为基本正常（0级）、轻度失能（1级）、中度失能（2级）、重度失能Ⅰ级（3级）、重度失能Ⅱ级（4级）、重度失能Ⅲ级（5级）六个等级。国家应根据不同的失能等级提供与其相对应的护理服务标准，以此共同构成我国长期护理保险制度的待遇给付条件。

2. 给付方式

一般来说，长期护理保险制度的给付方式分为现金给付、实物给付、混合给付三种。现金给付是指直接向被保险人给予金钱补偿。实物给付是由护理服务机构向被保险人提供护理服务，再由保险经办机构向护理服务机构结算护理费用。长期护理保险应当侧重于实物给付，这是因为长期护理保险的首要目标是解决缺少服务的问题，也就是说，失能者最需要得到的是护理服务，而不是货币。但是，由于我国地区、城乡之间的发展存在差异，部分地区由于居家服务机构和居家服务人员短缺，还需要辅以发放货币的方式替代居家护理服务。因此，我国长期护理保险立法应该细化待遇支付方式，根据实际情况建立混合给付的方式，不断完善待遇支付体系，才能更好地满足失能者多样化的护理需求。

3. 给付标准

我国长期护理保险制度可以根据不同的失能等级和护理需求来制定给付标准。我国目前对护理需求还未进行明确的等级划分，筹资机制也尚未实现全国统一，待详细划分护理需求等级、统一筹资机制以后，可有针对性地根据失能程度和护理需求的等级来施行差异化的给付标准。可采用比例支付与定额支付相结合的方式，其中比例支付方式具有更强适应性和灵活性，比例支付的具体金额可以随着经济发展和个人收入水平的变化随时调整；而定额支付灵活性较差，需要根据护理等级设置不同的金额，但有利于失能人员获得更具有可预测性的保障，因此定额支付的金额相对固定也有利于长期护理服务的高效开展。

参考文献

［1］边珊珊，刘燕，丁小娥，等．长期护理保险背景下基于 HCSI 模型的居家护理老人满意度问卷的编制及评价［J］．上海医药，2019，40（6）：15-19+43.

［2］曹信邦，陈强．中国长期护理保险需求影响因素分析［J］．中国人口科学，2014（4）：102-109+128.

［3］曹信邦．中国失能老人长期照护多元主体融合研究：基于财务供给的视角［M］．北京：社会科学文献出版社，2020.

［4］陈鹤，赵姗姗．长期护理保险财务可持续性——基于微观仿真方法和保险报销数据的评估研究［J］．保险研究，2021，402（10）：64-78.

［5］陈凯，赵娜，焦阳．职工长期护理保险筹资责任分担动态调整机制研究——以青岛市为例［J］．运筹与管理，2022，31（3）：163-170.

［6］陈凯利，陈凯志．长期护理保险需求影响因素分析［J］．商讯，2019（27）：139+141.

［7］陈璐，时晓爽．中国长期护理保险基金需求规模预测［J］．中国人口科学，2021，207（6）：54-67+127.

［8］陈璐，王璐，文琬．长期护理保险提升中年人幸福感了吗——基于积极、消极情感的双向分析［J］．社会保障研究，2023，87（2）：15-32.

［9］陈庆云．公共政策分析［M］．北京：中国经济出版社，1996.

［10］戴卫东，汪倩格，朱儒城，等．长期护理保险试点政策的特征、问题与路径优化——基于两批 29 个国家试点城市政策的比较分析［J］．中国软科学，2022（10）：41-50.

［11］戴卫东．OECD 国家长期护理保险制度研究［M］．北京：中国社会科

学出版社，2015.

［12］戴卫东 . 长期护理保险制度理论与模式构建［J］. 人民论坛，2011（29）：31-34.

［13］戴卫东 . 中国长期护理保险的理论依据、制度框架与关键机制［J］. 社会保障评论，2023，7（1）：95-106.

［14］戴卫东 . 中国长期护理服务体系建构研究［M］. 北京：社会科学文献出版社，2018.

［15］戴卫东 . 中国社会保障试点政策的落地逻辑［J］. 社会保障评论，2022，6（1）：47-64.

［16］杜宁宁 . 长期护理保险的理论界定、模式选择和法律建构［J］. 甘肃社会科学，2021，250（1）：116-122.

［17］杜天天，王宗凡 . 我国长期护理保险筹资机制评介——基于 29 个长期护理保险试点城市经验［J］. 卫生经济研究，2022，39（10）：10-15.

［18］杜霞，周志凯 . 长期护理保险的参与意愿及其影响因素研究——基于陕西省榆林市的微观样本［J］. 社会保障研究，2016（3）：41-50.

［19］高春兰 . 老年长期护理保险制度：中日韩的比较研究［M］. 北京：社会科学文献出版社，2019.

［20］关博，朱小玉 . 中国长期护理保险制度：试点评估与全面建制［J］. 宏观经济研究，2019（10）：103-111+156.

［21］韩丽，陈艳 . 长期护理保险利益相关主体行为规范研究［J］. 卫生经济研究，2023，40（4）：66-69.

［22］胡宏伟，李延宇 . 我国老年长期照护保险筹资、补偿水平优化设计研究——兼论老年照护保险框架设定［J］. 河北大学学报（哲学社会科学版），2017，42（5）：117-128.

［23］胡天天，刘欢 . 长期护理保险试点政策效果研究［J］. 老龄科学研究，2021，9（10）：24-35.

［24］华颖 . 国际视野下的中国长期护理保险政策选择［J］. 学术研究，2021，440（7）：91-97+188.

［25］黄泽旋 . 我国商业长期护理保险影响因素分析及预测研究［D］. 广东财经大学硕士学位论文，2023.

［26］解垩 . 公共转移支付和私人转移支付对农村贫困、不平等的影响：反

事实分析［J］. 财贸经济，2010（12）：56-61.

［27］荆涛，王靖韬，李莎．影响我国长期护理保险需求的实证分析［J］. 北京工商大学学报（社会科学版），2011，26（6）：90-96.

［28］荆涛，邢慧霞，何永平，等．长期护理保险制度对商业健康保险的影响研究——基于协调发展视角的分析［J］. 价格理论与实践，2022（2）：36-42+140.

［29］荆涛，闫勇，武颢．共同富裕目标下中国长期护理保险制度的现实约束与重塑路径［J］. 宏观经济研究，2023，295（6）：24-33+55.

［30］荆涛．长期护理保险理论与实践研究：聚焦老龄人口长期照料问题［M］. 北京：对外经济贸易大学出版社，2015.

［31］荆涛．建立适合中国国情的长期护理保险制度模式［J］. 保险研究，2010（4）：77-82.

［32］匡跃辉．科技政策评估：标准与方法［J］. 科学管理研究，2005（6）：62-65+79.

［33］李苏阳．广州市试点长期护理保险制度居民满意度调查研究［D］. 广东财经大学硕士学位论文，2019.

［34］李晓．青岛市长期医疗护理保险制度公平性、可持续性和适度性评价［J］. 劳动保障世界，2015（30）：20-21+23.

［35］李新平，朱铭来．南通市基本照护保险：制度设计、运行效果及前瞻［J］. 社会保障研究，2018（3）：50-57.

［36］李运华，姜腊．地方长期护理保险试点政策分析——基于政策工具视角［J］. 云南民族大学学报（哲学社会科学版），2022，39（1）：122-133.

［37］刘畅．长期护理保险有效需求影响因素的实证分析——基于消费者视角［J］. 保险职业学院学报，2020，34（6）：58-63.

［38］刘方涛，费清．中国长期护理保险需求规模预测和保障路径研究——基于第七次人口普查数据的测算［J］. 保险研究，2023，419（3）：59-69.

［39］刘涛，孙正华．基于国际经验的商业长期护理保险路径设计［J］. 上海保险，2017（11）：37-39.

［40］刘伟．政策促进迈向法律规范：我国长期护理保险立法研究［J］. 学术论坛，2021，44（6）：104-115.

［41］刘稳，胡敏，陈文．国际长期护理服务综合评价制度研究［J］. 中国

卫生政策研究，2022，15（3）：29-36.

［42］鲁晓明，孙喆．我国长期护理保险制度的构建［J］．江汉论坛，2022（3）：108-115.

［43］吕鑫．我国长期护理保险需求影响因素的实证研究［J］．中国保险，2018（12）：29-33.

［44］罗遐，王容．我国长期护理保险政策试点发展的路径——基于政策扩散理论的分析［J］．卫生软科学，2021，35（1）：31-34.

［45］孟佳娃，胡静波．长期护理保险待遇给付问题研究［J］．人民论坛，2022，734（7）：71-73.

［46］彭荣．关于我国开展长期护理保险的几点思考［J］．浙江金融，2008（11）：37+39.

［47］戚成蹊，张宝振．我国长期护理保险制度可持续发展的路径研究［J］．卫生软科学，2021，35（9）：78-82.

［48］齐天骄．德国长期照护服务体系研究：以福利多元主义理论为视角［M］．北京：中国社会科学出版社，2022.

［49］舒露，王群．我国长期护理保险失智老人保障政策研究［J］．卫生经济研究，2020，37（11）：7-10.

［50］宋健峰，袁汝华．政策评估指标体系的构建［J］．统计与决策，2006（22）：63-64.

［51］孙燕霞，俞海萍．老年长期护理服务研究现状［J］．护理研究，2021，35（12）：2176-2180.

［52］孙正成，兰虹．“社商之争”：我国长期护理保险的供需困境与出路［J］．人口与社会，2016，32（1）：83-93.

［53］孙志萍．长期护理保险与基本医疗保险的混同与分割——以德国为镜鉴［J］．大连理工大学学报（社会科学版），2023，44（3）：93-103.

［54］汤薇，粟芳．中国长期护理保险不同筹资模式研究［J］．财经研究，2021，47（11）：34-48.

［55］汤薇，虞幸然，粟芳．中国长期护理保险的筹资调整机制及缴费负担［J］．保险研究，2022，415（11）：93-109.

［56］汤文巍．上海市老年长期护理保险（LTCI）研究［D］．复旦大学博士学位论文，2005.

［57］唐金成，李莹莹．长期护理保险赋能农村养老问题研究［J］．南方金融，2022，547（3）：63-76.

［58］田勇．中国长期护理保险财政负担能力研究——兼论依托医保的长期护理保险制度的合理性［J］．社会保障研究，2020（1）：33-47.

［59］王东进．从完善社会保障体系的战略高度考量构建长期照护保险制度［J］．中国医疗保险，2015（6）：5-8.

［60］王瑞祥．政策评估的理论、模型与方法［J］．预测，2003（3）：6-11.

［61］威廉·N. 邓恩．公共政策分析导论［M］．北京：中国人民大学出版社，2011.

［62］文豪，董玉青．长期照护的需求分析、国际经验与中国方案——一个文献综述［J］．社会保障研究，2019（4）：105-111.

［63］席涛．美国的成本——收益分析管制体制及对中国的启示［J］．经济理论与经济管理，2004（6）：60-63.

［64］肖鹏，王志刚，聂秀东．社会实验：一种新的公共政策评估方法［J］．统计与决策，2009（20）：140-142.

［65］谢春艳，丁汉升．长期护理保险服务利用、体验及其影响因素研究——基于上海市16个区的调查数据［J］．卫生经济研究，2022，39（3）：38-42.

［66］谢菩媛．长期护理保险政策评估指标体系构建及应用研究［D］．杭州师范大学硕士学位论文，2022.

［67］薛惠元，吴欣芸．现收现付制下长期护理保险缴费水平测算分析［J］．中国医疗保险，2023（11）：56-65.

［68］杨菊华，杜声红．长期照护保险资金筹措：现状、困境与对策思考［J］．中国卫生政策研究，2018，11（8）：8-14.

［69］杨团．中国长期照护的政策选择［J］．中国社会科学，2016，（11）：87-110+207.

［70］杨阳，徐琼芳，刘雅婷．科技政策法规实施效果评估指标体系研究［J］．科研管理，2018（1）：147-152.

［71］应晓妮，吴有红，徐文舸等．政策评估方法选择和指标体系构建［J］．宏观经济管理，2021（4）：40-47.

［72］于新亮，黄俊铭，康琢等．老年照护保障与女性劳动参与——基于中国农村长期护理保险试点的政策效果评估［J］．中国农村经济，2021（11）：125-144.

［73］余央央，翟颖．老年照料服务人员供给及长期护理保险的作用：基于工资报酬视角的文献评述［J］．社会保障研究，2023（3）：1-10.

［74］詹国彬．我国公共政策评估存在的困难及其对策［J］．福建行政学院福建经济管理干部学院学报，2002（2）：37-40.

［75］詹国彬．我国公共政策评估的现状、困难及对策［J］．江西行政学院学报，2002（6）．

［76］张广利，马万万．我国老人长期照护的模式选择［J］．华东理工大学学报（社会科学版），2012，27（3）：33-39.

［77］张继元，王建云，周富玲．社商协作的多层次长期护理保险体系研究——学界探讨、业界探索与国际经验［J］．华东理工大学学报（社会科学版），2018，33（4）：93-98+107.

［78］张金马．政策科学导论［M］．北京：中国人民大学出版社，1996.

［79］张举国，李长远．公私合作（PPP）视角下我国长期护理保险制度的模式探索［J］．科学与管理，2017，37（1）：65-70.

［80］张良文，付思佳，王逸凡等．基于 SD 模型的我国长期护理保险筹资优化方案设计［J］．中国卫生政策研究，2022，15（10）：18-25.

［81］张琦雪．财政补贴对长期护理保险需求的影响研究［D］．安徽财经大学硕士学位论文，2023.

［82］张润泽．形式、事实和价值：公共政策评估标准的三个维度［J］．湖南社会科学，2010（3）：31-34.

［83］张晓颖．我国商业长期护理保险购买意愿的影响因素分析——以沈阳市为例［D］．辽宁大学硕士学位论文，2021.

［84］张晏玮．中国长期护理保险制度构建研究［D］．对外经济贸易大学博士学位论文，2018.

［85］张盈华．长期护理保险制度的保障适度、财务平衡与筹资率［J］．保险研究，2023（9）：71-81.

［86］赵峰，张晓丰．科技政策评估的内涵与评估框架研究［J］．北京化工大学学报（社会科学版），2011（1）：25-31.

［87］钟玮．结果导向的预算绩效管理实践研究［M］．北京：中国财政经济出版社，2016.

［88］周海林．可持续发展原理［M］．北京：商务印书馆，2004.

［89］朱铭来，何敏，马智苏．长期护理保险的模式选择与体系构建研究［J］．中国人口科学，2023，214（1）：3-20.

［90］朱震宇．长期护理保险对老年家庭照料的影响［J］．中国人口科学，2023，37（3）：97-114.

［91］Akune T，Muraki S，Oka H. Association of Physical Activities of Daily Living with the Incidence of Certified Need of Care in the Long-term Care Insurance System of Japan：The ROAD Study［J］．Journal of Orthopaedic Science，2014，19（3）：489-496.

［92］Andrea D G，Smith D A. Grassroots Innovations for Sustainable Development：Towards A New Research and Policy Agenda［J］. Environmental Politics，2007，16（4）．

［93］Barton P，Bryan S，Robinson S. Modelling in the Economic Evaluation of Health Care：Selecting the Appropriate Approach［J］．Journal of Health Services Research & Policy，2004，9（2）：110-118.

［94］Boj V E，Claramunt B M，Varea S X. Role of Private Long-term Care Insurance in Financial Sustainability for an Aging Society［J］．Sustainability，2020，12（21）．

［95］Boyer M M，Glenzer F. Pensions，Annuities，and Long-term Care Insurance：On the Impact of Risk Screening［J］．The Geneva Risk and Insurance Review，2020（2）．

［96］Boyer M M，Donder P，Fluet C. Long-term Care Risk Misperceptions［J］．Geneva Pap Risk Insure Issues Pract，2019（44）：183-215.

［97］Brooks J，Filipski M，Jonasson E. The Development Policy Evaluation Model（DEVPEM）：Technical Documentation［J］．OECD Food，Agriculture and Fisheries Papers，2011：50-78.

［98］Brown J R，Finkelstein A. The Private Market for Long-Term Care Insurance in the United States：A Review of the Evidence［J］．The Journal of Risk and Insurance，2009（76）：5-29.

[99] Brown J R, Shah Goda G, McGarry K. Long-term Care Insurance Demand Limited by Beliefs about Needs, Concerns about Insurers, and Care Available From Family [J]. Health Affairs, 2012, 31 (6): 1294-1302.

[100] Campbell J C, Ikegami N, Jo Gibson M. Lessons From Public Long-term Care Insurance in Germany and Japan [J]. Health Affairs, 2010 (2): 33-61.

[101] Canta C, Pestieau P, Thibault E. Long-term Care and Capital Accumulation: The Impact of the State, the Market and the Family [J]. Economic Theory, 2017, 61 (4): 755-785.

[102] Causa O, De Serre A, Nicolas R. Can Growth-enhancing Policies Lift All Boats—An Analysis based on Household Disposable Incomes [R]. OECD Economics Department Working Papers, OECD Publishing, Paris, 2014.

[103] Cramer A T, Jensen G A. Why don't People Buy Long-Term-Care Insurance? [J]. The Journals of Gerontology, 2006: 61 (4).

[104] Doerpinghaus H I, Gustavson S G. Long-term Care Insurance Purchase Patterns [J]. Risk Management and Insurance Review, 2002 (1): 31-43.

[105] Feder J, Komisar H L, Niefeld M. Long-term Care in the United States: An Overview [J]. Health Affairs, 2000, 19 (3): 40-56.

[106] Fong J H and Allan B. Long-term Care Insurance Reform in Singapore [J]. Journal of Aging & Social Policy, 2021, 34 (1): 11-18.

[107] Gilbert N, Teeer P. 社会福利政策导论 [M]. 上海：华东理工大学出版社，2003.

[108] Grech A G. Assessing the Sustainability of Pension Reforms in Europe [J]. Journal of International and Comparative Social Policy, 2013, 29 (2): 143-162.

[109] Hansmann H. Economic Theories of Non profit Organization [A] //in Walter Powell (ed.). The Nonprofit Sector, New Haven [M]. CT: Yale University Press, 1987.

[110] Hansmann H. The Effect of Tax Exemption and Other Factors on the Market Share of Nonprofit Versus For Profit Firms [J]. National Tax Journal, 1987: 71-82.

[111] Heckman J. Microdata, Heterogeneity and the Evaluation of Public

Policy: Nobel Lecture [J]. The American Economist, 2000: 55-102.

[112] Huo C, Xiao G, Chen L. The Crowding-out Effect of Elderly Support Expenditure on Household Consumption from the Perspective of Population Aging: Evidence from China [J]. Frontiers of Business Research in China, 2021, 15 (1): 1-20.

[113] Kim S J, Chae J S, Nam S I. Changes in the Equity of the Long-term Care System in Korea based on Coulter Index Differences for the Years 2000, 2008, and 2015 [J]. Journal of aging & social policy, 2021, 34 (1): 112-134.

[114] Lee S H, Chon Y H, Kim Y Y. Comparative Analysis of Long-term Care in OECD Countries: Focusing on Long-term Care Financing Type [J]. Healthcare, 2023, 11 (2).

[115] Lou T, Nathalie W D, Yuta M. Long-term care in the context of population Ageing: What Role for Social Protection Policies? [J]. International Social Security Review, 2022 (75): 3-4.

[116] Marlene S, Giulia A. Social Innovation in Home-based Eldercare: Strengths and Shortcomings of Integrating Migrant Care Workers into Long-term Care in Tuscany [J]. International Journal of Environmental Research and Public Health, 2022, 19 (17).

[117] Min A, Park C G, Scott L D. Evaluating Technical Efficiency of Nursing Care Using Data Envelopment Analysis and Multi-level Modeling [J]. Western Journal of Nursing Research, 2016, 38 (11): 1489-1508.

[118] Poser E. Controlling Agencies with Cost-benefit Analysis: A Positive Political Theory Perspective [J]. The University of Chicago Law Review, 2001, 68 (4): 1137-1199.

[119] Qin Y, Lin L L, Zhu F H, et al. The Construction of a Community Long-term Care Model for Home-based Elderly Individuals [J]. Acta Medica Okayama, 2022, 76 (2).

[120] Rhee J C, Done N, Gerard F. Anderson. Considering Long-term Care Insurance for Middle-income Countries: Comparing South Korea with Japan and Germany [J]. Health Policy, 2015 (119): 1319-1329.

[121] Rie M. Long-term Care and the State-family Nexus in Italy and Japan—

The Welfare State, Care Policy and Family Caregivers [J]. International Journal of Environmental Research and Public Health, 2023, 20 (3) .

[122] Rutledge G E, Kimberly L, Merlo C, et al. Coordinated Approaches to Strengthen State and Local Public Health Actions to Prevent Obesity, Diabetes, and Heart Disease and Stroke [J]. Preventing Chronic Disease, 2018 (15): 170493.

[123] Scheirer M A, Dearing J M. An Agenda for Research on the Sustainability of Public Health Programs [J]. American Journal of Public Health, 2011 (10): 73-79.

[124] Schneider J , Montserrat G, Ayuso M . Why is the Market for Long-term Care Insurance so Small? [J]. Journal of Risk & Insurance, 1999, 78 (20): 983-1002.

[125] Vedung E. Public Policy and Program Evaluation [M]. New Brunswick (USA) and London (UK): Transaction Publishers, 1997.

[126] Vermeulen J A, Kleefstra S M, Zijp E M, et al. Understanding the Impact of Supervision on Reducing Medication Risks: An Interview Study in Long-term Elderly Care [J]. BMC health services research, 2017, 17 (1): 1-10.

[127] Woo J H. Study on Needs and Satisfaction of Service Related to Assistive Device and Assistive Device for Long-term Care Elderly: Focused on Beneficiary Older Adults People in Long-term Care Insurance [J]. The Journal of the Korea Contents Association, 2019, 19 (9): 348-356.

[128] Zaidi A. Population Ageing and Financial and Social Sustainability Challenges of Pension Systems in Europe: A Cross-national Perspective [A]. //The Future of Multi-pillar Pensions [M]. Cambridge: Cambridge University Press, 2012.

附录1　人力资源社会保障部办公厅关于开展长期护理保险制度试点的指导意见

人社厅发〔2016〕80号

河北、吉林、黑龙江、上海、江苏、浙江、安徽、江西、山东、湖北、广东、重庆、四川省（市）人力资源社会保障厅（局），新疆生产建设兵团人力资源社会保障局：

探索建立长期护理保险制度，是应对人口老龄化、促进社会经济发展的战略举措，是实现共享发展改革成果的重大民生工程，是健全社会保障体系的重要制度安排。建立长期护理保险，有利于保障失能人员基本生活权益，提升他们体面和有尊严的生活质量，弘扬中国传统文化美德；有利于增进人民福祉，促进社会公平正义，维护社会稳定；有利于促进养老服务产业发展和拓展护理从业人员就业渠道。根据党的十八届五中全会精神和“十三五”规划纲要任务部署，现就开展长期护理保险制度试点，提出以下意见：

一、指导思想和原则

（一）指导思想

全面贯彻党的十八大和党的十八届三中、四中、五中全会精神，以邓小平理论、“三个代表”重要思想、科学发展观为指导，深入贯彻习近平总书记系列重要讲话精神，按照“五位一体”总体布局和“四个全面”战略布局，推动探索建立长期护理保险制度，进一步健全更加公平更可持续的社会保障体系，不断增加人民群众在共建共享发展中的获得感和幸福感。

（二）基本原则

坚持以人为本，着力解决失能人员长期护理保障问题，提高人民群众生活质量和人文关怀水平。坚持基本保障，根据当地经济发展水平和各方面承受能力，合理确定基本保障范围和待遇标准。坚持责任分担，遵循权利义务对等，多渠道筹资，合理划分筹资责任和保障责任。坚持因地制宜，各地根据长期护理保险制度目标任务和基本政策，结合地方实际，制定具体实施办法和政策标准。坚持机制创新，探索可持续发展的体制机制，提升保障绩效，提高管理水平。坚持统筹协调，做好各类社会保障制度的功能衔接，协同推进健康产业和服务体系的发展。

二、目标和任务

（三）试点目标

探索建立以社会互助共济方式筹集资金，为长期失能人员的基本生活照料和与基本生活密切相关的医疗护理提供资金或服务保障的社会保险制度。利用1~2年试点时间，积累经验，力争在“十三五”期间，基本形成适应我国社会主义市场经济体制的长期护理保险制度政策框架。

（四）主要任务

探索长期护理保险的保障范围、参保缴费、待遇支付等政策体系；探索护理需求认定和等级评定等标准体系和管理办法；探索各类长期护理服务机构和护理人员服务质量评价、协议管理和费用结算等办法；探索长期护理保险管理服务规范和运行机制。

三、基本政策

（五）保障范围

长期护理保险制度以长期处于失能状态的参保人群为保障对象，重点解决重度失能人员基本生活照料和与基本生活密切相关的医疗护理等所需费用。试点地区可根据基金承受能力，确定重点保障人群和具体保障内容，并随经济发展逐步调整保障范围和保障水平。

（六）参保范围

试点阶段，长期护理保险制度原则上主要覆盖职工基本医疗保险（以下简称职工医保）参保人群。试点地区可根据自身实际，随制度探索完善，综合平衡资金筹集和保障需要等因素，合理确定参保范围并逐步扩大。

（七）资金筹集

试点阶段，可通过优化职工医保统账结构、划转职工医保统筹基金结余、调剂职工医保费率等途径筹集资金，并逐步探索建立互助共济、责任共担的长期护理保险多渠道筹资机制。筹资标准根据当地经济发展水平、护理需求、护理服务成本以及保障范围和水平等因素，按照以收定支、收支平衡、略有结余的原则合理确定。建立与经济社会发展和保障水平相适应的动态筹资机制。

（八）待遇支付

长期护理保险基金按比例支付护理服务机构和护理人员为参保人提供的符合规定的护理服务所发生的费用。根据护理等级、服务提供方式等制定差别化的待遇保障政策，对符合规定的长期护理费用，基金支付水平总体上控制在70%左右。具体待遇享受条件和支付比例，由试点地区确定。

四、管理服务

（九）基金管理

长期护理保险基金参照现行社会保险基金有关管理制度执行。基金单独管理，专款专用。建立举报投诉、信息披露、内部控制、欺诈防范等风险管理制度。建立健全长期护理保险基金监管制度，确保基金安全有效。

（十）服务管理

建立健全对护理服务机构和从业人员的协议管理和监督稽核等制度。明确服务内涵、服务标准以及质量评价等技术管理规范，建立长期护理需求认定和等级评定标准体系，制定待遇申请和资格审定及变更等管理办法。探索引入第三方监管机制，加强对护理服务行为和护理费用使用情况的监管。加强费用控制，实行预算管理，探索适应的付费方式。

（十一）经办管理

加强长期护理保险经办管理服务能力建设，规范机构职能和设置，积极协调人力配备，加快信息系统建设。制定经办规程，优化服务流程，明确相关标准，创新管理服务机制。社会保险经办机构可以探索委托管理、购买以及定制护理服务和护理产品等多种实施路径、方法，在确保基金安全和有效监控前提下，积极发挥具有资质的商业保险机构等各类社会力量的作用，提高经办管理服务能力。加强信息网络系统建设，逐步实现与养老护理机构、医疗卫生机构以及其他行业领域信息平台的信息共享和互联互通。

五、配套措施

（十二）加强与其他保障制度之间的统筹衔接

做好与其他社会保险制度在筹资、待遇等方面的政策与管理衔接。应由已有社会保障制度和国家法律规定支付的护理项目和费用，长期护理保险基金不再给予支付，避免待遇重复享受。

（十三）协同推进长期护理服务体系建设和发展

积极推进长期护理服务体系建设，引导社会力量、社会组织参与长期护理服务，积极鼓励和支持长期护理服务机构和平台建设，促进长期护理服务产业发展。充分利用促进就业创业扶持政策和资金，鼓励各类人员到长期护理服务领域就业创业，对其中符合条件的，按规定落实相关补贴政策。加强护理服务从业人员队伍建设，加大护理服务从业人员职业培训力度，按规定落实职业培训补贴政策。逐步探索建立长期护理专业人才培养机制。充分运用费用支付政策对护理需求和服务供给资源配置的调节作用，引导保障对象优先利用居家和社区护理服务，鼓励机构服务向社区和家庭延伸。鼓励护理保障对象的亲属、邻居和社会志愿者提供护理服务。

（十四）探索建立多层次长期护理保障制度

积极引导发挥社会救助、商业保险、慈善事业等的有益补充，解决不同层面护理需求。鼓励探索老年护理补贴制度，保障特定贫困老年人长期护理需求。鼓励商业保险公司开发适销对路的保险产品和服务，发展与长期护理社会保险相衔接的商业护理保险，满足多样化、多层次的长期护理保障需求。

六、组织实施

（十五）组织领导

长期护理保险制度试点工作政策性强，涉及面广，各级人力资源社会保障部要高度重视，加强部门协调，上下联动，共同推进试点工作有序开展。为积极稳妥推进试点，从2016年起确定在部分地区开展试点（名单附后）[①]。试点地区人力资源社会保障部要在当地政府领导下，加强工作力量配备，按照指导意见要求，研究制定和完善试点方案，周密计划部署，协调相关部门，推动工作落实。

---

① 见附录2。

新开展试点的地区要抓紧制定试点方案，报省人力资源社会保障厅批准并报人力资源社会保障部备案后，确保年内启动实施。已开展试点的地区要按照本意见要求继续完善政策。

（十六）工作机制

试点原则上以地市为单位整体实施。要建立信息沟通机制，通过简报、情况专报、专题研讨等方式，交流地方探索情况，总结推广典型经验。要建立工作督导机制，试点地区应按季度报送工作进度和试点情况。部里定期组织督导调研，研究试点中出现的新问题、新情况。要建立协作咨询机制，方案制定过程中要广泛听取各方意见，成立专家团队等协作平台，组织和利用社会各界力量。要注重加强宣传工作，大力宣传建立长期护理保险制度的重要意义、制度功能和试点成效，充分调动广大人民群众参与试点的积极性和主动性，引导社会舆论，凝聚社会共识，为试点顺利推进构建良好的社会氛围。

试点中遇有重大事项，要及时向我部报告。

人力资源社会保障部办公厅

2016 年 6 月 27 日

附录2　中国银行保险监督管理委员会办公厅关于规范保险公司参与长期护理保险制度试点服务的通知

银保监办发〔2021〕65号

为进一步推动保险业做好长期护理保险制度试点服务工作，规范保险公司经营服务行为，切实维护参保群众合法权益，经银保监会同意，现就有关事项通知如下：

一、积极服务民生保障

鼓励保险公司发挥市场机制作用，积极参与社会治理，履行社会责任，提升公共服务运营效率，降低制度运行成本，增强参保群众的获得感和幸福感。

二、提升专业服务能力

保险公司应按照长期健康保险的经营要求完善组织架构、健全制度体系、加强专业人员配备，具有经办基本医保或承办大病保险的经验和为项目所在地提供专业化服务的能力，偿付能力充足，公司治理良好。

三、规范项目投标管理

保险公司参与长期护理保险项目投标，原则上应以地市级及以上机构作为投标人，投标文件须报经总公司审核并取得授权书。保险公司承办长期护理保险项目，还应取得总公司精算意见书和法律意见书。投标人应在投标7个工作日之前向项目所在地银保监会派出机构报送拟投标报告。

四、强化经营风险管控

保险公司承办长期护理保险项目，应强化业务风险管控，规范产品管理与回溯，注重经验数据积累，加强经营情况分析，对长期护理保险业务单独核算，有效开展内部审计，在合同中明确建立风险调节机制，保证服务的可持续性。

五、完善信息系统建设

保险公司应搭建能够覆盖业务全流程的信息系统，逐步推进与医保部门、养老护理机构、医疗卫生机构等相关信息平台的互联互通和信息共享，加强对信息系统的管理和维护，运用科技手段有效提升管理服务效率。

六、注重护理机构管理

保险公司应根据参保群众实际护理需求，做好护理服务机构遴选、服务质量监督、巡查稽核、考核评价等工作，积极参与护理人员培养体系和诚信体系建设，督促服务机构做好护理人员管理，有效提升长期护理服务质量。

七、压实市场主体责任

保险公司应加强对长期护理保险服务的管理，规范业务流程，强化监督检查，保护参保群众信息安全，健全完善内部问责机制，对存在问题的机构和人员进行责任追究。保险公司及分支机构应于每年 3 月 31 日前分别向银保监会及其派出机构报送上一年度长期护理保险项目运行情况报告。

八、加大日常监管力度

银保监会及其派出机构应加强对保险公司经营和服务行为的监管，维护市场秩序，保护参保群众合法权益。重点查处以下问题：投标过程中弄虚作假、恶意压价竞争；挪用、截留、侵占长期护理保险资金；给予保险合同约定以外利益；发生服务能力严重不足或服务质量低下；合同期间内单方中途退出；泄露参保群众个人信息；其他严重影响项目正常运行的情况等。

九、发挥行业协会作用

支持行业协会参与制定长期护理服务规范和标准，探索建立护理服务机构服务评价体系。鼓励搭建长期护理保险服务交流平台，实现资源共享，提升行业服务效能。